U0666831

中国电力行业科技创新
年度发展报告

2024

中国电力企业联合会　编著

中国电力出版社
CHINA ELECTRIC POWER PRESS

图书在版编目（CIP）数据

中国电力行业科技创新年度发展报告. 2024 / 中国
电力企业联合会编著. -- 北京：中国电力出版社，
2024. 8. -- ISBN 978-7-5198-9191-6

Ⅰ. F426.616.3

中国国家版本馆 CIP 数据核字第 2024VE2263 号

出版发行：中国电力出版社
地　　址：北京市东城区北京站西街 19 号（邮政编码 100005）
网　　址：http://www.cepp.sgcc.com.cn
责任编辑：王杏芸（010-63412394）
责任校对：黄　蓓　李　楠
装帧设计：赵姗姗
责任印制：杨晓东

印　　刷：三河市万龙印装有限公司
版　　次：2024 年 8 月第一版
印　　次：2024 年 8 月北京第一次印刷
开　　本：889 毫米×1194 毫米　16 开本
印　　张：12.75
字　　数：262 千字
定　　价：398.00 元

中国电力行业科技创新年度发展报告
2024

编 委 会

中国电力行业科技创新
年度发展报告
2024

编 写 组

组　长　蔡义清

副组长　韩文德　张志锋

统　稿　高志雅　刘新霞　侯春杰　付红娟

成　员　（以姓氏笔画为序）

马钢德　王　丹　王　圣　王　安

王光达　王伟伟　王志佳　王其清

王思思　王靖文　邓锡丹　付红娟

朱　林　刘新霞　杨晓辉　李　蕊

李一阳　李　军　李珊珊　李晗如

李琼慧　李博睿　何中凯　汪夋伶

沈丽丽　张　梅　张　博　张国珍

居秀丽　赵　玲　赵　理　赵　霞

赵雅文　荣　健　胡　洋　段云肖

段舒宁　侯春杰　徐焓娱　殷威扬

高志雅　郭　晗　郭　淼　盛　兴

梁占伟　梁法光　葛黎敏　惠　娜

曾　力　谢　青　雷　肖　谭辉东

冀慧敏　魏林君

前 言

PREFACE

《中国电力行业科技创新年度发展报告 2024》（以下简称《科技报告 2024》）是中国电力企业联合会"1＋N"年度发展系列报告之一，是综合反映电力科技创新年度发展的出版物。

《科技报告 2024》在国家科技创新发展战略的引导下，以电力科技创新实践及电力企业科技统计数据为依据，综合分析了国内外能源电力科技创新发展新形势，重点反映了 2023 年科技创新法规政策、重点领域科技创新进展、科技创新平台建设、科技与产业融合发展、科技人才队伍建设、科技管理与评价状况，分析了能源电力科技创新趋势，并从高效清洁燃煤发电、清洁能源发电、电网技术、新型储能等方面进行发展展望。

为深入、系统、专业地展示电力行业各专业领域发展情况，中电联还组织编撰了电力供需分析、国际合作、电力工程建设质量、标准化、可靠性、行业人才、信用、数字化、电气化等专业领域的年度系列报告，形成了以《中国电力行业年度发展报告》为龙头，以各专业领域年度报告为支撑的"1＋N"年度发展系列报告体系，本报告为"1＋N"报告体系的重要组成部分。

我们真诚希望《科技报告 2024》及其系列报告能够成为立足行业、服务企业、联系政府和沟通社会的重要载体，成为电力从业人员和所有关心电力事业的读者了解中国电力发展现状的重要参考资料。

编委会

2024 年 6 月

目　录
CONTENTS

第一章

综　述

创新是引领科技发展的第一动力，是推动能源转型的重要突破口。全球新一轮科技革命和产业变革方兴未艾，能源科技创新进入持续高度活跃期。当前世界百年未有之大变局加速演进，科技创新成为国际竞争和大国博弈的主战场。科技自立自强不仅是发展问题，更是生存问题。科技创新对人类社会产生深刻影响，对传统科技体系产生重大冲击。

第一节　国内外能源电力科技创新发展形势[1]

一、全球能源电力科技创新面临的新形势

2023 年，在全球经济复苏乏力、大国博弈加剧、安全冲突扩大等影响下，全球能源发展环境发生深刻变化。全球能源科技创新进入空前密集活跃期，新一轮科技革命和产业变革加速重构全球能源版图，能源新技术、新业态不断涌现。

（一）俄乌冲突持续，推动形成全球能源供应新格局

俄乌冲突发展至今，美西方国家已对俄罗斯实施十余轮制裁，重点是俄罗斯能源出口。与此同时，石油成为美国最大出口商品。一方面，欧盟国家已大幅减少对俄罗斯化石燃料的依赖，转而对美强依赖，美国成为欧盟油气最大的供应国。虽然欧盟国家已采取积极措施推动清洁能源部署，但因技术、资金、项目周期和成本等因素，未来十年或更久欧盟仍将依赖美国的能源。另一方面，俄罗斯通过多元化渠道应对制裁，包括开通新线路向中国等国出口，开发北极航道、发展北极能源项目，以及利用土耳其等能源枢纽加强向印度等国出口。"欧洲向西、俄罗斯向东"的全球能源供应新格局初步形成。

---

[1] 资料来源：国务院发展研究中心、IEA Energy Technology Perspectives 2023、中科院成都文献情报中心、中科院武汉文献情报中心、中能传媒研究院等。

（二）推进碳减排步伐，加强温室气体管控

美国发布首份交通部门脱碳蓝图，明确了到 2050 年减少交通部门温室气体排放战略。美国强化甲烷减排国际共识与领导力，包括持续完善甲烷减排相关政策、召开首届白宫甲烷峰会、建立内阁级跨机构甲烷联合执法工作组，以及吸纳更多成员加入《全球甲烷承诺》，与欧盟和 12 个全球主要天然气进出口国构建天然气供应链温室气体排放测量、监测、报告和核查（MMRV）框架等。欧盟发布《绿色新政工业计划》，简化、加速和调整激励措施，提高欧洲净零工业的竞争力；欧盟理事会通过多项碳减排立法提案，包括欧盟排放交易体系、碳边境调整机制等；英国能源安全和净零排放部发布《为英国提供动力》一揽子计划，促进能源安全和净零排放。韩国政府通过《碳中和绿色发展基本计划》，确定具体实施方案，以实现韩国 2030 温室气体减排和 2050 碳中和目标；韩国产业通商资源部发布工业部门碳中和技术研究与创新推进战略，聚焦钢铁、水泥、化工、半导体四大高碳行业。日本经济产业省发布《碳足迹报告》《碳足迹指南》，引导各行业实施碳足迹管理。

（三）扩大清洁能源部署，更加注重产业链供应链安全

2023 年 9 月，《二十国集团领导人新德里峰会宣言》提出，基于将全球温升控制在 1.5℃ 以内路径，2030 年可再生能源装机增至三倍。2023 年 11 月，中美两国《关于加强合作应对气候危机的阳光之乡声明》中指出，在 21 世纪 20 年代这关键十年，两国支持二十国集团领导人宣言所述努力争取到 2030 年全球可再生能源装机增至三倍，并计划从现在到 2030 年在 2020 年水平上充分加快两国可再生能源部署。2023 年 10 月，欧盟在 COP28 发起《可再生能源和能效全球承诺》倡议，提出到 2030 年将全球可再生能源发电装机容量增加两倍，至少达到 11000 吉瓦。与此同时，各国更加重视产业链供应链安全。美国在《通胀削减法案》等政策框架下，加大力度支持本土清洁能源发展，提出构建所谓"有弹性的"清洁能源供应链。七国集团启动《清洁能源经济行动计划》，以建立弹性清洁能源供应链。

（四）调整核电产业政策，大力支持核电发展

美国加大对先进核能项目的支持力度，推进新技术的原型发展及早期部署。美国政府在 COP28 期间与其他 21 个国家发布《三倍核能宣言》，计划到 2050 年核电装机量达到 2020 年的三倍；美国、法国、英国、日本、加拿大宣布在 2024—2026 年动员 42 亿美元政府和私人部门投资，提高五国铀浓缩和转化的能力；美国电力研究院与美国核能研究院发布《第一阶段先进反应堆路线图》，提出大规模部署先进反应堆所需的关键策略和支持行动。在法国等国推动下，欧盟已确认核电是实现气候目标和确保能源持续供应的重要工具，将核电

纳入绿色能源范畴，包括在《净零工业法案》中将先进核电技术纳入净零技术范畴。英国将核能归入绿色分类中的"环境可持续"能源，鼓励私营部门对核电项目投资。加拿大启动《小型模块化反应堆支持计划》，加速小堆技术发展。日本转变核电政策，重启核电建设。日本通过《以实现绿色转型为目标的基本方针》，推翻了福岛核事故以来"不新建和改建核电站"的政策。

二、主要国家能源电力科技创新重点领域

随着全球应对气候变化和能源转型进程的不断推进，能源产业成为大国博弈的重要领域。欧美大力发展太阳能、风能等清洁能源技术；美日相继更新国家氢能战略，释放出氢能产业化加速信号；先进的小型模块化反应堆、第四代核能系统以及热核聚变堆，已经成为全球先进核能技术研发焦点；新产品、新技术、新业态已成为全球碳减排技术的竞技场；不断扩张的能源行业推动了全球对关键矿物的需求，欧美正通过一系列新政策实现矿产供应的多样化。

（一）美国

1. 加快光伏制造业的发展

美国能源部通过《两党基础设施法案》投入 4500 万美元资助太阳能晶硅制造和两用光伏孵化器示范项目，用于持续降低太阳能成本，同时开发下一代太阳能技术和促进美国太阳能制造业发展，推动太阳能发电安全、稳健、可靠并入国家能源网络。美国能源部还发布《推进聚光太阳能热发电定日镜技术的路线图》，对聚光太阳能的重要部件定日镜的研究和部署进行了规划，目标是降低聚光太阳能发电系统成本，到 2030 年使其发电成本降到每千瓦·时 0.05 美元。为促进美国国内太阳能制造业发展，美国能源部宣布一系列研发项目，例如，投入 3600 万美元资金推进钙钛矿和碲化镉（CdTe）光伏等薄膜太阳能技术；投入 5200 万美元强化美国本土太阳能供应链，投入 3000 万美元资助太阳能并网技术；启动 400 万美元"美国制造太阳能奖"第七轮项目，激励太阳能硬件和软件技术创新。此外，美国公用事业规模的光伏系统开发商也在政府 2024 年 6 月取消新关税禁令之前安装更多的光伏系统。

2. 促进风电技术进步和升级

美国能源部宣布在《两党基础设施法案》框架下投入 3000 万美元用于发展风电技术，降低陆上风电和海上风电项目成本，使美国到 2030 年达到 30 吉瓦的海上风电装机规模。在浮动式海上风电部署方面，美国能源部利用美国《通胀削减法案》的资金启动了新的西海岸海上风电传输研究，这是一项为期 20 个月的分析，旨在研究该国如何扩大传输以利用西海岸社区漂浮式海上风电的电力。美国能源部将根据其研究结果制定到 2050 年的发展规划，以解决

目前限制美国西海岸海上风电发展的输电限制。美国能源部、内政部、商务部和交通部联合启动了漂浮式海上风电行动计划（Floating Offshore Wind Shot），推动美国漂浮式海上风电设计、开发和制造。美国三分之二的海上风能资源位于需要漂浮平台的深水区，抓住这一巨大潜力可为数百万美国家庭和企业带来清洁能源。

3. 更加注重清洁氢能技术研发创新

2023 年 6 月，美国发布首份《国家清洁氢能战略和路线图》，提出到 2030 年美国每年生产 1000 万吨清洁氢，2040 年达 2000 万吨，2050 年达 5000 万吨。美国拟 2027 年开始以氢的形式出口清洁氢，2030 年成为最大的氢能出口国之一。8 月，美国能源部宣布投入 3400 万美元，支持 19 个清洁氢能前沿技术研发项目。10 月，美国政府宣布将利用《两党基础设施法案》提供的 70 亿美元资金，在全美建立 7 个地区性清洁氢气中心，目标是每年生产 300 多万吨清洁氢气，达到 2030 年美国清洁氢气产量目标的近三分之一。加速低成本清洁氢的商业化应用。美国在《国家清洁氢能战略和路线图》中将"降低清洁氢能成本"作为三大关键优先战略之一，同时强调要促进整个氢能供应链发展，解决关键材料和供应链的脆弱性。加上对中游基础设施的投资，不仅可以降低清洁氢的生产成本，还可以降低交付成本。预计在 2029—2036 年间，可将氢供应成本降至 4 美元/千克，其中包括生产、运输和加氢等环节；到 2030 年将氢气的生产成本降低 80%，降至每千克 1 美元。

4. 加强"核聚变"战略布局

美国能源部通过"聚变能科学"专题为聚变能发展提供大量支持；美国核管理委员会正在制定聚变能监管框架，降低监管不确定性，支持聚变能的开发和商业化；美国能源部与英国能源安全和净零排放部建立聚变能战略合作伙伴关系，扩大美英两国在聚变能领域的领先优势；美国在 COP28 上宣布推出一项推动聚变能发展的国际合作计划，该计划将涉及 35 个国家，这是美国首次提出类似的推动聚变能发电商业化的国际战略合作计划。

5. 加大碳减排技术投入

2023 年以来美国启动多个碳管理项目，美国能源部宣布为 33 个研究开发项目提供 1.31 亿美元，以推进碳管理技术的广泛部署，减少二氧化碳排放。为碳安全（Carbon SAFE）第二阶段储存综合体可行性（Storage Complex Feasibility）资助计划提供 9300 万美元，为后续开发能够储存 5000 万吨以上二氧化碳的储存设施提供支持；为碳管理（Carbon Management）资助计划下 22 个项目提供 3800 万美元，加速实现"以低于每吨 100 美元的价格将碳捕获并储存"的目标。7 月，美国能源部宣布投入 2340 万美元，支持 16 个碳管理项目，以推动碳捕集、利用和封存（CCUS）技术在美国的商业部署，其中在大型碳封存设施或区域碳管理中心二氧化碳地质封存和运输领域投资 1284.4 万美元，在地质数据收集、分析和共享领域投资 963.5 万美元。

（二）欧盟

1. 提高本土产能，推动光伏产业回流

由于欧洲天然气和电力能源价格飞涨，欧洲各国从 2022 年开始出现新一轮安装光伏发电系统的热潮。根据相关统计，在德国政府 2023 年 8 月最新招标中，采购的光伏系统装机容量达到创纪录的 1.7 吉瓦。为实现工业关键原材料的本土化生产，并反制美国的《通胀削减法案》，欧洲开始加强产业支持计划以确保光伏产业回流。欧盟委员会在 2022 年底成立了欧洲太阳能光伏产业联盟，支持欧洲到 2025 年在整个太阳能光伏价值链上达到 30 吉瓦本土制造能力的目标。此外，欧盟还计划到 2030 年将光伏和电池等关键绿色工业的本土产能提高到 40%。

2. 加快海上风电发展

欧盟委员会于 2023 年 10 月发布了风力发电一致行动计划，规定了欧盟委员会、成员国和行业将对风电产业共同采取的行动，包括加强金融支持、加快项目审批速度、审查外国补贴、改进拍卖设计、为采购中的非价格标准引入新的立法等 15 项内容。欧盟还宣布投入 20.8 亿欧元支持法国海上风电技术，到 2028 年在法国南部沿海建成该国首个漂浮式海上风电场，该风电场装机容量预计达到 230～270 兆瓦，风力发电产能将达到 1 太瓦时/年，每年将减少 43 万吨二氧化碳排放量。除欧盟外，德国和丹麦在波罗的海投资 90 亿美元新建一个海上风力发电中心。德国、丹麦、瑞典、波兰、芬兰、爱沙尼亚、拉脱维亚、立陶宛八国签署《马林堡宣言》（Marienborg Declarations），加强海上风电合作，计划在 2030 年将波罗的海地区海上风电装机容量从目前的 2.8 吉瓦提高至 19.6 吉瓦。

3. 推进绿氢规模化供应

2023 年 2 月，欧盟重新定义了可再生氢的构成，要求生产氢气的电解槽必须与新的可再生电力生产相连，以确保可再生氢的生产能够激励可再生能源并网。3 月，欧盟规定到 2030 年可再生氢在工业氢需求中所占比例要达到 42%，为了满足这个配额，预计将需要 210 万～420 万吨的可再生氢总产量。同时，到 2030 年需要安装 22～43 吉瓦的电解槽装机容量。除了欧盟，德国政府于 2023 年 7 月通过新版的《国家氢能战略》指出，预计到 2030 年，德国的氢能需求量将达到 130 太瓦时。法国政府重申了到 2030 年电解槽达到 6.5 吉瓦的目标，到 2035 年电解槽将增至 10 吉瓦，用以生产低碳氢气。

4. 推动脱碳技术创新

欧盟宣布将从创新基金中拨款 18 亿欧元，投资 16 个大规模创新项目，涵盖 CCUS、绿氢及其衍生物、储能、合成可持续燃料等技术，以实现在未来十年内将二氧化碳排放量减少 1.25 亿吨。其中捕集、利用和封存技术具体资助项目包括：将碳捕集装置与化工、水泥、石灰生产装置相集成，并将捕集的二氧化碳输送到沿海枢纽进行地质封存；创新碳捕集、利用

与封存价值链，将建造东欧首个 CCUS 集群；建造世界首个二氧化碳矿化封存基地。

5. 致力提升关键原材料自主可控能力

为了对抗美国《通胀削减法案》对欧洲绿色竞争力带来的不利影响，2023 年 2 月欧盟委员会又提出了《欧盟绿色协议工业计划》，将拨出 2500 亿欧元用于补贴和税收优惠，以提高欧盟净零制造能力，提升关键矿产的本土开采和加工能力。2023 年 3 月，欧盟委员会正式发布《关键原材料法案》，旨在确保欧盟获得安全和可持续的关键原材料供应，这些原材料主要包括：稀土、锂、钴、镍以及硅等。按照该法案，到 2030 年，欧盟计划每年在欧盟内部生产至少 10% 的关键原材料，加工至少 40% 的关键原材料，回收 15% 的关键原材料。在任何加工阶段，来自单一第三方国家的战略原材料年消费量不应超过欧盟的 65%。按照供应风险和经济重要性，欧盟委员会已对 34 种原材料进行了分类。欧盟决定加快推动能源转型，这意味着欧洲对关键矿产的需求会剧增，对关键矿产供应链安全的重视程度也会进一步提升。

（三）英国

1. 创新形式开展海洋能技术研究

英国投入 1750 万英镑支持 3 个"超级影响中心"（Supergen Impact Hubs），其中包括位于普利茅斯大学的"海上可再生能源影响中心"，专注于波浪能、潮汐能、太阳能和风能等领域创新。

2. 建立自主核聚变研究能力

在脱欧的大背景下，2023 年英国政府决定不加入欧洲原子能共同体研究和培训计划（Euratom R&T）以及聚变能计划，立足建立自主核聚变研究能力，弥补 JET 退役所造成的研发能力缺失。为此，英国计划投入 7.76 亿英镑的经费，落实核聚变战略，新建设用于发展核聚变燃料循环能力和创新的设施，发展新的核聚变科学和人力资源开发，加强国际合作项目，加速球形托卡马克等新技术研发和商业化发展。

3. 加大对前沿科技的研发投入力度

2023 年 1 月，英国成立先进研究与发明机构（ARIA），其年度经费约 8 亿英镑（约 66.46 亿元人民币），为高风险、高回报的前沿研究提供资金，工作机制模仿美国国防高级研究计划局（DARPA）。2023 年 7 月，英国出台"研究风险催化剂"基金，拟向企业投资约 5000 万英镑（约 4.57 亿元人民币），引导私人和慈善机构为英国前沿基础研究提供支持。

（四）日本

1. 打造氢能供应链以低成本推进实用化和普及化

日本政府于 2023 年 6 月对其 2017 年制定的《氢基本战略》进行修订，重点增加氢作为燃料的使用，计划 2040 年氢用量增长 6 倍至 1200 万吨；同时，公共部门和私营企业也将在未来 15 年共同投资 15 万亿日元推广氢能应用。修订后的计划将战略领域的 9 项技术列为优先事项，包括开发水电解设备、燃料电池、脱碳化学制品、运输氢气的大型油轮、燃料氨和清洁能源炼钢等。值得注意的是，新版《氢基本战略》还提出了氢能安全战略的基本框架，作为未来 5～10 年的行动指南，目的是建立覆盖整个氢能供应链的安全监管体系，包括建立科学数据基础、验证和优化阶段性实施规则、发展适合氢能应用的环境等方面。日本政府还计划颁布新立法，为参与氢和氨供应链生产、建立以及相关基础设施开发的企业提供财政支持。

2. 重启核电建设，将发展核聚变上升至战略高度

为保障能源供应安全，日本转变核电政策，重启核电建设。日本通过《以实现绿色转型为目标的基本方针》，推翻了福岛核事故以来"不新建和改建核电站"的政策，计划到 2030 年核电发电量占比 20%～22%；日本参议院通过《绿色转型脱碳电源法》延长核电站运行年限。日本政府发布《聚变能源创新战略》，旨在利用本国技术优势实现聚变能产业化发展，在未来商业化利用聚变能中占据主导地位。

3. 推动发展二氧化碳循环转化利用技术

日本新能源产业技术综合开发机构多次资助开发二氧化碳循环转化利用技术，包括在碳循环利用、下一代火力发电等技术开发项目中投入 25 亿日元（约合 1924 万美元），发展利用常压等离子体开发新的二氧化碳分解/还原工艺、能够高效利用二氧化碳的藻类生物质生产和利用技术等 6 个项目；在绿色创新基金框架下投入 1145 亿日元（约合 8.8 亿美元）启动以二氧化碳为原料的燃料制造技术开发项目，开发可持续航空燃料、不使用化石燃料的液化石油气绿色合成等技术。

三、我国电力行业科技创新发展态势

2023 年是全面贯彻党的二十大精神的开局之年，是三年新冠疫情防控转段后经济恢复发展的一年，也是我国能源电力发展历史上又一个大发展、大跨越的极不平凡一年。

1. "三新"经济成为中国经济增长和科技创新的引擎

近年来，以新产业、新业态、新模式为核心内容的"三新"经济蓬勃发展。国家统计局数据显示，2022 年中国"三新"经济增加值达到 210084 亿元，同比增长 6.5%。**"三新"经济持续赋能产业转型升级。**以人工智能、大数据、云计算、区块链为代表的新一代通用技术不仅是正在崛起的新产业，也是赋能传统产业转型升级的重要手段，并创造出一些新的商业模式和业态。这些数字技术通过推动产业数字化、智能化、绿色化发展，在较大程度上提高了产业生产率和经营效益。**"三新"经济开始塑造产业国际竞争新优势。**尽管一些发达国家科

技综合实力长期保持世界领先地位，但在一些应用性较强的人工智能、5G、云计算、共享经济等"三新"经济领域，我国对欧美发达国家已经开始形成竞争之势，部分产业甚至具备了占据全球制高点的潜力。

2. 绿色产业创新推动能源低碳转型加速推进

一是从能源结构看，非化石能源加快成为供给增量主体。2023年新增能源生产总量中，非化石能源占比超过40%，能源生产供应体系加速低碳化发展。2023年可再生能源发电装机占比历史性突破50%，煤炭消费比重年均下降超过1个百分点，单位GDP能耗累计下降约27%，降幅超过同期世界平均水平的两倍。二是从产业体系看，绿色低碳技术加快跨入世界先进行列。我国新能源发电技术处在世界第一梯队，为全球贡献了70%以上的光伏组件和60%的风电装备。能源产业链绿色化、现代化水平不断提升。三是从终端用能看，多元化供给消费体系加快形成。全面供应国六B标准车用汽油，北方地区清洁取暖率达到76%，全国建成充电基础设施约860万台，达到2020年的5倍以上，终端用能电气化水平"十四五"每年提高约1个百分点。

3. 战略性新兴产业实现从量的积累迈向质的飞跃，特别是"新三样"已初步具备国际竞争优势

我国战略性新兴产业经过十余年的快速发展，企业规模不断壮大，截至2023年9月，战略性新兴产业企业总数已突破200万家。"新三样"出口快速增长。2023年以来，以电动载人汽车、锂离子蓄电池、太阳能电池为代表的"新三样"产品增势迅猛，前三季度合计出口同比增长41.7%。特别是我国新能源产业竞争力强，已建成先进完备、具备国际竞争优势的全产业链体系，除满足国内需求外，我国风电光伏产品覆盖全球200多个国家和地区，已成为名副其实的全球新能源产业中心。全球风电机组关键零部件和光伏多晶硅、硅片、电池片、组件等大部分是由我国生产制造。产业发展壮大，带动了一大批新能源企业参与国际合作，成为共建"一带一路"合作的亮点。

4. 光伏、风电已成为我国具有国际竞争优势的产业

一是我国新能源技术水平高，在全球处于领跑地位，我国新能源行业始终坚持以技术创新满足不断变化的市场需求。陆上低风速风电技术国际一流，海上大容量风电机组技术保持国际同步，在精准测风、超大型风机、漂浮式基础、柔性直流、智能化等领域已达到世界先进水平。海上风电机组最大单机容量突破2万千瓦，风电叶片最大长度超过123米，均为世界之最。在运光伏组件转换效率突破23%，处于世界领先水平。钙钛矿电池等新型电池技术不断创新突破，刷新世界纪录。风电和光伏开发成本十年来分别下降了60%和80%，风电平均度电成本降至0.26元、光伏度电平均成本降至0.31元，实现平价上网。**二是我国新能源产业竞争力强**，已建成先进完备、具备国际竞争优势的全产业链体系。除满足国内需求外，我国风电光伏产品已覆盖全球 200 多个国家和地区，已成为名副其实的全球新能源产业中心。全球风电机组关键零部件和光伏多晶硅、硅片、电池片、组件等大部分是由我国生产制造。产业发展壮大，带动了一大批新能源企业参与国际合作，成为共建"一带一路"合作的亮点。

第二节 电力行业科技创新进展

一、发电技术

（一）火力发电

目前我国煤电装备制造和发电运行技术在机组性能、发电效率、污染物排放等方面均处于国际领先水平，煤电碳捕集技术日趋成熟，有力支撑了当前形势下的燃煤机组清洁高效灵活运行。随着煤电容量电价机制的建立与实施，我国火电（主要是煤电）正从基荷电源逐步向调峰电源转型。接下来尚需解决煤电机组调节能力不足、煤电与新能源融合式发展等问题。火电的数字化、智能化技术是当前研发热点，主要包括 5G 技术与智慧电厂的融合、边缘计算技术的应用和人工智能技术的深入应用等方面。燃机发电技术研发，聚焦在天然气掺氢、纯氢燃烧等方面。火电碳捕集与利用、封存技术的研发，主要着力解决 CCUS 技术能耗高、成本高的问题。

（二）水力发电

我国水电技术水平居世界前列。水电开发综合能力处于全球领先水平，具备了全球单机容量最大的百万千瓦水轮机组和 700 米级水头、单机容量 40 万千瓦抽水蓄能机组的自主设计制造能力，在特高坝建设与防震抗震、大型地下洞室设计施工等领域创造诸多世界第一。在水电站设计与施工技术方面达到国际先进水平，形成了全产业链整合能力。在水力发电装备方面，具备了自主研制大型水电机组的能力，在关键部件如压力钢管、岩锚等方面具备自主研发和生产的能力。近年来，我国在水电工程的大型化、智能化、自动化等方面也取得了重要的突破。

抽水蓄能技术发展取得长足进步。抽水蓄能技术已经具备较高的成熟度和可靠性。我国抽水蓄能技术在坝工、库盆防渗、高水头压力管道、复杂地下洞室群等方面达到了世界先进或领先水平，可逆式水泵水轮机组朝着大容量、高水头、高转速、可变速方向发展。此外，光伏＋抽水蓄能和风电＋抽水蓄能等组合应用也得到了推广，进一步提高了抽水蓄能的经济效益和可行性。

（三）风力发电

在国家产业政策引导及技术创新驱动下，目前我国基本形成具有全球竞争力的风电产业和产品服务体系。我国风电技术发展总体上呈现大型化、智能化、综合利用等特点，大型化、智能化、漂浮式开发技术将成为未来海上风机发展的新方向。我国陆上低风速风电技术国际一流，海上风电紧跟国际技术，在直流送出技术、基础结构技术以及施工技术和装备方面与发达国家的差距进一步缩小，海上大容量风电机组技术全球领先，已经形成完整的大容量风电机组设计、制造、运输、安装、调试体系。但在风电产业基础和共性关键技术研究方面仍需进一步加大力度，18 兆瓦及以上大型风电机组关键技术、主要零部件及智能化运维核心技术方面还需持续投入。风电装备制造已形成较为完备的产业体系，已涵盖双馈、直驱和半直驱三条主流技术路线，形成适应低风速、低温、盐雾、台风、高原、海上等多种特殊环境的成熟产品体系。

（四）太阳能发电

在产业规模快速扩大的带动下，我国光伏发电技术取得快速发展，光伏电池、组件等关键部件量产技术达到世界领先水平，生产装备技术水平不断升级，基本实现国产化，光伏发电系统成套技术不断优化完善，智能化水平显著提升。光伏组件正式迈入 N 型时代，TOPCon 因具有较高性价比成为主流产品，以钙钛矿为代表的新电池转换效率屡破纪录。光伏技术水平不断提高，多次刷新电池转换效率世界纪录，异质结电池最高效率达到 27.09%，全钙钛矿叠层太阳电池认证效率达到 29%，两端钙钛矿/晶硅叠层电池认证效率达到 33.9%。产业优势持续增强，TOPCon 电池规模量产，异质结电池导入微晶技术，三氯氢硅法、硅烷法技术和能耗指标达到国际先进水平，主流光伏用单晶硅棒的长度已经突破 5000 毫米，单晶硅片向着大尺寸、N 型化、薄片化方向发展。装备制造水平明显提升，多晶硅硅片、电池片、组件各环节生产装备已基本实现国产化。光伏发电系统技术不断优化，系统集成与应用呈现大范围、多场景、多模式、高水平特点，"光伏＋"应用场景不断丰富，智能机器人、无人机、大数据、远程监控、先进通信技术等已在电站运行中使用。

（五）核能发电

核能是清洁低碳、安全高效的稳定基荷能源。"双碳"目标下，核能在低碳转型、能源安全等方面发挥着越来越重要的作用。2023 年，我国扎实推进"热堆—快堆—聚变堆"的核能"三步走"发展战略，不断强化核能技术研发，核电自主创新能力持续增强，取得了一大批重大原创性创新成果。国家重大科技专项高温气冷堆示范工程投入商运、"国和一号"示范工程建设稳步推进。持续加强高温气冷堆核电技术设计优化，积极推进高温气冷堆推广和应用。"华龙一号"实现批量化规模化，一体化闭式循环钠冷快堆核能系统工程化设计扎实推进，铅（铋）基堆研发技术能力不断提升，钍基熔盐实验堆获得国家运行许可。小型堆方面，"玲龙一号"首堆工程稳步推进，NHR200－Ⅱ低温供热堆、国和系列一体化供热堆设计持续优化。聚变技术方面，中国环流三号、东方超环不断取得新进展。在核燃料循环技术创新方面，我国铀矿勘查采冶技术取得新进展，复杂地区与深部层位铀资源高效、经济、智能化开采能力大幅提升；国产先进燃料组件 CF4、SAF－14、STEP－12C 等研发持续推进，ATF 燃料组件完成首堆循环考验。退役治理技术研发实力增强，自主研发的 TBP 热解焚烧设施投入运行，高放废物深地质处置地下实验室建设各项任务进展顺利。

二、电网技术

在电力系统分析领域彻底打破了电磁暂态仿真工具被国外软件垄断的局面；直流保护国产化替代研究应用迈出重要一步；关键零部件国产化替代水平、我国在超导输电领域的国际影响力进一步提升；能源电力行业首套计量基准装置获批建设，填补该领域最高测量能力空白；电网数字化技术、先进信息通信技术加速发展。

我国网架结构持续完善，电网"大动脉"不断建强。在电力系统分析与保护技术领域，自主研发国产化大型电力系统电磁暂态仿真平台，提出新型电力系统安全稳定性的定义与分类体系，打破了电磁暂态仿真工具被国外软件垄断的局面。在自动化与信息通信技术领域，研发建设新一代调度技术支持系统，实现架构整体重构、功能全面升级、技术双向突破、安全持续提升；攻克基于强化学习技术的前瞻优化调度辅助决策、实时计划智能编排技术，助力解决不确定性新能源波动场景下的电力平衡问题等。在高电压与电力电子技术领域，研制柔性低频输电系统系列关键装备，国内首个 220 千伏柔性低频输电工程投入运行；世界首套 ±1100 千伏自主可控特高压直流控制保护设备完成挂网试运行；世界首条 35 千伏公里级超导输电示范工程完成满负荷试验。在配用电与计量技术领域，构建了电力系统全环节碳计量网络架构，研制的电碳表完成试点应用；研制国内首台高可靠自主化光纤电流互感器，填补了 ±800 千伏全光纤电流互感器技术空白；布局了以量子测量技术应用为支撑的未来产业，研制了首台基于粒子加速器的量子电流装置，推动量子传感技术在解决海量终端现场测量场景中的应用。在新能源并网技术领域，研制了电力气象多时间尺度精细化模拟与预报平台，研发了面向全国的新能源发电功率云＋端协同预测系统，将省级新能源发电功率预测精度全面提升至 90% 以上；搭建千万千瓦级新能源基地经多场景送出的全电磁暂态仿真平台，为特高压工程的规划设计、稳定性分析提供了技术支撑。

三、新型储能

2023 年是我国新型储能突飞猛进的一年。从装机规模来看，2023 年新型储能新增投运/装机约 2260 万千瓦/4870 万千瓦·时，较 2022 年增长超过 260%，相当于 2022 年新增投运规模（730 万千瓦/1590 万千瓦·时）三倍。截止到 2023 年年底，我国新型储能累计投运/装机达到 3139 万千瓦/6687 万千瓦·时[1]，平均储能时长 2.1 小时，新型储能在我国总储能装机的占比从 2022 年底的 21% 增长到了 2023 年底的 40%。从发展方向来看，发电侧和电网侧储能的新能源配建是新型储能发展的主要方向，累计装机占比超过 90%（在电源侧应用占比 49%、电网侧应用占比 43%）；电动汽车车网互动则成为用户侧储能的主要形式，占比降到 8% 左右。从储能类别来看，磷酸铁锂电池的主导优势持续扩大，在新型储能装机中的占比高达 97% 以上，其他的新型储能技术比如飞轮、压缩空气、液流电池的发展虽也取得一定的新突破，但占比依旧很低。

四、电力装备及电力工程建设

（一）电力装备

火电装备方面，哈电集团承建的迪拜哈斯彦项目配置世界首台具备燃煤燃天然气双燃料满负荷出力能力的超超临界机组成功并网；东方电气集团自主研制的首台全国产化 F 级 50 兆瓦重型燃气轮机正式商用。**水电装备方面**，哈电集团成功研制世界单机容量最大的扎拉水电站冲击式水电机组成套结构转轮锻件；东方电气集团自主研制的国内首台单机容量最大 150 兆瓦级冲击式水电转轮成功实现工程应用；二重装备研制的世界最大单机容量 500 兆瓦级冲击式水轮机转轮中心体锻件成功下线。**核电装备方面**，东方电气集团承制的"玲龙一号"全球首堆海南昌江小堆稳压器顺利发运。**输变电设备方面**，中国电力科学研究院牵头成功研制出特高压换流变有载分接开关工程样机，产品材料和部件 100% 国产化，并在国际上首次开展了过电压和谐波工况下的切换特殊试验，实现高压真空有载分接开关的国产化由"0 到 1"的突破；上海电气 EPC 总包国内首台分布式、预制舱式 10Mvar 级空 - 水冷却 GVPI（整体真空压力浸渍）调相机项目在京能织女泉风电场率先落地。**新能源发电装备方面**，东方电气联合中国华能集团研制，拥有完全自主知识产权的 18 兆瓦直驱海上风电机组下线；三峡集团与金风科技联合研制的全球首台 16 兆瓦超大容量海上风电机组在福建海上风电场成功并网发电；上海电气自主研发的海神平台 16 兆瓦 + 全海域平台机组下线；运达股份自主研制 16 - 18 兆瓦漂浮式海上风电机组"海鹰"平台下线；远景能源陆上智能风机全新平台 Model T 生产

---

[1] 数据来源：国家能源局。

的全球最大陆上风机 EN－220/10 兆瓦智能风机完成样机首吊。**储能、氢能及其他电力装备方面**，上海电气自主研制的全球首套 300 兆瓦级压缩空气储能系列化大容量电机成功下线；发布了国内单体产氢量最大的 2000 标准米 ^{3}/时碱性电解水制氢装置；明阳智能自主研制的全球首台 30 兆瓦级纯氢燃气轮机下线；东方电气联合开展的全球首次海上风电无淡化海水原位直接电解制氢技术海上中试成功；明阳智能自主研发设计的全球首台"导管架风机＋网箱"风渔融合一体化装备 MyAC－JS05 在浙江舟山下线。

（二）电力工程建设

水电工程建设方面，我国已形成水电全产业链整合能力，水电站建设整体技术水平处于国际领先水平。**核电工程建设方面**，我国在三代核电技术领域跻身世界前列，第四代高温气冷堆核电站正式商运投产。**输变电工程建设方面**，我国实现了世界范围内的技术引领，创造了多项电力工程世界之最纪录。**新能源、储能及氢能工程建设方面**，工程装机规模、技术先进性、技术路线广泛性位居世界前列，建成全国首个 100 兆瓦潮光互补智能光伏发电项目、国内首个高空风能发电示范项目、全球容量最大"飞轮储能＋火电联合调频"示范项目工程以及全国首个万吨级新能源制氢项目。**其他典型电力工程建设方面**，建成国内首个燃机商业机组高比例掺氢发电示范工程，实现在运燃机 30%掺氢燃烧改造和运行；投运国内首套 15 万吨/年煤电 CCUS 示范工程，实现燃煤电厂燃烧后 CO_2 捕集－驱油/封存全流程示范。

第三节 科技创新投入及科技成果统计

一、科技创新投入

2023 年，电力企业坚持把科技创新作为最紧迫的"头号工程"，持续加大研发投入强度，科技创新投入稳步增长，科技创新驱动力进一步增强，为能源电力行业高质量发展注入源源不竭的强劲动能。

2023 年我国 21 家主要电力企业❶科技投入资金 1816.8 亿元，其中，电网企业科技投入

---

❶ 21 家电力企业为：国家电网有限公司、中国南方电网有限责任公司、中国华能集团有限公司、中国大唐集团有限公司、中国华电集团有限公司、国家能源投资集团有限责任公司、中国长江三峡集团有限公司、中国核工业集团有限公司、中国广核集团有限公司、中国电力建设集团有限公司、中国能源建设集团有限公司、广东省能源集团有限公司、浙江省能源集团有限公司、国投电力控股股份有限公司、内蒙古电力（集团）有限责任公司、华润电力控股有限公司、北京能源集团有限责任公司、新力能源开发有限公司、安徽省能源集团有限公司、河北省建设投资集团有限公司、深圳能源集团股份有限公司。

资金 545.6 亿元，发电企业科技投入资金 861.7 亿元，电建企业科技投入资金 409.5 亿元，2023 年主要电力企业科技投入、日常性支出和资产性支出金额统计如图 1-1 所示。

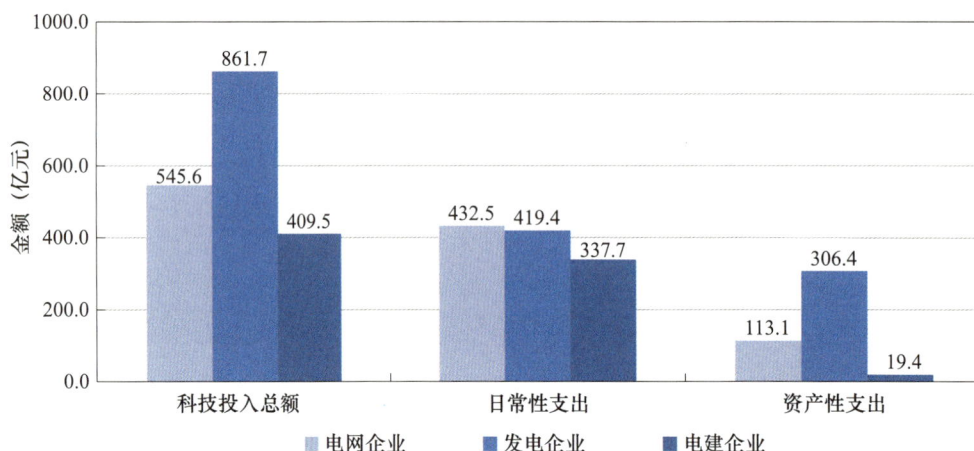

图 1-1　2023 年主要电力企业科技投入、日常性支出和资产性支出金额统计

2023 年主要电力企业科技创新投入较上年同期增长 10.49%。其中，电网企业科技投入总额同比增长 5.83%，发电企业科技投入总额同比增长 7.02%，电建企业科技投入总额同比增长 26.58%。2022—2023 年主要电力企业科技投入金额及增长率统计如图 1-2 所示。

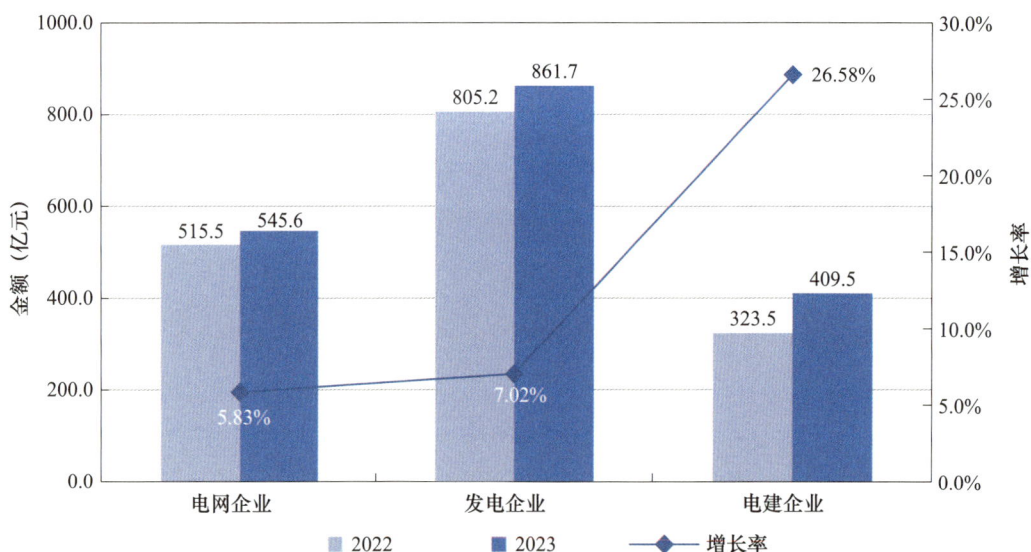

图 1-2　2022—2023 年主要电力企业科技投入金额及增长率统计

2023 年，为全面深入贯彻落实党的二十大精神和中央经济工作会议部署，国资委进一步优化完善中央企业经营指标体系，将"两利四率"调整为"一利五率"，强调了研发经费的投入强度，突出了央企科技创新主体地位。主要电力企业平均研发经费投入强度为 2.8%，2023 年主要电力企业研发经费投入强度统计如图 1-3 所示。

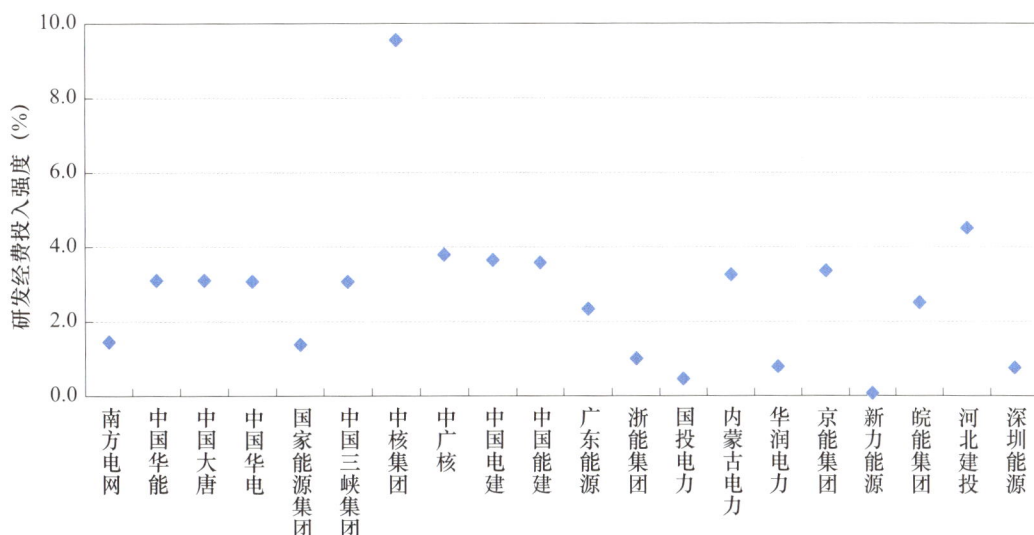

图1-3 2023年主要电力企业研发经费投入强度统计

二、科技成果统计

2023 年，电力行业获第二十四届中国专利奖金奖 3 项，银奖 4 项。在 2023 年度国家科学技术奖评选中，电力行业有 1 个项目通过国家自然科学奖项目初评，占比为 1.7%；2 个项目通过国家技术发明奖通用项目初评，占比为 3.8%；10 个项目通过国家科学技术进步奖通用项目初评，占比达 7.6%。

近年，我国大力推进知识产权强国建设，知识产权创造质量提升。2023 年，全年授权发明专利 92.1 万件，同比增长 15.3%；电力行业持续推动高质量知识产权创新成果转化实施，专利申请量、授权量呈现逐年递增趋势，主要电力企业发明专利申请量为 70842 件，同比增长 37.5%；发明专利授权量为 29149 件，同比增长 73.0%。电力行业科技论文质量不断提升，2023 年主要电力企业公开累计发表科技论文 38509 篇，基础研究整体实力逐渐加强❶。

2023 年，电力行业科技成果转化机制持续完善，成果转化成效显著。49 项成果入选国资委《中央企业科技创新成果产品手册（2023 年版）》，占 202 项成果总数的 24.3%。45 项成果入选国家能源局第三批能源领域首台（套）重大技术装备，占 58 项成果总数的 77.6%，第三批能源领域首台（套）重大技术装备所属领域分布如图 1-4 所示。

❶ 数据来源：22 家电力企业，包括国家电网有限公司、中国南方电网有限责任公司、中国华能集团有限公司、中国大唐集团有限公司、中国华电集团有限公司、国家能源投资集团有限责任公司、国家电力投资集团有限公司、中国长江三峡集团有限公司、中国核工业集团有限公司、中国广核集团有限公司、中国电力建设集团有限公司、中国能源建设集团有限公司、广东省能源集团有限公司、浙江省能源集团有限公司、国投电力控股股份有限公司、内蒙古电力（集团）有限责任公司、华润电力控股有限公司、北京能源集团有限责任公司、新力能源开发有限公司、安徽省能源集团有限公司、河北省建设投资集团有限责任公司、深圳能源集团股份有限公司。

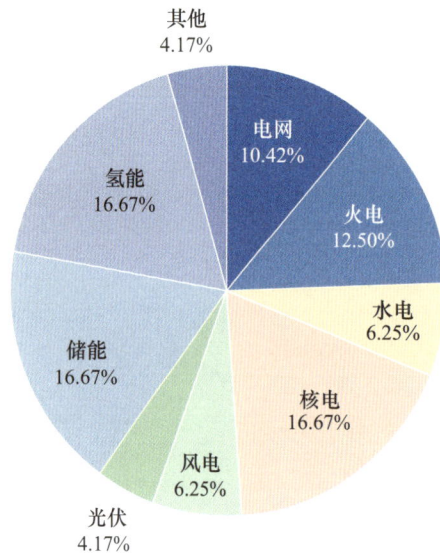

图1-4 第三批电力行业能源领域首台（套）重大技术装备所属领域分布

第四节 体 制 机 制 建 设

加快发展新质生产力要求持续深化科技创新体制机制变革，以改革创新构建与新质生产力发展相适应的管理机制、科研范式和创新组织模式，破除阻碍新质生产力发展的制度藩篱，释放创新活力和潜能，加快构建健全、高效、自主的科技创新体系，推动新兴技术加速转化。

一、 强化企业科技创新主体地位

2023 年国家先后出台了《关于强化企业科技创新主体地位的意见》《关于推动中央企业加强应用基础研究、科技攻关和成果转化若干激励保障政策的意见（试行）》，强调必须坚持全面系统创新，完善科技企业梯度培育体系，以战略引领、政策整合、领域聚焦、协同合力构建支撑企业创新的生态系统，推动企业成为从创新决策、科研组织、研发投入到成果转化全链条创新的主导力量。

一是加强分类指导，健全科技企业梯度培育体系。健全"科技型中小微企业—科技型骨干企业—科技领军企业—世界一流企业"梯度培育体系。第一，培育壮大科技型中小微企业，重点是"营造环境"。实施科技型中小微企业倍增行动，支持科技型中小微企业成长为创新的重要发源地。第二，发挥科技型骨干企业引领支撑作用，重点是"提升能力"。支持科技型骨干企业更多参与国家重大科技决策，承担国家重大科技项目等。第三，研究优化科技领军企业定位和布局，重点是"优化布局"。研究提出科技领军企业标准，筛选提出一批科技领军企业名单。第四，加快建设世界一流企业，重点是"强化支撑"。引导企业持续加强研发投入，提高研发产出率，通过科技创新提升企业技术牵引和产业变革的创新能力。

二是完善决策咨询机制，**强化企业科技创新决策的主体地位**。建立企业常态化参与国家科技战略决策的机制，引导企业围绕国家重大战略部署开展创新。建立企业家科技创新咨询座谈会议制度，定期组织沟通交流。构建企业创新高端智库网络，引导支持企业提升科技创新战略规划能力。健全需求导向和问题导向的科技计划项目形成机制，强化从企业和产业实践中凝练应用研究任务。

三是优化项目组织实施机制，**强化企业科研组织的主体地位**。引导企业进一步聚焦国家当前亟须和长远发展的重点领域开展攻关。扩大国家自然科学基金企业创新发展联合基金规模。支持中央企业、民营科技领军企业聚焦国家重大需求，牵头组建体系化、任务型创新联合体。国家科技计划中产业应用目标明确的项目，鼓励企业牵头组织实施。

四是完善资源配置机制，**强化企业研发投入的主体地位**。引导企业加大研发投入，特别是提高基础研究投入。推动研发费用加计扣除、高新技术企业税收优惠等惠企创新政策扎实落地。建立金融支持企业科技创新体系常态化工作机制，持续深化与金融机构等合作，形成银行信贷、专题债券、股票市场协同支持企业创新的金融手段。

五是构建企业主导的产学研深度融合机制，**强化企业科技成果转化的主体地位**。提升企业作为需求侧的成果吸纳能力和转化能力，健全产学研成果对接和产业化机制，加速推动高校、科研院所等产生的科技成果在企业转化并产业化。结合国家重大工程、国家重大任务设计一揽子重大应用场景，推动企业新技术率先应用示范。加快推进科技成果评价改革，完善分类评价机制。

六是深化人才引育机制，**强化企业科技创新人才支撑**。推动国家科技人才计划，加强对企业科技领军人才和重点领域创新团队的支持。加强企业博士后流动站建设，扩大企业博士后招收规模，探索政府和企业共同出资吸引海外博士后的模式。开展校企、院企科研人员"双聘"或"旋转门"机制试点，推广企业科技特派员制度。

七是完善政策落实机制，**营造企业创新良好生态**。统筹推进企业创新各项政策落地落实，形成各类企业"创新不问出身"的政策环境。强化国家高新区、自创区培育科技型企业主阵地作用，引导高新区加大对企业技术研发、平台建设等支持力度。优化"众创空间—孵化器—加速器—产业园"孵化体系，提升创新创业载体专业化能力。

二、完善国有企业科技创新体制机制

国资委先后出台《国务院国资委推动中央企业加快发展战略性新兴产业若干支持政策（试

行）》《国有企业改革深化提升行动方案》，不断完善国有企业科技创新体制机制。

一是优化中央企业原创技术策源地布局。2023 年，国务院国资委认真落实中央全面深化改革委员会第二十四次会议审议通过的《关于推进国有企业打造原创技术策源地的指导意见》，在总结首批中央企业原创技术策源地建设成效基础上，结合科技创新和产业发展新动向、战略性新兴产业和未来产业发展新需求，优化形成了 8 大类 60 个领域 201 个方向的策源地总体布局。

二是鼓励企业积极承担产业链链长职能。产业链现代化是中国式现代化建设的重要组成部分和必要条件。目前，我国在产业链现代化方面还面临产业基础薄弱、产业链安全性不足、产业链韧性及控制力较弱等问题。对此，国有企业一要主动承担起产业链链长职责，依靠其制度优势、资源优势以及产业链核心地位优势，加强产业链的合作与协调，形成产业链的协同效应，实现产业链的优化和提质增效，为我国经济高质量发展和中国式现代化建设提供战略支撑。二要注重与民营企业和外资企业的协同参与，推动不同区域和不同产权主体之间协同发展，打造现代化的产业体系，推动产业链向高质量发展。同时，还要注重产业链的稳固性和完备性，能够应对外部冲击和市场风险。三要加强产业基础研究，在关键领域和核心技术上发挥带头作用，为产业链开辟新赛道、发展新动能提供创新优势，提升我国产业链的竞争力和可持续发展能力。

三是积极打造创新联合体。不同于国家实验室、高校、科研机构等战略科技力量，创新联合体应着眼于弥补已有核心技术攻关体系的不足，实现系统整体性突破。创新联合体要瞄定产业体系中基础共性技术、"卡脖子"技术，筛选具有集成创新与组织平台优势的企业，承担国家重大科技项目。同时坚持共性技术联合开发、成果共享，发挥政府在技术成果应用上的资助，以此激发企业协同创新动力。

四是引入非国有"积极股东"，深入推进混合所有制改革。第一，引入积极股东，可探索引入持股 5% 及以上的战略投资者作为积极股东参与公司治理，其间应将高度的社会责任感和卓越的战略决策能力作为考虑要素。第二，引入积极股东，应注重高匹配度、高认同感、高协同性。一方面，应结合国有企业发展需要，选择理念一致、目标趋同的投资者开展战略合作。另一方面，应选择产业链上下游具有较强实力的相关企业，在市场资源、业务资源等方面快速形成优势互补，发挥协同效应，也能进一步促进国有企业创新发展。第三，引入积极股东，应注重加强董事会建设并落实董事会职权。应遵循市场规则，让各利益相关者在董事会中有效发挥作用。此外，引入积极股东，还应注重积极推进股权激励和员工持股，应进一步加大国有控股上市公司股权激励、国有科技型企业股权和分红激励、国有控股混合所有制企业骨干员工持股等中长期激励措施。鼓励企业建立超额利润分享机制，鼓励从事新产业、新业态、新商业模式的国有企业实施项目跟投制度。

第五节 国 际 合 作

新一轮科技革命和产业变革带来发展新机遇。随着以人工智能大模型、互联网、大数据为代表的新一轮科技革命加速演进，全球资源要素加速重组，新产业、新业态不断涌现，国际经贸往来、交流合作日益深入，世界各国相互联系和彼此依存比过去任何时候都更加频繁、更加紧密，协同联动发展、共同应对挑战、共享进步成果的发展大势不可阻挡。与此同时，国际形势更加错综复杂，世界发展已进入一个新旧交替的变革调整期，国际环境中不确定、不稳定、不可控、不可预测因素明显增多。特别是个别国家以"去风险"之名行脱钩断链之实，导致全球产业链加速重构，呈现收缩化、本土化、区域化等趋势，国际科技合作面临少数国家单边主义、保护主义的冲击和挑战。

2023年，我国国际能源合作取得新进展，聚焦重点区域、重点国家和重点领域，持续巩固能源合作基本盘，高质量推动"一带一路"能源合作走深走实，助力全球发展倡议和全球安全倡议落地见效，构建高质量能源国际合作体系。

一、重点区域、重点国家能源合作

中俄能源务实合作再上新台阶，落实中俄两国元首和领导人达成的共识，成功举办中俄能源合作委员会第二十次会议和第五届中俄能源商务论坛。积极稳妥应对乌克兰危机延宕影响，推动中俄能源合作积极稳定发展。中美能源合作阶段性止跌企稳，开展对美能源合作，积极参与中美气候磋商对话。中欧能源互利合作呈现新亮点，组织召开中欧能源对话和中法、中德、中芬等机制性政策对话，聚焦氢能、储能、海上新能源等新兴领域，深入开展交流合作。中亚能源合作不断扩大，先后组织召开中乌（乌兹别克斯坦）能源合作分委会第七次会议、中哈（萨克斯坦）能源合作分委会第十二次会议和中土（库曼斯坦）能源合作分委会第八次会议。首届中国—中亚峰会期间，与哈萨克斯坦签署部门间能源合作协议，指导中方企业与中亚国家签署约20份合作协议，推动将中国—中亚能源发展伙伴关系写入《中国—中亚峰会西安宣言》。中东能源合作深化拓展，先后与阿联酋、沙特和卡塔尔开展油气、清洁能源、氢能等重点领域的政策交流。中非能源合作持续深化，先后与纳米比亚、安哥拉围绕铀矿、油气等能源资源加强交流合作。

二、"一带一路"能源合作

2023年是习近平总书记提出共建"一带一路"倡议10周年。十年来，我国已与152个国家、32 个国际组织签署了 200 多份共建"一带一路"合作文件，覆盖我国 83%的建交国，遍布五大洲和主要国际组织。能源合作是共建"一带一路"的重点领域，十年来，我国先后与 90 多个国家和地区建立政府间能源合作机制，与 30 多个能源类国际组织和多边机制建立合作关系，参与双多边能源合作机制近百项，签署了 100 多份能源合作文件，与 10 个国家和地区开展双边能源合作规划。2023 年 10 月 17—18 日，第三届"一带一路"国际合作高峰论坛在北京举行，本届高峰论坛主题为"高质量共建'一带一路'，携手实现共同发展繁荣"。11 月 6—7 日，首届"一带一路"科技交流大会在重庆举行，大会以"共建创新之路，同促合作发展"为主题，围绕政府间科技合作、科技人文交流、产业创新发展等议题举办系列活动。

高质量推进"一带一路"绿色能源合作。第三届"一带一路"国际合作高峰论坛期间，与乌兹别克斯坦、阿塞拜疆、古巴分别签署政府间和部门间能源合作协议，推动将 6 项能源合作成果列入第三届"一带一路"国际合作高峰论坛成果清单。研究起草《中国—蒙古国绿色能源合作规划》，与科威特、阿尔及利亚等国先后签署加强可再生能源合作谅解备忘录，推进"一带一路"绿色能源合作。

建设和运营好"一带一路"能源合作伙伴关系。以共建"一带一路"倡议提出 10 周年为契机，成功主办第三届"一带一路"能源合作伙伴关系论坛，举办主题展览、发布主题视频、召开新闻发布会，全面展示"一带一路"能源合作标志性工程和成就。

三、全球清洁能源合作伙伴关系

一是成功主办 2023 年国际能源变革论坛，发起成立国际能源变革联盟，发布全球清洁能源合作伙伴关系倡议。中国—东盟、中国—阿盟、中国—非盟、中国—中东欧、中国—中亚和 APEC 可持续能源中心等 6 大区域能源合作平台不断落地见效。二是成功举办 2023 年中国—东盟清洁能源合作周，推动中国—东盟清洁能源合作中心取得阶段性进展。三是举办第七届中阿能源合作大会，组织召开中非能源项目合作推介会，搭建中非能源合作平台。四是成功举办第 24 届亚太电协会议，大会除主旨演讲外，还发布了亚太电协技术委员会专题报告，举行了十一场专题论文交流会，举办了三场平行边会，并开展了文化之夜、展览展示、技术参观等内容丰富、主题多元、形式多样的系列活动，打造多维度、跨领域的交流及合作平台。五是与国际能源署（IEA）签署第三期《国家能源局—国际能源署三年合作计划》，组织召开中国—国际可再生能源署（IRENA）合作研讨会，与 IRENA 机制性合作迈向新阶段，推动我国参与全球能源治理的影响力和话语权进一步提升。

第二章

政策法规与标准规范

第一节 国家科技创新政策

2023 年以来，科技部联合相关部委共计出台 21 项科技相关政策文件见表 2-1，涉及科技创新规划（5 项）、科技管理政策（4 项）、企业科技创新支持政策（6 项）以及专项政策（7 项）。

表 2-1　　　　　　　　　2023 年国家层面出台的科技相关政策

序号	文件名称	文号	发布时间
1	工业和信息化部等七部门关于印发《智能检测装备产业发展行动计划（2023—2025 年）》的通知	工信部联通装〔2023〕19 号	2023.02.23
2	工业和信息化部、科技部、国家能源局、国家标准化管理委员印发《新产业标准化领航工程实施方案（2023—2035 年）》的通知	工信部联科〔2023〕118 号	2023.08.22
3	工业和信息化部办公厅、国家知识产权局办公室关于印发《知识产权助力产业创新发展行动方案（2023—2027 年）》的通知	工信厅联科〔2023〕48 号	2023.09.05
4	工业和信息化部、国家发展改革委、科技部、财政部、应急管理部关于印发《安全应急装备重点领域发展行动计划（2023—2025 年）》的通知	工信部联安全〔2023〕166 号	2023.09.26
5	工业和信息化部、中央网信办、教育部、国家卫生健康委、中国人民银行、国务院国资委等八部门联合印发《算力基础设施高质量发展行动计划	工信部联通信〔2023〕180 号	2023.10.08
6	国务院办公厅转发商务部科技部《关于进一步鼓励外商投资设立研发中心若干措施的通知》	国办函〔2023〕7 号	2023.01.19
7	科技部关于印发《社会力量设立科学技术奖管理办法》的通知	国科发奖〔2023〕11 号	2023.03.20
8	中共中央办公厅 国务院办公厅印发《关于进一步加强青年科技人才培养和使用的若干措施	—	2023.08.27
9	科技部关于印发《国家科学技术奖提名办法》的通知	国科发奖〔2023〕225 号	2023.12.12
10	财政部、税务总局联合发布《关于进一步完善研发费用税前加计扣除政策的公告》	财政部 税务总局公告 2023 年第 7 号	2023.03.26

序号	文件名称	文号	发布时间
11	工业和信息化部办公厅《关于组织开展 2023 年度大企业"发榜"中小企业"揭榜"工作的通知》	工信厅企业函〔2023〕88 号	2023.04.18
12	工业和信息化部等十部门关于印发《科技成果赋智中小企业专项行动（2023—2025 年）》的通知	工信部联科〔2023〕64 号	2023.05.25
13	国家税务总局、财政部制发了《关于优化预缴申报享受研发费用加计扣除政策有关事项的公告	2023 年第 11 号	2023.06.21
14	财政部 税务总局关于先进制造业企业增值税加计抵减政策的公告	财政部 税务总局公告 2023 年第 43 号	2023.09.03
15	工业和信息化部办公厅、财政部办公厅、银保监会办公厅《关于开展 2023 年重点新材料首批次应用保险补偿机制试点工作》的通知	工信厅联原函〔2023〕10 号	2023.01.18
16	工业和信息化部等八部门《关于组织开展公共领域车辆全面电动化先行区试点工作》的通知	工信部联通装函〔2023〕23 号	2023.02.03
17	科技部等印发《关于进一步支持西部科学城加快建设的意见》的通知	国科发规〔2023〕31 号	2023.04.12
18	科技部等印发《深入贯彻落实习近平总书记重要批示精神加快推动北京国际科技创新中心建设的工作方案》的通知	国科发规〔2023〕41 号	2023.05.17
19	工业和信息化部关于印发《制造业技术创新体系建设和应用实施意见的通知	工信部科〔2023〕122 号	2023.08.29
20	工业和信息化部、国家发展改革委、国务院国资委发布《关于支持首台（套）重大技术装备平等参与企业招标投标活动的指导意见》	工信部联重装〔2023〕127 号	2023.09.19
21	工业和信息化部等八部门发布《关于加快传统制造业转型升级的指导意见》	工信部联规〔2023〕258 号	2023.12.29

一、科技创新规划和行动计划

2023 年，工业和信息化部、科技部、国家能源局等部委先后印发了《智能检测装备产业发展行动计划（2023—2025 年）》《新产业标准化领航工程实施方案（2023—2035 年）》《知识产权助力产业创新发展行动方案（2023—2027 年）》《算力基础设施高质量发展行动计划》等 5 项行动计划文件。

提出 2023—2025 年智能检测装备产业发展行动目标和重点工程。明确智能检测装备作为智能制造的核心装备，是"工业六基"的重要组成和产业基础高级化的重要领域，对加快制造业高端化、智能化、绿色化发展，提升产业链供应链韧性和安全水平，支撑制造强国、质量强国和数字中国建设具有重要意义。提出到 2025 年，智能检测技术基本满足用户领域制造工艺需求，核心零部件、专用软件和整机装备供给能力显著提升，重点领域智能检测装备示范带动和规模应用成效明显，产业生态初步形成，基本满足智能制造发展需求。

提出 2023—2025 年新产业标准化领航工程实施重点领域和主要目标。提出形成"8＋9"

的新产业标准化重点领域。其中，新兴产业聚焦新一代信息技术、新能源、新材料、高端装备、新能源汽车、绿色环保、民用航空、船舶与海洋工程装备等 8 大领域；未来产业聚焦元宇宙、脑机接口、量子信息、人形机器人、生成式人工智能、生物制造、未来显示、未来网络、新型储能等 9 大领域。明确主要目标，到 2025 年，支撑新兴产业发展的标准体系逐步完善、引领未来产业创新发展的标准加快形成；到 2030 年，满足新产业高质量发展需求的标准体系持续完善、标准化工作体系更加健全；到 2035 年，满足新产业高质量发展需求的标准供给更加充分，企业主体、政府引导、开放融合的新产业标准化工作体系全面形成。

提出 2023—2027 年知识产权助力产业创新发展的实施目标和重点任务。明确到 2027 年，知识产权促进工业和信息化领域重点产业高质量发展的成效更加显著，知识产权强链护链能力进一步提升。提出四大重点任务，一是加强重点产业知识产权创造，推进知识产权高质量布局，加强专利导航。二是深化重点产业知识产权转化运用，拓宽知识产权协同运营渠道，提升工业企业知识产权管理和运用能力，提高知识产权运用效益。三是强化重点产业知识产权保护。四是提升重点产业知识产权服务能力。

提出"十四五"算力基础设施高质量发展的基本原则、发展目标和重点任务。结合算力基础设施产业现状和发展趋势，明确了"多元供给，优化布局；需求牵引，强化赋能；创新驱动，汇聚合力；绿色低碳，安全可靠"的基本原则，制定了到 2025 年的主要发展目标，提出了完善算力综合供给体系、提升算力高效运载能力、强化存力高效灵活保障、深化算力赋能行业应用、促进绿色低碳算力发展、加强安全保障能力建设等六方面重点任务，着力推动算力基础设施高质量发展。

二、科技创新管理政策

2023 年，中共中央办公厅、国务院办公厅、科技部先后印发了《关于进一步鼓励外商投资设立研发中心若干措施的通知》《社会力量设立科学技术奖管理办法》《关于进一步加强青年科技人才培养和使用的若干措施》《国家科学技术奖提名办法》4 项政策文件。

提出了支持开展科技创新、提高研发便利度、鼓励引进海外人才、提升知识产权保护水平 4 方面 16 条政策举措。明确外资研发中心是我国科技创新体系的重要组成部分。提出鼓励外商投资设立研发中心四大举措：一是**支持开展科技创新**，支持外资研发中心依法使用大型科研仪器、国家重大科技计划项目的科技报告和相关数据；鼓励和支持外资研发中心承担国家科技任务，参与国家重大科技计划项目等。二是**提高研发便利度**，支持研发数据依法跨境流动；优化知识产权对外转让和技术进出口管理流程；优化科研物资通关和监管流程。三是**鼓励引进海外人才**，提高海外人才在华工作便利度。四是**提升知识产权保护水平**，加快完善商业秘密保护规则体系；加强知识产权保护中心建设；提高知识产权执法水平。

发布新版社会力量设立科学技术奖管理办法。该办法共六章三十五条，主要从社会科技奖的设立、运行、指导服务和监督管理等方面明确基本要求。我国于 2013 年 5 月取消了社会科技奖登记事项，2017 年 5 月国务院办公厅印发《关于深化科技奖励制度改革的方案》，明确鼓励社会科技奖健康发展，坚持公益化、非营利性原则。2020 年 10 月国务院公布《国家科学技术奖励条例》，要求对社会科技奖的有关活动进行指导服务和监督管理。2021 年 12 月新修订的《中华人民共和国科学技术进步法》，明确国家鼓励国内外的组织或者个人设立科学技术奖项。目前，社会科技奖初步形成数量规模较大、主体结构多元、影响力持续提升的发展态势，但是也存在少数奖项设奖定位不够清晰、办奖运行不够规范等情况。新版管理办法的出台有利于进一步规范社会力量设立的科学技术奖的管理。

出台进一步加强青年科技人才培养和使用的四大新举措。2022 年，科技部等五部门启动实施了"减负行动 3.0"，起到先行先试的探索作用。2023 年 8 月 27 日，中共中央办公厅、国务院办公厅印发《关于进一步加强青年科技人才培养和使用的若干措施》，进一步加大政策力度，采取更多突破性措施，加强我国青年科技人才队伍建设。一是在支持青年科技人才在国家重大科技任务中"挑大梁"方面。二是在深入实施国家重点研发计划青年科学家项目方面。三是在国家科技创新基地大力培养使用青年科技人才方面。四是在青年科技人才分类评价方面。

出台新的国家科学技术奖提名办法。我国于 2017 年开始国家科技奖励由"推荐制"调整为"提名制"，2020 年 10 月，国务院第三次修订发布《国家科学技术奖励条例》，进一步落实了提名制改革要求。针对提名制在实践探索中存在的一些不足，2023 年 12 月 12 日，科技部关于印发《国家科学技术奖提名办法》。**在突出提名导向方面，提出新的要求**，一是强调服务国家重大战略需求。国家科学技术奖提名工作应当坚持"四个面向"，与国家中长期科技发展规划紧密结合。二是强调创造性贡献。提名者应当提名真正作出创造性贡献的科学家和一线科技人员。**在提高提名质量方面，提出四项新措施**，一是合理控制提名规模；二是适当提高专家提名条件；三是完善提名程序；四是压实提名者责任。

三、企业科技创新支持政策

2023 年，工业和信息化部、财政部、税务总局、科技部、银保监会等相关部委先后印发了《关于进一步完善研发费用税前加计扣除政策的公告》《关于组织开展 2023 年度大企业"发榜"中小企业"揭榜"工作的通知》《科技成果赋智中小企业专项行动（2023—2025 年）》《关于优化预缴申报享受研发费用加计扣除政策有关事项的公告》《研发费用加计扣除政策执行指引（2.0 版）》《关于先进制造业企业增值税加计抵减政策的公告》等 6 项支持企业科技创新政策文件。

提出了新的企业开展研发活动中实际发生的研发费用税前加计扣除的具体办法。为进一步激励企业加大研发投入，更好地支持科技创新，2023 年 3 月 26 日，财政部、税务总局联合发布《关于进一步完善研发费用税前加计扣除政策的公告》（财政部 税务总局公告 2023 年第 7 号），明确了企业享受研发费用加计扣除政策的其他政策口径和管理要求。

部署 2023 年度大企业"发榜"中小企业"揭榜"具体工作。明确聚焦制造强国、网络强国重点领域，通过龙头企业发布产业技术创新和配套需求，中小企业"揭榜"攻关，形成大中小企业协同创新合力，攻克一批产业技术难题，形成一批融通创新成果，助力补短板锻长板强基础，提升产业链供应链韧性和安全水平。

提出（2023—2025 年）科技成果赋智中小企业专项行动。到 2025 年，健全成果项目库和企业需求库，完善赋智对接平台体系，遴选一批优质的科技成果评价和转移转化机构，推动一批先进适用科技成果到中小企业落地转化；开展不少于 30 场赋智"深度行"活动，有效促进科技成果转化应用，实现产学研用深度合作；培育更多专精特新中小企业，健全成果转化服务格局，促进中小企业产出更多高质量科技成果。

进一步完善研发费用加计扣除政策，将企业享受优惠的时点再提前三个月。在 2021 年以前，企业在所得税汇算清缴时享受研发费用加计扣除政策。为更好地支持企业创新发展，2021 年，国家税务总局允许企业在 2021 年 10 月份预缴申报时就前三季度研发费用享受加计扣除政策，将企业享受优惠的时点提前了 3～8 个月。2022 年，国家税务总局又将该举措予以制度化、长期化。2023 年 6 月 21 日，国家税务总局、财政部制发了《关于优化预缴申报享受研发费用加计扣除政策有关事项的公告》（国家税务总局 财政部公告 2023 年第 11 号），在上述两个时点的基础上，新增一个享受时点，对 7 月份预缴申报第二季度（按季预缴）或 6 月份（按月预缴）企业所得税时，能准确归集核算研发费用的，允许企业就当年上半年发生的研发费用享受加计扣除政策，将企业享受优惠的时点再提前三个月。

发布先进制造业企业增值税加计抵减政策。一是自 2023 年 1 月 1 日至 2027 年 12 月 31 日，允许先进制造业企业按照当期可抵扣进项税额加计 5% 抵减应纳增值税税额。二是先进制造业企业按照当期可抵扣进项税额的 5% 计提当期加计抵减额。按照现行规定不得从销项税额中抵扣的进项税额，不得计提加计抵减额；已计提加计抵减额的进项税额，按规定作进项税额转出的，应在进项税额转出当期，相应调减加计抵减额。三是先进制造业企业可计提但未计提的加计抵减额，可在确定适用加计抵减政策当期一并计提。四是先进制造业企业出口货物劳务、发生跨境应税行为不适用加计抵减政策，其对应的进项税额不得计提加计抵减额。

四、科技专项政策

2023 年，科技部会同相关部委先后印发了《关于开展 2023 年重点新材料首批次应用保险补偿机制试点工作的通知》《关于组织开展公共领域车辆全面电动化先行区试点工作的通知》《关于进一步支持西部科学城加快建设的意见》《深入贯彻落实习近平总书记重要批示精神 加快推动北京国际科技创新中心建设的工作方案》《制造业技术创新体系建设和应用实施意见的通知》《关于支持首台（套）重大技术装备平等参与企业招标投标活动的指导意见》等七项科技创新专项规划政策文件。

出台做好 2023 年重点新材料首批次应用保险补偿机制试点工作的三方面意见。一是生产《重点新材料首批次应用示范指导目录（2021 年版）》内新材料产品，且于 2022 年 1 月 1 日至 2022 年 12 月 31 日期间投保重点新材料首批次应用综合保险的企业，符合首批次保险补偿工作相关要求，可提出保费补贴申请。承保保险公司符合《关于开展重点新材料首批次应用保险试点工作的指导意见》相关要求，且完成重点新材料首批次应用保险产品备案。二是申请保费补贴的产品应由新材料用户单位直接购买使用，用户单位为关联企业及贸易商的不得提出保费补贴申请。原则上单个品种的保险金额不低于 5000 万元。三是已获得保险补贴资金的项目，原则上不得提出续保保费补贴申请。用于享受过保险补偿政策的首台套装备的材料不在本政策支持范围。

提出启动公共领域车辆全面电动化先行区试点工作主要目标和四大重点任务。试点期为 2023—2025 年。明确主要目标：**一是车辆电动化水平大幅提高。**试点领域新增及更新车辆中新能源汽车比例显著提高，其中城市公交、出租、环卫、邮政快递、城市物流配送领域力争达到 80%。**二是充换电服务体系保障有力。**建成适度超前、布局均衡、智能高效的充换电基础设施体系，服务保障能力显著提升，新增公共充电桩（标准桩）与公共领域新能源汽车推广数量（标准车）比例力争达到 1:1，高速公路服务区充电设施车位占比预期不低于小型停车位的 10%。**三是新技术新模式创新应用。**建立健全适应新能源汽车创新发展的智能交通系统、绿色能源供给系统、新型信息通信网络体系，实现新能源汽车与电网高效互动，与交通、通信等领域融合发展。

出台成渝地区以"一城多园"模式加快建设西部科学城，打造具有全国影响力的科技创新中心的工作方案。提出建设目标：以西部（成都）科学城、重庆两江协同创新区、西部（重庆）科学城、中国（绵阳）科技城作为先行启动区，**到 2025 年**，西部科学城建成若干国际领先的重大创新平台和研究基地，集聚一批具有国际影响力的高校、科研机构、创新型企业，在物质科学、核科学等基础学科领域实现原创引领，壮大战略性新兴产业集群，"科教产城人"融合发展体系基本建立。**到 2035 年**，西部科学城建成综合性科学中心，科技综合实力迈入全国前列，集聚世界顶尖科学家群体，重点领域实现全球领先原创成果突破，主导产业迈入全球价值链高端，营造全球一流创新生态，引领成渝地区建成具有全国影响力的科技创新中心。

出台北京国际科技创新中心建设的工作方案，推动北京率先建成世界主要科学中心和创新高地。明确提出到 2025 年，北京国际科技创新中心成为世界科学前沿和新兴产业技术创新策源地、全球创新要素汇聚地。有力支撑科技强国和中国式现代化建设。

提出制造业技术创新体系建设工作目标、技术体系框架和六大应用领域。围绕制造业典型产品的关键技术、物料清单、重点生产企业等技术供给线，以及研发设计工具、生产制造装备、标准、质量、管理服务、关键软件等技术支撑线，构建系统化、标准化的技术体系，支撑产业基础能力建设，打造体系化竞争新优势，实现高水平产业科技自立自强，加快新型工业化进程。

提出支持首台（套）重大技术装备平等参与企业招标投标活动的招标要求和评标原则。首台（套）重大技术装备是指实现重大技术突破、尚未取得市场业绩的装备，需要经过不断应用验证实现迭代创新。首台（套）只有平等参与招标、争取中标才能进入市场，进而不断迭代升级。招标投标是首台（套）进入市场的"第一关"，对重大技术装备创新发展和推广应用至关重要。

提出关于加快传统制造业转型升级的总体要求和重点举措。提出到 2027 年，传统制造业高端化、智能化、绿色化、融合化发展水平明显提升，有效支撑制造业比重保持基本稳定，在全球产业分工中的地位和竞争力进一步巩固增强。工业企业数字化研发设计工具普及率、关键工序数控化率分别超过 90%、70%，工业能耗强度和二氧化碳排放强度持续下降，万元工业增加值用水量较 2023 年下降 13%左右，大宗工业固体废物综合利用率超过 57%。

第二节 电力科技创新政策

一、能源类科技创新相关政策

2023 年，国家发展改革委、国家能源局、科技部围绕科技支撑能源电子产业发展、能源数字化智能化发展、工业重点领域能效标杆水平和基准水平等出台了 7 项政策文件见表 2-2，为贯彻落实创新驱动发展战略、做好科技支撑"碳达峰 碳中和"相关工作、推动绿色技术的全链条创新制定了行动指南。

2023 年国家出台的能源类科技政策

序号	文件名称	文号	发布时间
1	工业和信息化部等六部门《关于推动能源电子产业发展的指导意见》	工信部联电子〔2022〕181 号	2023.01.17
2	国家发展改革委等部门《关于印发第 29 批新认定及全部国家企业技术中心名单的通知》	发改高技〔2023〕139 号	2023.02.02
3	国家能源局《关于加快推进能源数字化智能化发展的若干意见》	国能发科技〔2023〕27 号	2023.03.28
4	国家发展改革委等部门关于发布《工业重点领域能效标杆水平和基准水平（2023 年版）》的通知	发改产业〔2023〕723 号	2023.07.04
5	国家发展改革委等部门关于印发《绿色低碳先进技术示范工程实施方案》的通知	发改环资〔2023〕1093 号	2023.08.22
6	国家发展改革委关于印发《国家碳达峰试点建设方案》的通知	发改环资〔2023〕1409 号	2023.11.06
7	国家发展改革委办公厅关于印发《首批碳达峰试点名单》的通知	发改办环资〔2023〕942 号	2023.12.06

提出推动能源电子产业发展的基本原则、六大重点任务和三专项行动。突出"光储端信"融合发展、注重方向引领、强化供给能力提升、注重培育环境。提出六大重点任务，依托我国光伏、锂离子电池等产业竞争优势，从供给侧入手、在制造端发力、以硬科技为导向、以产业化为目标，加快推动能源电子各领域技术突破和产品供给能力提升；提出三大专项行动，统筹推动现代信息和能源技术、光伏和储能等深度融合。

提出加快推进能源数字化智能化发展的目标和重点任务。到 2030 年，能源系统各环节数字化智能化创新应用体系初步构筑、数据要素潜能充分激活，一批制约能源数字化智能化发展的共性关键技术取得突破，能源系统智能感知与智能调控体系加快形成，能源数字化智能化新模式新业态持续涌现，能源系统运行与管理模式向全面标准化、深度数字化和高度智能化加速转变，能源行业网络与信息安全保障能力明显增强，能源系统效率、可靠性、包容性稳步提高，能源生产和供应多元化加速拓展、质量效益加速提升，数字技术与能源产业融合发展对能源行业提质增效与碳排放总量和强度"双控"的支撑作用全面显现。

发布《工业重点领域能效标杆水平和基准水平（2023 年版）》。一是拓展重点领域范围。在此前明确炼油、煤制焦炭、电解铝等 25 个重点领域能效标杆水平和基准水平的基础上，增加 11 个领域。二是强化能效水平引领。对标国内外生产企业先进能效水平，确定工业重点领域能效标杆水平。三是推动分类改造升级。依据能效标杆水平和基准水平，分类实施改造升级。

提出绿色低碳先进技术示范工程重点方向、保障措施、组织实施方式。布局一批技术水平领先、减排效果突出、减污降碳协同、示范效应明显的项目，将绿色低碳先进技术按照源头减碳、过程降碳、末端固碳分为三大类。源头减碳类，提出非化石能源先进示范、化石能源清洁高效开发利用、先进电网和储能示范、绿氢减碳示范 4 个重点方向；过程降碳类，提出工业、建筑、交通 3 个领域关键技术类别的同时，还提出减污降碳协同和低碳（近零碳）园区 2 个重点方向。末端固碳类，提出全流程规模化 CCUS 示范、二氧化碳先进高效捕集示范、二氧化碳资源化利用及固碳示范 3 个重点方向。

提出国家碳达峰试点建设的工作原则、目标和建设内容。将在全国范围内选择 100 个具有典型代表性的城市和园区开展碳达峰试点建设，聚焦破解绿色低碳发展面临的瓶颈制约，探索不同资源禀赋和发展基础的城市和园区碳达峰路径，为全国提供可操作、可复制、可推广的经验做法。《国家碳达峰试点建设方案》提出了"坚持积极稳妥、坚持因地制宜、坚持改革创新、坚持安全降碳" 4 条工作原则，以及 2025 年、2030 年的主要目标，重点部署了 5 方面试点建设内容。

发布首批碳达峰试点名单。为落实国务院《2030 年前碳达峰行动方案》有关部署，2023 年 12 月 6 日，国家发展改革委办公厅印发首批碳达峰试点名单。经有关地区城市和园区自愿申报、省级发展改革委推荐、省级人民政府审核、国家发展改革委复核，确定张家口市等 25 个城市、长治高新技术产业开发区等 10 个园区为首批碳达峰试点城市和园区。

二、电力行业相关科技政策

2023 年，国家发展改革委、国家能源局围绕光热、新型储能、新能源和可再生能源等出台了 7 项科技政策文件，见表 2-3。

表 2-3　　　　　　　　　　　2023 年出台的产业类科技政策

序号	文件名称	文号	发布时间
1	国家能源局综合司印发《关于推动光热发电规模化发展有关事项的通知》	国能综通新能〔2023〕28 号	2023.03.24
2	国家发展改革委 国家能源局《关于加快推进充电基础设施建设 更好支持新能源汽车下乡和乡村振兴的实施意见》	发改综合〔2023〕545 号	2023.05.17
3	国务院办公厅《关于进一步构建高质量充电基础设施体系的指导意见》	国办发〔2023〕19 号	2023.06.08
4	国家能源局综合司《关于开展新型储能试点示范工作的通知》	国能综通科技〔2023〕77 号	2023.06.12
5	工业和信息化部印发《电力装备行业稳增长工作方案（2023—2024 年）的通知》	工信部重装〔2023〕119 号	2023.09.04
6	国家能源局《关于组织开展可再生能源发展试点示范的通知》	国能发新能〔2023〕66 号	2023.10.18
7	工业和信息化部办公厅、住房和城乡建设部办公厅、交通运输部办公厅、农业农村部办公厅、国家能源局综合司五部委发布《关于开展第四批智能光伏试点示范活动的通知》	工信厅联电子函〔2023〕306 号	2023.11.13

提出推动光热发电规模化发展四个方面的要求。一是充分认识光热发电规模化发展的重要意义。光热发电兼具调峰电源和储能的双重功能，是新能源安全可靠替代传统能源的有效手段，是加快规划建设新型能源体系的有效支撑，同时还可带动新材料、精密设备、智能控制等新兴产业发展。光热发电规模化开发利用将成为我国新能源产业新的增长点。二是积极开展光热规模化发展研究工作。开展全国重点区域光热发电资源调查评估、规划布局研究、光热发电与风电光伏发电实质性联营研究、光热发电技术创新示范，力争"十四五"期间，全国光热发电每年新增开工规模达到 300 万千瓦左右。三是结合沙漠、戈壁、荒漠地区新能源基地建设，尽快落地一批光热发电项目。目前，在第一、二批以沙漠、戈壁、荒漠地区为重点的大型风电光伏基地建设项目清单中已明确了约 150 万千瓦光热发电项目，相关省区能源主管部门要尽快组织开展项目可行性研究，并与基地内风电光伏项目同步开工。四是提高光热发电项目技术水平。各地能源主管部门和企业在新能源基地建设中要充分发挥光热发电调峰特性，科学合理确定基地项目电源配比；拟建和在建项目技术水平要求不得低于国家组织的示范项目。

提出适度超前建设充电基础设施，更好支持新能源汽车下乡的五大举措。一是加强公共充电基础设施布局建设。加快实现适宜使用新能源汽车的地区充电站"县县全覆盖"、充电桩"乡乡全覆盖"。二是推进社区充电基础设施建设共享。加快推进农村地区既有居住社区和新建居住社区充电设施建设，探索与充电设施运营企业合作的机制，引导社区推广"临近车位共享""社区分时共享""多车一桩"等共享模式。三是加大充电网络建设运营支持力度。鼓励有条件的地方出台农村地区公共充电基础设施建设运营专项支持政策。四是推广智能有序充电等新模式。提升新建充电基础设施智能化水平，将智能有序充电纳入充电基础设施和新能源汽车产品功能范围。五是提升充电基础设施运维服务体验。

提出构建高质量充电基础设施体系的发展目标和重点任务。到 2030 年，基本建成覆盖广泛、规模适度、结构合理、功能完善的高质量充电基础设施体系，有力支撑新能源汽车产业发展，有效满足人民群众出行充电需求。建设形成城市面状、公路线状、乡村点状布局的充电网络，大中型以上城市经营性停车场具备规范充电条件的车位比例力争超过城市注册电动汽车比例，农村地区充电服务覆盖率稳步提升。充电基础设施快慢互补、智能开放，充电服务安全可靠、经济便捷，标准规范和市场监管体系基本完善，行业监管和治理能力基本实现现代化，技术装备和科技创新达到世界先进水平。

提出新型储能试点示范工作三个方面的要求。一是示范工作以推动新型储能多元化、产业化发展为目标，组织遴选一批典型应用场景下，在安全性、经济性等方面具有竞争潜力的各类新型储能技术示范项目。二是新型储能项目业主单位为申报单位，各省（自治区、直辖市）及新疆生产建设兵团能源主管部门、中央企业集团为推荐单位。三是申报项目原则上为已完成备案，且预计在 2024 年底前投产的项目。申报项目知识产权清晰，技术先进，示范带动作用良好。

提出 2023—2024 年电力装备行业稳增长工作的总体要求和重点任务。通过强化重大工程引领、保障高质量供给、加快装备推广应用、继续开拓国际市场、提升产业链竞争力，夯实电力装备行业增长基础，推动电力装备行业高质量发展。力争 2023—2024 年电力装备行业主营业务收入年均增速达 9% 以上，工业增加值年均增速 9% 左右。

提出可再生能源发展试点示范的总体目标和三大类示范工程示范内容。通过组织开展可再生能源试点示范，支持培育可再生能源新技术、新模式、新业态，拓展可再生能源应用场景，着力推动可再生能源技术进步、成本下降、效率提升、机制完善，为促进可再生能源高质量跃升发展、加快规划建设新型能源体系、如期实现"双碳"目标任务提供有力支撑。到2025 年，组织实施一批技术先进、经济效益合理、具有较好推广应用前景的示范项目，推动形成一系列相对成熟完善的支持政策、技术标准、商业模式等，有力促进可再生能源新技术、新模式、新业态发展。

发布第四批智能光伏试点的示范内容和优先方向。试点示范内容：一是智能光伏示范企业，包括能够提供先进、成熟的智能光伏产品、服务、系统平台或整体解决方案的企业。二是智能光伏示范项目，包括应用智能光伏产品，融合运用 5G 通信、大数据、互联网、人工智能等新一代信息技术，为用户提供智能光伏服务的项目。优先考虑光储融合、建筑光伏、交通运输应用、农业农村应用、光伏绿色化、关键信息技术、先进光伏产品、新型设施和实证检测等方向。

第三节　科技管理标准化

标准是科技成果的重要载体，是科技成果转化的桥梁与纽带，标准化有利于促进科技创新成果产业化、市场化、国际化。2023 年电力行业深入贯彻落实《国家标准化发展纲要》精神，行业管理机构和各电力标委会高度重视电力标准化工作，标准顶层设计和标准体系建设持续完善，标准质量和标委会管理持续提升，充分发挥了标准的基础性和引领性作用，为加快构建新型电力系统，保障国家能源安全，助力国家"双碳"目标，推进国家能源战略规划落地做好标准化支撑工作。

一、电力标准化建设

2023 年国家有关部门共下达计划 406 项，其中，国家标准 43 项，包括住房和城乡建设部国家标准计划 2 项、国标委国家标准计划 41 项；国家能源局行业标准计划 319 项；能源行业标准英文版翻译计划 44 项。中国电力企业联合会下达中电联标准计划 297 项。国家和行业下达的标准制（修）订计划中，火电、水电、核电、新能源等领域标准计划合计占 55%，电网标准计划占年度计划 45%。

2023 年国家有关部门发布标准共 575 项，其中国家标准 61 项，包括国标委批准发布 60 项；能源局批准发布行业标准 339 项；行业标准英文版 23 项。中国电力企业联合会发布中电联标准 152 项❶。

作为电力行业标准管理归口部门，中电联标准化中心持续加强标准化技术组织建设，开展"标委会建设年"活动，重点围绕规范标委会管理，优化、完善标委会组织架构，进一步加强标委会协调合作，提升标委会管理水平。

国际标准创新合作取得新进展。2023 年发布由中国电力企业牵头制定的 IEC TS 62786-1《分布式能源与电网互联 第 1 部分：通则》等 8 项国际标准。推动成立 IEC Syc SET 未来可持续电气化交通系统委员会。在世界电动车大会暨展览会（EVS36）上展示中电联提出的下一代直流充电技术（ChaoJi）标准，向世界展示下一代直流充电技术解决方案。

二、科技评价标准化进展

国家层面，科技部科技评估中心牵头起草的国家标准《科技评估分类》（GB/T 42776—2023）于 2023 年 8 月 6 日正式发布实施。该文件规定了科技评估活动的分类原则、分类方法、基本分类、附加分类、编码规则以及分类与代码。适用于科技评估活动的规划、设计、委托、组织、实施、管理、研究、培训和信息化等相关活动。全国科技评估标准化技术委员会 2023 年发布和在研标准情况详见表 2-4。

表 2-4　　全国科技评估标委会 2023 年发布及在研的标准

序号	标准名称	标准状态
1	《科技评估分类》（GB/T 42776—2023）	发布
2	《科研机构评估指南》（计划号：20213499-T-306）	审查
3	《企业科技创新系统能力水平评价规范》（计划号：20213501-T-306）	审查
4	《科技人才评价规范》（计划号：20213500-T-306）	审查
5	《科技评估人员能力评价规范》（计划号：20215028-T-306）	审查
6	《科技成果评估规范》（计划号：20215031-T-306）	审查
7	《科技成果五元价值评估指南》（计划号：20221941-T-306）	征求意见
8	《科技评估指标体系构建通用要求》（计划号：20221942-T-306）	征求意见
9	《科技评估服务质量控制规范》（计划号：20230883-T-306）	起草

---

❶ 数据来源：《中国电力行业标准化年度发展报告 2024》。

行业层面，2023 年《电力技术专利信息检索分析规范》（T/CEC 828—2023）、《电力企业知识产权管理规范》（T/CEC 798—2023）等 2 项团体标准获批准发布，《电力创新成果转化为标准评价指南》通过审查，《电力科技项目验收规范》等 2 项标准开始起草，持续夯实电力科技评价标准化工作基础。中电联电力科技评价标准化技术委员会 2023 年发布和在研标准详见表 2-5。

表 2-5　　　　　　　　　2023 年中电联电力科技评价标委会发布和在研的标准

序号	标准名称	标准状态
1	《电力技术专利信息检索分析规范》（T/CEC 828—2023）	发布
2	《电力企业知识产权管理规范》（T/CEC 798—2023）	
3	《电力创新成果转化为标准评价指南》（计划号：能源 20220462）	报批
4	《电力科技项目验收规范》（计划号：T/CEC 2022107）	起草
5	《电力科技成果转化评价总则》（计划号：T/CEC 20213091）	起草

《电力技术专利信息检索分析规范》（T/CEC 828—2023）规定了电力技术专利信息检索、分析、成果产出与应用以及资源保障的基本要求，适用于电力行业相关单位开展专利信息检索、分析。《电力企业知识产权管理规范》（T/CEC 798—2023）规定了电力企业知识产权资源保障、管理要求和实施应用等工作要求，适用于电力设计、施工、发输供、科研、制造、销售等电力企业，其他企业可参照执行。

第三章

重点领域科技创新进展

第一节　火　力　发　电

截至 2023 年年底，我国火电总装机达 13.90 亿千瓦[1]（其中煤电装机 11.65 亿千瓦，气电装机 1.22 万千瓦），占我国电力总装机的 48%，全年新增火电装机 5793 万千瓦。全年发电量 62318 亿千瓦·时，同比增长 6.1%，占我国当年发电总量的 69.95%。全年煤电"三改联动"合计规模达到 1.9 亿千瓦，"十四五"期间前三年合计规模达到 6.75 亿千瓦，占"十四五"规划的目标 6 亿千瓦的 112.5%。

我国火电领域技术创新、研发和工程应用总体上已达到国际领先水平。2023 年，火电领域重点聚焦行业技术短板，加大攻关力度，扎实推进各项重大攻关项目，加快推进新质生产力发展，围绕产出的科技成果，积极推动成果转化及应用实施，全面提升火力发电核心技术创新能力，强化科技转型力度，有效支撑我国电力行业高质量发展。2023 年我国火力发电领域在高效灵活燃煤发电、智能燃煤发电、碳捕集与利用技术、重型燃机发电技术等方面取得了一批典型成果。

一、高效灵活燃煤发电技术

低温法烟气多污染物一体化脱除技术（COAP）研发及应用。中国华能自主研发创新、持续攻关，在国家重点研发计划"近零排放的燃煤污染物低温深度脱除技术研发与示范"项目支持下，采用全新的低温氧化吸附技术，将烟气中的多种污染物一体化脱除，实现污染物近零排放，具有重大经济和社会价值。目前国际首个 135 兆瓦燃煤机组 COAP 技术验证工程项目已进入调试运行阶段，经示范工程现场测试，出口处氮氧化物排放浓度小于 1 毫克/米³，氮氧化物脱除效率达到 99%，氮氧化物外排量由环评批复量的 43.96 吨降至 0.4 吨，解吸气中

---

[1] 数据来源于《中国电力行业年度发展报告 2024》。

高浓度氮氧化物返回炉膛后通过多种机理协同作用，可转化为氮气实现无害化处理。二氧化硫、粉尘排放浓度分别低于 1、2 毫克/米³，三氧化硫、汞、氯化氢和 VOCs 的脱除率不低于 97%，项目技术整体达到国际领先水平，在污染物深度减排和改善生态等方面具有广阔的应用前景。成果入选 2023 中关村论坛"面向国家重大需求"重大科技成果。

燃煤电站低成本无害化资源化处置多元固废系列关键技术开发及示范。依托国家能源集团 2030 先导项目和首批十大科技项目，开发了适用于多元固废的燃煤电站协同处置技术及装备，创立固废耦合全流程系统，建立了长期稳定的多元固废协同处置机制。项目通过技术创新，发挥电站优势，解决了城市多元固废处置问题，促进了电站绿色低碳转型、提质增效，助力建设"无废城市"，实现生态文明建设与产业发展的融合促进。项目成果在节能降耗方面，干化技术不断迭代升级，比传统干化降低能耗 40%～50%；在核心装备方面，自主研制新型立式干化机、全流程除臭系统、自动防堵储仓系统等成套固废处置设备，比国内外同类技术提高效率 12%、提高产能 20%、降低投资 40%～50%；在全流程系统方面，开发了国际首个全流程系统，首次实现干污泥 10%高比例掺烧，首次在 630 兆瓦大机组上长周期、安全、稳定运行，如图 3-1 所示。成果入选国资委《中央企业科技创新成果推荐目录（2022）》。

图 3-1　国能常州发电厂污泥处置项目现场

超临界二氧化碳循环发电关键技术及示范应用。在国家发展改革委创新能力建设项目、国家重点研发计划项目、国家自然科学基金项目和中国华能重点科技项目的支持下，西安热工研究院在超临界二氧化碳循环发电系统构建、高效灵活运行控制策略和新型换热器、锅炉、透平和压缩机等核心设备设计制造关键技术方面取得了从"0 到 1"的重大突破，形成了超临界二氧化碳循环发电系统性原创理论和成套设备设计制造技术体系，建成了国际首座 5 兆瓦超临界二氧化碳循环发电机组如图 3-2 所示，首次实现了变负荷速率大于 8.59%Pe/min 高效灵活连续稳定运行，成功研制系列化新型印刷电路板式换热器、国际首台超临界二氧化碳循环锅炉、国际上参数最高的超临界二氧化碳透平和压缩机。项目研究推动了超临界二氧化碳循环发电技术的发展，全面带动了国内新型动力装备全产业链的技术进步和国产化进程，研究成果整体达到国际领先水平。成果获 2023 年度中国电机工程学会电力科技进步奖一等奖。

图 3-2　世界首座 5 兆瓦超临界二氧化碳发电机组

超超临界锅炉奥氏体耐热钢综合性能应用研究和安全评价技术。 依托中国大唐项目，以火电机组高温受热面奥氏体耐热钢为研究对象，通过大量现场取样、试验分析和理论研究，揭示了长期服役后材料存在磁性的机理，形成了奥氏体耐热钢材料的安全性评估技术，揭示了奥氏体耐热钢组织性能在长期服役时间的非线性劣化演变规律，发现了 7 万～10 万小时运行期间 σ 相快速析出与粗化是导致抗腐蚀性能下降的重要原因，长时服役 Super304 微观析出相形貌如图 3-3 所示。提出了奥氏体耐热钢基体磁性随服役时间的变化规律、铁磁性产生的机理以及基体铁磁性变化与析出相演化行为的关联关系。基于现场长时运行数据分析，揭示了富 Cr 层形成是受热面管长期服役后抗氧化性能提升的成因。建立了一种适用于多尺寸管材冷弯成形的数学模型，提出了增加应力分布状态来综合判断弯管工艺的新方法，丰富了 ASME 弯管成型相关标准内涵。成果获 2023 年度中国电力企业联合会电力创新奖一等奖。

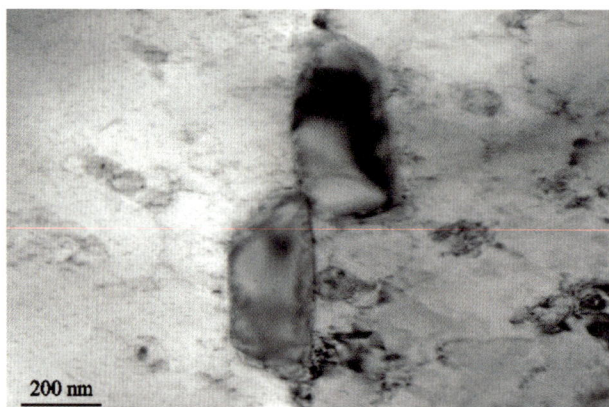

图 3-3　长时服役 Super304 微观析出相形貌

熔盐储热耦合燃煤机组灵活发电技术。 依托国家重点研发计划项目和中国华能重点科技项目，中国华能在煤电机组热电解耦、深度调峰、快速调节等灵活性技术方向开展了与煤电耦合的熔盐储热技术，对煤电转型发展起到了巨大的支撑作用。首次将高温热储与煤电生产相联结，在江苏国信靖江电厂示范项目上应用如图 3-4 所示，可提升机组变负荷速率达到 3.91%Pe/min，远高于电网要求的 1.5%Pe/min，AGC 调节精度在 0.11%以内，明显优于电网要求的 0.5%，对机组调峰和供汽安全起到了强有力的支撑。

图 3-4　江苏国信靖江电厂煤电耦合熔盐储热系统

超级电容混合储能耦合火电机组调频技术研究及示范应用。依托中国华能 2022 年"十大科技示范项目"，西安热工研究院在煤基高性能超级电容储能器件研制、大容量超级电容储能试制、超级电容耦合火电调频控制系统开发等方面取得重大突破，原创了超级电容调频技术体系，在华能罗源电厂建成全球最大容量 5 兆瓦超级电容耦合火电机组调频系统，如图 3-5 所示，投运后机组整体调节性能跃升至领先水平，填补了我国超级电容储能领域的技术空白，对构建新型电力系统、助力"双碳"目标实现具有重大意义。开发了适用调频工况专用超级电容器，试制规模突破 5 兆瓦，充分发挥了超级电容充放电速度快、安全性好、寿命长的优势，实测响应时间缩短至秒级，负荷变动速率提升 10 倍以上。首次实现超级电容耦合火电调频工程示范，引领短时调频技术发展，各项测试指标均优于国家相关标准，整体达到国际领先水平。成果荣获 2023 年中国能源电子超级电容领域应用优秀案例奖、金砖国家工业创新大赛三等奖。

图 3-5　华能罗源电厂 5 兆瓦超级电容耦合火电机组调频示范项目

600 兆瓦亚临界燃煤机组跨代升级改造技术及工程应用。依托京能集团项目，针对燃煤发电机组进一步提升能效、灵活调峰和节水环保的需求，提升了主蒸汽/再热蒸汽温度，实现了汽轮机通流优化改造，将湿冷系统改为空冷系统，显著提升了机组效率，降低了对当地水资源的需求，取得了显著的节能增效与环保效益。项目锅炉侧主蒸汽压力维持 17.5 兆帕不变的条件下，通过锅炉受热面及辅助系统的全面改造，主蒸汽/再热蒸汽温度由 541/541℃提升至 601/599℃，锅炉效率提高了 1%以上。汽机侧采用超超临界汽轮机技术对整体通流平台进行全新设计，汽轮机热耗由 8082.0 千焦/（千瓦·时）降低至 7836.38 千焦/（千瓦·时）和 7851.07 千焦/（千瓦·时）。该项目是国内首例湿冷改空冷机组改造，是国内首次实施 600 兆瓦亚临界机组跨代升级改造，也是全国首次将亚临界带调节级高压缸改造为超超临界全周进汽筒型缸汽轮机的实践，对推进同类型机组节能减排综合升级改造工作，提高能源利用效率，加快煤电企业转型升级做出应有的贡献。项目整体技术达到国际先进水平，其中在亚临界机组节能增效升级改造方案与系统集成技术上居国际领先水平。

大基地火电项目辅助系统新技术及应用。国家能源集团巴丹吉林大基地火电项目辅助系统新技术成果包括：

（1）输煤系统抑尘技术。① 主要技术特点：空气动力抑尘系统，运用空气动力学涡流、环流和负压生成技术，在全部输煤系统应用，可达到环境粉尘浓度小于 4 毫克/米³。② 成果案例：榆林能源公司的横山电厂二期得到验证，并纳入行业标准。

（2）直接换热烟气提水技术。① 主要技术特点：利用饱和净烟气不同温度下水蒸气饱和分压不同的特点，通过低温循环水和净烟气直接充分接触换热，在降低烟气温度的同时，使烟气中部分气态水冷凝析出。回收的烟气凝结水用于脱硫补水或者化学水处理系统的补充水源，可以大部分解决缺水地区生产用水问题，同时协同去除三氧化硫，硫酸氢铵等气溶胶。② 成果案例：京能五间房电厂一期 2×660 兆瓦机组烟气提水工程，余热回收量：2×219 吉焦/时，烟气提水量 2×90 吨/时。

（3）特频电磁波循环水处理技术。① 主要技术特点：采用专利技术的 Trilns 特频电磁波技处理电厂循环冷却水，免加药且提高冷却水运行浓缩倍率，减少废水排放，实现高效节水；系统排污水如果用于脱硫塔补水，可大幅减少脱硫消泡剂；采用水质在线及自动排放系统自动监测与控制，高度自动化；运行耗电量低。② 成果案例：鹿华电厂 2×330 兆瓦空冷供热机组，采用中水作为生产补充水，机力通风冷却塔的循环水系统应用该系统，2020 年 9 月投产至今，不加药，换热系统清洁完好、无腐蚀痕迹。2023 年 2 月在华电闵行电厂应用至今，达到预期效果。

（4）脱硫废水闪蒸自结晶技术。① 主要技术特点：不需要对脱硫废水进行预处理，以脱硫废水中的石膏固体颗粒物作为结晶晶种，实现了脱硫废水中离子自结晶；利用脱硫装置入口烟气的余热加热脱硫废水，运行成本低，直接运行成本小于 10 元/吨废水；蒸发出的洁净水凝结回用，水回收率达到 90%以上；实现无废水、无废气、无废弃固体物产生的脱硫废水零排放。② 成果案例：2017 年在天津大港发电厂（4×328 兆瓦）得到成功应用，处理废水量 30 米³/时，投资费用约 3000 万元，直接运行费用约为 6.8 元/吨废水。在榆能横山发电公司（2×1000 兆瓦）、广东能源集团珠海电厂（2×700 兆瓦）等多个电厂也得到应用。

（5）空冷岛温度传感智能控制系统。① 主要技术特点：空冷岛智能化系统，基于光栅阵列温度传感技术，准确检测大规模空冷温度场数据。以温度场数据为基础，搭建监控平台和智能化算法，与 DCS 系统实现数据交互，实现水温寻优、循泵优化、设备防冻等功能。② 成果案例：在内蒙古双维 4×1000 兆瓦、新疆北三 2×660 兆瓦等间冷项目已成功投运，实现冬季安全自动运行背低 2 千帕。

（6）智能气力除灰系统。① 主要技术特点：双套管气力输送系统采用正压浓相气力输送技术，采用特殊双套管结构的输送管道，具有低流速、低磨损、低能耗、浓度高、大出力、高效率、不堵管、输送距离长等特点。智能气力除灰系统适应燃煤机组灵活性、深度调峰运行的新常态，改善了除灰系统运行环境，输送过程的气量可自动调节，实现了除灰系统输送过程的实时调控，从而实现系统节能，降低设备磨损，延长使用寿命。② 成果案例：华电莱州电厂二期实际运行应用或停用对比测试表明，系统可降低能耗 20%左右。该技术在国能秦皇岛电厂 3 号炉、国投河南新乡电厂 7 号炉、安徽田集电厂一期 1、2 号炉、新昌电厂 1、2 炉都得到成功应用。

（7）底渣智能一体化处理系统。① 主要技术特点：国电富通燃煤锅炉底渣智能一体化处理系统，具有节水、节能特点，系统搭载智能控风、智能大渣识别破碎模块，可实现炉底进风实时动态调整、系统大渣自动识别与自动破碎、渣层厚度及渣温远程实时监控，系统稳定可靠，并可减少运维人员的数量和劳动强度。② 成果案例：在赣浙国华信丰、大唐南京、土耳其胡鲁特努等项目已有应用。

二、智能燃煤发电技术

具有完全自主知识产权的"1＋6＋N"云边协同智慧电厂技术体系研制及应用。依托中国华能智慧电厂重大示范工程项目，结合人工智能、大数据、云计算等信息技术，开发出具有自主知识产权的"1＋6＋N"云边协同智慧电厂技术体系架构，其中"1"代表云边协同轻量化边缘云，"6"代表智慧运行、智慧安全、智慧检修、智慧基建、智慧燃料和智慧管理 6 大应用体系，"N"代表 N 个智慧运行模块。该架构针对厂侧个性化业务需求与免运维轻量化需求，开发了全国产智能控制器及其智慧运行中心，形成了主动安全、智能编码与 DCS 测点变化免运维、组态化赋能工具等独有平台技术，性价比和实用性突出；同时较好支撑了集团/

分公司中心云厂际数据汇聚与大数据分析。"1＋6＋N"云边协同智慧电厂具有环保节能、运行智能、管理集中、开放互动的智慧电厂架构体系和智慧应用功能解决方案。开发的 50 余项智慧运行模块，通过智能化控制，实现机组一键启停、超低负荷稳定运行、全负荷巡航、快速变负荷高效运行。

建成华能瑞金、华能石洞口一厂智慧电厂示范项目如图 3－6 所示，创新提出智能监盘、智能巡航、智能控制"三位一体"的智慧运行技术，为少人值守、无人干预指明技术路线。其中，华能瑞金电厂主要工艺系统运行人员劳动强度下降 70%以上，机组主要运行参数波动幅度减少 20%以上、整体供电煤耗下降 1.55 克/（千瓦·时）以上，锅炉壁温超温频次减少80%以上，设备故障预警平均诊出率达到 90%以上，一次调频合格率领先其他电厂。管理提升方面实现大范围无人智能巡检，基建施工有效避免现场碰撞，电缆敷设用量更加精准，工程建设周期有效缩短。该项技术已推广至国家电投白音华、延长石油富县、陕煤黄陵等大型燃煤机组，相关技术成果获得了中国能源研究会能源创新一等奖、中电建协电力建设科学技术进步一等奖等多个奖项。

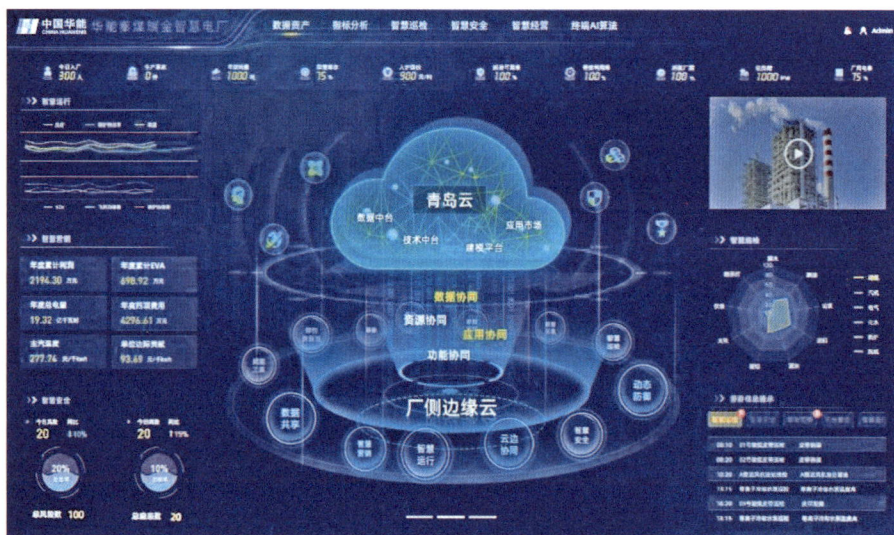

图 3－6　华能秦煤瑞金智慧电厂

全国产自主可控智能火电分散控制系统研制及应用。依托国家能源集团 2021 年十大科技项目"全国产化智能火电控制系统研制及示范"，以及布连电厂火电机组国外品牌 DCS 全国产化替代，开发应用了国内首套集芯片级全国产化和智能化于一体的自主可控火电 DCS 系统如图 3－7 所示。实现软件国产化率 100%，关键芯片国产化率 100%，设备整机国产化 100%。国内首次基于低功耗低散热的国产龙芯 CPU 芯片，开发了安全可靠自主可控 DCS 控制器。首次实现了 300 兆瓦、600 兆瓦、1000 兆瓦等级机组 DEH 控制系统全国产化替代研发及应用。首次基于全国产 DCS 开发应用了一体化的数据分析、智能计算与控制，以及开放的应用开发环境等整套智能发电技术。项目提供了可复制推广到各等级不同容量机组 DCS 系统的国产化方案，适用于我国大型燃煤发电机组的智能化设计、生产及改造等，并可推广应用于其他工业过程控制的智能化发展，具有较强的示范意义。

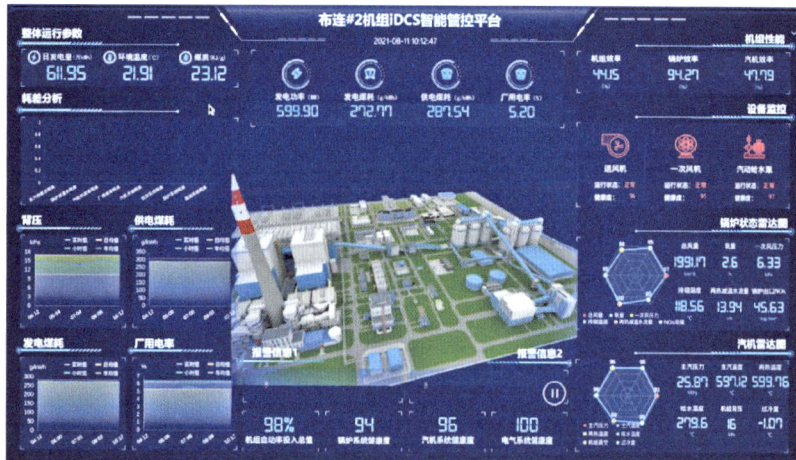

图 3-7　布连电厂 600 兆瓦机组 iDCS 智能管控平台

基于联邦学习的分布式协同工控系统态势感知技术研究与应用。依托中国大唐项目，针对火电厂分布式态势感知系统中各节点采集的多源异构数据进行联邦学习，项目搭载了独创的 AI 威胁免疫算法防止恶意程序运行，结合机器学习、数据挖掘、神经网络等技术，对网络安全事件进行全面准确的预警，解决网络安全设备堆叠、监测分散、误报率高、未知威胁难以检测等问题，实现网络安全、系统安全、物理安全层面的监测预警、未知攻击检测等功能。项目协同学习网络入侵检测模型，最大化分布式系统中各节点的防御能力，同时具备隐私保护、数据安全性和分布式协同等优势。基于开集分类和主动学习的未知攻击检测及主动防御技术、基于深度学习的异构数据聚合分析及精准风险预警技术，系统可实时识别和预警工业控制网络和物理层面的安全风险，实现工业控制网络和物理安全风险的可视、可控。项目目前主要应用于天津大唐国际盘山发电有限责任公司，属于电力工控系统"卡脖子"关键技术开发及示范项目，核心技术为自主研发专利技术。成果获 2023 年度中国电力企业联合会电力创新奖一等奖、中国技协 2023 年度职工技术创新成果特等奖。

三、碳捕集与利用技术

一种多级分流再生的二氧化碳捕集系统与工艺。依托中国华能项目，开创了二氧化碳捕集多级分流技术体系，使我国二氧化碳捕集技术能耗相比国外工艺降低 20%。首创了富液多级分流技术，实现在再生塔不同位置利用余热对二氧化碳多级解吸，综合能耗降低 20% 以上；首创了富液进入再生塔精确控制技术，大幅提升再生驱动力，设备成本降低 15% 以上；首创了富液分流流股控制及富液再热技术，实现能量品位的高效梯级利用，大幅度回收再生余热，蒸汽热耗降低 11.6%以上。该成果已成功应用于全球最大的 150 万吨/年 CCUS 示范工程和澳大利亚首个燃煤电厂碳捕集与封存示范工程。成果 2023 年获第二十四届中国专利奖金奖。

50 万吨/年燃煤电厂低成本碳捕集成套装置。国家能源集团针对燃煤发电碳捕集能耗高、吸收剂损耗大、大型塔内件传质性能差、捕集—发电系统协同难、控制流程复杂等技术难题，开展了关键技术研究，开发了成套设备与工艺包，设备国产化率达到 100%，实现了工程应用，如图 3-8 所示。该装置采用主机汽动引风机排汽作为碳捕集再生蒸汽主汽源，将煮沸器蒸汽疏水能质回收至低温省煤器凝结水回水系统中，实现了碳捕集与全厂热力系统的能量耦合梯级利用。创建了基于高吸收容量、低挥发、抗降解的三元复合胺吸收体系，开发了胺液抗氧化与热稳定性盐净化技术体系。研发了干床降温凝结、喷雾团聚技术，解决了胺损失量大、运行成本高等问题。经中国计量科学研究院第三方测试，碳捕集率 90.86%，捕集热耗 2.35 吉焦/吨 CO_2，捕集电耗 51.5 千瓦·时/吨 CO_2，胺损失 0.21 千克/吨 CO_2，达到了预期效果。

图 3-8 国家能源集团泰州电厂 50 万吨/年碳捕集装置

燃煤电厂 CO_2 低能耗化学吸收捕集、驱油利用与封存技术及应用。国家能源集团依托国家重点研发计划、863 计划等项目开展"产学研用"联合攻关，历经十年自主创新，发明了适应复杂烟气 CO_2 化学吸收的新型低能耗吸收剂、基于表面嫁接和微结构亲水改性的高效低成本塑料填料、微纳米表面复合波纹板高效板式换热器及高效降膜煮沸器等强化化学吸收传热传质过程的关键部件，首创了级间冷却、分流解吸、MVR 闪蒸耦合匹配的新型高效节能工艺；开发了低孔特低渗油藏 CO_2 驱油提高采收率和地质封存安全性监测与评价技术，国内首创四维三分量监测技术，CO_2 运移通道、横波速度预测精度高于 95%，开展了低孔特低渗油藏 CO_2 驱油提高采收率和地质封存盖层等级的划分，实现了 CO_2 驱油过程中地质封存能力的评价预测误差低于 10%。据此建成了国内首套 15 万吨/年煤电燃烧后 CCUS 示范工程如图 3-9 所示，在国际上首次实现 CO_2 捕集率＞90%、CO_2 浓度＞99.95%、再生能耗达到 2.35 吉焦/

吨/CO_2 的重大突破，综合捕集成本低至 200 元/吨 CO_2，性能和经济指标国际领先，率先在国内构建了煤电 CCUS 设计、建设、调试、运维技术体系和全产业链流程。项目受到党中央、省市各级政府领导的高度关注，央视专题报道并入选 APEC 和 IEA 年度报告，为煤电应对"3060""双碳"目标提供兜底技术保障。

图 3-9　国家能源集团锦界 15 万吨/年 CCUS 示范工程

四、重型燃机发电技术

全国单机发电容量最大的 9F 级双轴重型燃气机组示范工程。依托中国华电项目，建设了山东省首台套 9F 重型燃气机组示范工程——华电青岛燃机项目单机容量达 505.54 兆瓦。该项目是目前全国单机发电容量最大的 9F 级双轴重型燃机项目。燃机国产化率达 90%以上，天然气增压机国产化率达 95%，均为国内最高。与同等装机规模的超净燃煤机组相比，竣工投产后每年可减少标煤耗量约 150 万吨，减排二氧化硫 114.5 吨、烟尘 52 吨，降低碳排放 60%左右。同时也是目前国内首次采用主厂房品字形布置的燃机项目，有效提高机组经济性，项目单位千瓦造价低于 2000 元，是国内单位千瓦造价最低的 F 级重型燃机。

第二节　水　力　发　电

截至 2023 年 12 月底，我国水电总装机规模达 4.2 亿千瓦（其中抽水蓄能 5094 万千瓦）❶，占我国电力总装机的 14%，占技术可开发装机容量（预计为 5.4164 亿千瓦❷）的比例超过 70%，

---

❶ 数据来源：国家能源局发布 2023 年全国电力工业统计数据。

❷ 数据来源：《中华人民共和国水力资源复查成果（2023 年）》。

表明我国水力资源利用率已达到较高水平。2023 年水电总发电量达 12858 亿千瓦❶，占我国总发电量的 13.5%。我国水电开发规模和技术水平均居世界前列。在装机容量和年发电量上，我国已经成为世界水电大国。2023 年围绕大型水电机组、水力发电智慧化、生态环水保、关键部件国产化以及抽水蓄能取得了如下典型成果。

一、大型水电机组

四川能投田湾河金窝水电站国内首台单机容量最大功率 150 兆瓦级大型冲击式转轮正式投运。和三峡工程、金沙江下游梯级电站的巨型混流式水电机组相比，高水头大容量冲击式水电机组面对的挑战更大，对材料、结构要求更高，是我国水电装备发展的新方向之一。2021 年东方电气集团完成 150 兆瓦级大型冲击式转轮验证试验。2022 年 11 月，该冲击式转轮水力模型通过验收。2023 年 5 月 16 日，该冲击式转轮成功下线，重约 20 吨，最大直径约 4 米，如图 3－10 所示，当年 6 月 7 日，国内首台单机容量最大功率 150 兆瓦级大型冲击式转轮在川投田湾河金窝水电站正式投运，初步形成相关设备的国产化替代。

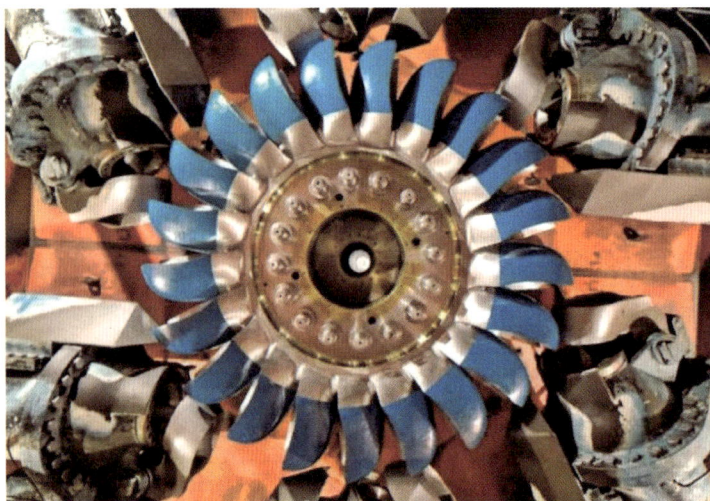

图 3－10　150 兆瓦冲击式转轮

中国大唐扎拉水电站"大容量高水头冲击式水轮机组研发"全面推进，重大锻件的研制、转轮中心体重大锻件顺利通过验收，水力设计优化及 500 兆瓦冲击式水轮机转轮模型试验、泥沙磨损破坏规律研究、激光熔覆粉末研究扎实开展，工程相关技术攻关和试验验证同步进行，支撑工程稳步推进拉扎水电站效果图如图 3－11 所示。2023 年 9 月 27 日，中国一重和哈电集团电机公司联合研制的 500 兆瓦冲击式水轮发电机组成套结构的转轮锻件完工下线，如图 3－12 所示，标志着世界最大的冲击式水电机组转轮轮毂锻件和水斗锻件全序制造取得重大突破。

---

❶ 数据来源：国家统计局《中华人民共和国 2023 年国民经济和社会发展统计公报》。

图 3-11　拉扎水电站效果图

图 3-12　500 兆瓦冲击式水轮机组转轮铸件

二、水力发电智慧化

中国三峡集团巨型水电工程建设智能管控关键技术项目依托三峡工程与乌东德水电站、白鹤滩水电站等巨型水电工程建设管理，以开创巨型水电数字化建造与全面管控为总目标，围绕巨型水电工程投资大、风险大、长期复杂不确定性的挑战，从理论、技术、平台和示范层面开展了巨型水电工程建设和管理的研究与实践，形成了系列创新技术，提出了巨型水电工程建设质量、成本、进度、安全、环境（"五控＋"）全面管控的数字化适应性管控模型与综合控制方法项目在行业内率先形成成套水电工程建设数字化标准，突破水电工程建设管控的数字化关键技术和平台建设难题，有力支撑、推动了行业数字化科技进步。该项目获 2023 年度湖北省科学技术奖一等奖。乌东德水电站全景如图 3-13 所示，白鹤滩水电站全景如图 3-14 所示。

图 3-13 乌东德水电站全景

图 3-14 白鹤滩水电站全景

中国华能全国首个流域级大坝智能在线监控平台投运。大坝智能在线监控平台是掌握大坝运行工况的"千里眼",可以对大坝安全状态进行精准监控并做出实时评价,确保大坝的安全性和可靠性。为解决流域大坝管理信息不对称、智能化程度较低的问题,该平台采用数据统一存储、应用集中部署、业务上下协同、功能共享开放的智能管控模式,实现了流域梯级大坝安全"一网管控"和大坝信息"一屏尽览",开创了大型流域梯级大坝安全运维管控新模式。

中国华电开展拉哇水电站大坝智能建设关键技术研究及应用。项目依托拉哇水电站超高面板堆石坝,建立了数字化信息化技术、BIM+GIS技术与工程建设的基础逻辑关系,研发了集坝料运输、加水、摊铺、碾压、质量评价等大坝全过程智能管控系统,实现了施工全过程可追溯管理与质量实时监测、虚拟现实场景下智能监控,是国内首次在大坝填筑初始即实现智能无人碾压集群作业的项目,大幅提高了国内大坝智能化无人管理水平。当前拉哇大坝已填筑300余万方,工程建设全方位受控,如图3-15所示。该系统的研发与应用有效助力水电建设迈向智能化时代,极大促进了行业技术发展与进步,相关成果受到了中国新闻网、新浪网等主流媒体报道，取得了广泛的影响力。

图 3-15 拉哇水电站大坝基坑开挖全景

中国华电开展高原地区混凝土坝冬季施工连续浇筑技术研究及应用。项目依托叶巴滩水电站特高拱坝，开展高原地区混凝土冬季连续浇筑方法和性能保障措施关键技术研究，突破高海拔严寒低温期混凝土无法连续浇筑的施工瓶颈，攻克筑坝材料性能调控、冬季施工综合保障、仓面小气候环境控制、保温效果预警与评估、低温下混凝土温控防裂等技术难题，掌握混凝土坝全过程温控指标关联优化及动态调控理论，保障了叶巴滩水电站大坝全年无间歇连续浇筑。叶巴滩水电站特高拱坝施工现场如图 3-16 所示。项目获发明专利 20 余项，发表学术论文 25 篇，实现了 2023 年大坝高强度持续浇筑混凝土 66.7 万米^3 目标，整体优良率达 95.92%，为工程实现投产发电目标奠定了基础。

图 3-16 叶巴滩水电站特高拱坝施工现场

中国华电开展深厚湖相沉积覆盖层高围堰稳定控制关键技术及应用。项目基于现场试验和数值模拟方法，创建了深厚湖相沉积层高围堰稳定分析方法与控制措施体系，在水利水电工程中首次成功解决了 130 米高复合土石围堰体抗滑、变形和渗透稳定控制难题；研发了超深碎石桩施工装备及智能施工技术体系,首次形成了 70 米超深碎石桩智能化施工成套技术体系;研制了高精度智能安全监测设备及安全监测评价体系,成功解决了高围堰体 10 米级大变形的监测难题;研发了深埋饱和低液限软土层原状土取样技术,取得了湖相沉积层原状物理力学参数。

三、生态环水保

中国三峡集团生态友好的水利水电工程调控关键技术与应用项目围绕鱼类繁殖生态调控这一主线,发明了不同鱼类生境调控、精准预报、智能监测和控制关键技术,为生态友好的水利水电工程调控提供了系统解决方案;发明了保障四大家鱼等产漂流性卵鱼类、产粘沉性卵鱼类、长江珍稀特有鱼类种群等成套生态调控技术,长江流域珍稀鱼类增殖放流如图 3-17 所示;研发了"气象预报—水文水动力精细模拟—水生态风险预警"技术,满足了生态调控一体化耦合模拟与预报需求;发明了生境调控监测与智慧控制关键技术,研制了面向生态的梯级水电站群综合调度技术和产品,实现了"卡脖子"关键技术的突破,保障了面向生态的调控目标实现。关键技术已应用于全球装机容量前 11 大水电站中的 5 座,以及 60 多项国内外水利水电工程中,经济、社会、生态效益显著。该项目获湖北省科学技术奖一等奖。

图 3-17　长江流域珍稀鱼类增殖放流

中国三峡集团区域特大干旱形成机理及梯级水库群适应性管理关键技术研究与应用项目以揭示规律、阐明机制和综合应对为研究主线,在变化环境下与水循物理过程联系的干旱评估归因和水利工程应对干旱的适应性管理等方面开展创新研究,为三峡梯级水库群抗旱决策及发电调度等工作提供了重要的指导作用。该项目获 2023 年度水力发电科学技术奖一等奖。

四、关键部件国产化

超大型铸锻承载结构件关键成形技术及应用。针对超大空间曲面铸件凝固与马氏体相变内应力引起变形的难题，建立了锻造过程热—力—组织—性能的对应关系，提出了精准控制锻造工艺新方法，发明了大型铸锻件热处理炉外冷却激光高温动态变形测量方法，攻克了大型复杂形状、高性能结构件晶粒组织和力学性能、变形的精确控制难题，在世界上最大的水电机组白鹤滩 1000 兆瓦水电站成功应用，如图 3-18 所示，解决了国家重大工程建设"卡脖子"的重要难题。项目由清华大学、三峡建工、东方电机、哈尔滨电机等单位共同完成，2023年获得北京市科学技术进步奖二等奖。

图 3-18　白鹤滩水电站水轮发电机转轮

五、抽水蓄能

2023 年，国家电网新增投运 7 座抽水蓄能电站。其中，新疆阜康抽水蓄能电站是我国西北地区第一座投运的抽水蓄能电站如图 3-19 所示，其建设工法在库岸面板大跨度曲面混凝土浇筑工程中，首次设计制造应用曲面滑动模板，首次采用全库盆一体式防渗结构设计，首创应用面板无人机自动纳米喷涂工艺。重庆蟠龙抽水蓄能电站是首次在红层砂岩地区建设的抽水蓄能电站，项目开展了软岩区大型地下洞室群变形机理及施工方法研究，确定地下厂房软岩变形施工及支护方案，为国内在软岩地区建设抽水蓄能电站提供了宝贵的建设经验。福建厦门抽水蓄能电站 1 号机组转子磁轭首次采用 15 层高合金材料磁轭锻环结构，通过拉紧螺杆预紧成整体，磁极鸽尾固定槽及磁轭键槽在工厂进行整体加工，保证了鸽尾槽、磁轭键槽的平面度和垂直度。

图 3-19　新疆阜康抽水蓄能电站上库

山东文登抽水蓄能电站首次在抽水蓄能领域应用全断面硬岩隧道掘进机（TBM）施工技术，首次在抽水蓄能领域应用无爆破切割技术，首次在抽水蓄能领域应用耐碱玻璃纤维增强复合材料，首次在抽水蓄能电站建设 500 千伏电压等级智能化开关站，并创新开展上水库两期蓄水模式，大幅优化机组投产工期，山东文登抽水蓄能电站厂房如图 3-20 所示。河南天池抽水蓄能电站创新开展电站 5D 工程结构信息数据标准研究和建筑信息模型（BIM）技术的数字化应用；引入无人驾驶振动碾，搭建大坝碾压智能控制系统，实时监控碾压参数；创新堆石坝变形监测技术应用，组织研发基于北斗/GNSS 的堆石坝外部变形监测系统和基于管道测量机器人的内部变形监测系统，实现堆石坝内、外一体化毫米级变形监测。

图 3-20　山东文登抽水蓄能电站厂房

第三节 新 能 源 发 电

一、风力发电

截至 2023 年 12 月底,我国风电装机规模达到 4.4134 亿千瓦❶,占我国电力总装机的 15%,其中陆上风电 4.0 亿千瓦,海上风电 3729 万千瓦❷。全年风电发电量 8858.7 亿千瓦·时,同比增长 16.2%, 占我国当年发电量的 9.3%❸。在国家产业政策引导及技术创新驱动下,我国基本形成具有全球竞争力的风电产业和产品服务体系,2023 年在大型风机技术、风机基础技术、高空风电技术、风机主控技术、风渔融合技术、海上试验风场等技术领域取得了一批典型成果。

1. 大型风机技术

拥有完全自主知识产权的全球单机容量最大的海上风力发电机组,"率先号" **16 兆瓦海上风电机组**于 2023 年 7 月 19 日顺利投产如图 3-21 所示,最高单日发电量 38.72 万千瓦·时,刷新世界纪录,产品由中国三峡集团联合金风科技联合研发。

图 3-21 三峡集团福建海上风电场 16 兆瓦海上风电机组

10 兆瓦级海上风力发电机组关键技术与应用。项目成果已应用于中国三峡集团福清兴化

---

❶ 数据来源:国家能源局发布 2023 年全国电力工业统计数据。
❷ 数据来源:中国电力企业联合会《2023 年电力行业经济运行报告》。
❸ 数据来源:国家统计局《中华人民共和国 2023 年国民经济和社会发展统计公报》。

湾二期项目、中国三峡集团福建长乐外海 C 区等项目中东方电气 10 兆瓦、7.5 兆瓦和 7 兆瓦系列海上风电机组，累计投运 110 万千瓦（其中 10 兆瓦机组 31 台），有力支撑了我国海上风电产业的自主发展。项目成果 2023 年获得四川省科学技术奖一等奖。

2. 风机基础技术

创新型吸力桩基础在深远海风电场规模化应用。 实现了深远海海上风电基础勘察设计、制造施工一体化技术创新，创下目前海上风电场吸力桩导管架基础数量最多、吸力桩尺寸最大、单机容量最大、基础总高度最高的多项世界纪录海上风电场工程。技术成果在福建、浙江、河北等海上风电场推广应用，为我国海上风电实现弯道超车，为"双碳"目标如期实现做出重大贡献。项目成果获得中电联 2023 年度电力科技创新奖（技术成果）一等奖。

3. 高空风电技术

中国能建投资建设的安徽绩溪高空风能新技术示范项目成功发电，如图 3-22 所示，成为我国首个可并网的高空风能发电实证项目。绩溪项目建设规模为 2×2.4 兆瓦，采用伞梯组合型陆基高空风能发电技术路线，利用 300～3000 米高空风能发电。项目验证了伞梯组合型陆基高空风能发电技术路线的可行性，对推动高空风能发电技术研发和产业化具有重大示范意义。2023 年，**"新型高空风力发电关键技术及装备"** 获批进入国家重点研发计划项目。

图 3-22　安徽绩溪高空风能新技术示范项目

4. 风机主控技术

中国大唐开展跨体系架构自主可控风电工控系统关键技术研究与示范，实现全栈核心软硬件技术自主化和供应链国产化，取得行业首张风电自主主控系统 DT WindOS（E2000Q）的型式认证证书。项目成果已批量应用于宁夏、新疆、陕西、甘肃等多地风场，效果良好。其中，大唐同心风电场 100 台华创机组升级改造为目前国内单体最大的新能源工控系统国产化示范应用。

自主风机控制器 L7000 实现示范应用，实现向新能源控制领域的拓展；新能源互联网智能协调控制系统等科研成果广泛应用于中广核风电和光伏项目。

5. 风渔融合技术

国家能源集团龙源电力漂浮式风渔融合项目在福建莆田南日岛海上风电场完成工程安装，成为全球首个漂浮式风渔融合项目，如图 3-23 所示。项目采用三立柱半潜式平台，平台上安装一台 4 兆瓦海上风电机组，以及轻质柔性光伏组件，平台中间取正六边形作为养殖区域，养殖水体容积约 10000 米^3。

图 3-23　福建莆田南日岛漂浮式风渔融合项目

6. 海上试验风场

中国二峡集团福清兴化湾海上风电场一期项目工程荣评"2023 年全国电力行业设备管理示范工程"，兴化湾一期工程是全球首个大功率海上风电样机试验风场，推动了我国大容量海上风电机组关键技术的进步，项目引入 GE、金风科技、上海电气、明阳智能等国内外 8 家主流风电机组厂商的 14 台 5 兆瓦及以上风电机组同台竞技，打造海上风电"奥林匹克"赛场，遴选出技术最先进、最可靠、最适合国内海洋环境的大容量海上风电机组制造商作为产业园入园生产企业，为大规模开发我国海上风能资源奠定基础。

2023 年 12 月 1 日，我国首个国家级海上风电研究与试验检测基地在福建开工建设。基地由国家电网有限公司、中国华电集团有限公司和中国电力建设集团有限公司等单位共同投资建设，计划于 2024 年整体建成投运。基地以建成国际一流的海上风电研究平台、试验平台、交流合作平台为目标，致力于打造"技术研究、检测认证、设备制造、建设安装、运行维护"为一体的产业生态，填补我国尚无大功率全尺寸地面试验平台的空白，试验设备技术能力主要指标达到世界第一。基地建成后，将进一步提升我国海上风电设备的研究与试验验证能力，有助于加快突破海上风电设备关键技术与并网技术，对提升我国风电技术水平和装备制造能力，推动风电产业高质量发展，助力实现"双碳"目标具有重要意义。

二、太阳能发电

截至 2023 年 12 月底，我国光伏总装机容量达到 6.0949 亿千瓦[1]，占我国电力总装机的 21%；全年发电量 5841.5 亿千瓦·时，同比增长 36.7%[2]，占我国发电总量 6.7%。2023 年新增光伏装机规模达到 2.1668 亿千瓦，同比增长 55.2%。2023 年，太阳电池产品年产量达到 5.4 亿千瓦，多晶硅产量、组件产量连续位居全球首位，光伏新增装机量、累计装机量连续位居全球首位。 2023 年我国在光伏发电电池、水光牧互补光伏电站、光伏组件回收技术、光热发电等方向取得了新的进展。

1. 光伏发电电池

中国华能大面积钙钛矿—晶硅叠层组件效率突破 24%；异质结组件效率突破 23.8%。钙钛矿太阳能电池具有转换效率上限高、生产流程简单、能耗低、成本低等优点。中国华能突破了钙钛矿材料配方和关键膜层成膜核心工艺，掌握了钙钛矿太阳能电池从实验室到大组件的全流程技术路径，标志着我国钙钛矿太阳能电池技术达到了世界领先水平，对加快钙钛矿太阳能电池商业化应用、助力我国实现"双碳"目标具有重要意义。

2. 水光牧互补光伏电站

国投集团雅砻江两河口水电站水光互补一期项目——位于四川省甘孜藏族自治州雅江县柯拉乡的柯拉光伏电站并网发电，如图 3-24 所示，标志着全球最大、海拔最高的水光互补电站正式投产。该项目首次将全球"水光互补"项目规模提升至百万千瓦级，对服务我国"双碳"目标，优化国家能源结构，助力构建"清洁低碳 安全高效"的现代能源体系具有示范引领作用。

图 3-24　国投集团水光牧互补一期项目柯拉光伏电站

---

[1] 数据来源：国家能源局发布 2023 年全国电力工业统计数据。

[2] 数据来源：国家统计局《中华人民共和国 2023 年国民经济和社会发展统计公报》。

3. 光伏组件回收技术

国家电投在青海省西宁市建成全国首条晶硅光伏组件回收中试线如图 3-25 所示，组件回收中试线采用自主研发的晶硅光伏组件回收技术及装备，形成了以"机械拆除工艺、热切割工艺、选择性分离工艺、热解工艺、湿法提纯工艺"为核心的"高质量综合回收法"工艺技术路线。可实现组件接线盒（线缆）、铝边框及完整玻璃的 100%回收，完整组件质量回收率可达 94%，完整及破碎组件的综合回收率可达到 92.5%以上，清洗后硅料纯度高于 99.99%。

图 3-25　全国首条晶硅光伏组件回收中试线

4. 光 热 发 电

2023 年 10 月 19 日，中电工程哈密 50 兆瓦塔式光热项目单日发电量 86.9 万千瓦·时，创下单日发电量新高。2023 年 10 月，青海中控德令哈 50 兆瓦塔式光热项目当月发电量达到 1742 万千瓦·时，创下电站投运以来历年同期的最高纪录。2023 年 7 月 8 日，中广核德令哈 50 兆瓦槽式光热示范项目机组单日上网电量首次突破 100 万千瓦·时大关，达到 102 万千瓦·时。乌拉特中旗 100 兆瓦槽式光热项目，2023 年纯光热年发电量约 3.3 亿千瓦·时，单月纯光热最高发电量 5230 万千瓦·时，单日纯光热最高发电量 221.6 万千瓦·时，各项指标均超过设计值，实现当年投产当年达标。

第四节　核 能 发 电

截至 2023 年年底，我国在运核电机组 55 台、装机 5691 万千瓦，占电力总装机的 1.9%；在建核电机组 26 台，总装机容量 3030 万千瓦，位居全球第一[1]。2023 年我国扎实推进"热堆—快堆—聚变堆"的核能"三步走"发展战略，围绕自主三代核电技术、四代核电技术、

---

[1] 数据来源：《中国核能发展报告 2024》。

小型堆技术、聚变核能技术取得了一批典型创新成果。

一、自主三代核电技术

"华龙一号"HPR1000 稳步推进批量化、规模化发展。当前，我国核电自主创新能力显著增强，"华龙一号"首批项目机组陆续投运，标志着我国实现了由二代向自主三代核电技术的全面跨越。截至 2023 年年底，国内外有 5 台"华龙一号"机组正在源源不断地提供着绿色电力，12 台机组正在加紧建设。在"华龙一号"批量化建设过程中，科研团队秉承持续创新优化的理念，在确保核电高水平安全性的前提下，以持续提高"华龙一号"经济性和先进性为目标，不断加大技术研发力度，从强化和完善"华龙一号"主要的创新设计特征、提高单机组功率、提高机组可利用率、优化系统设计方案和配置、优化布置和土建结构设计、提高设备国产化率、优化电厂运行性能等方面着手，逐步推进"华龙一号"型号技术升级，提升核电站的综合能力。2023 年，"华龙一号"示范工程福清核电 5、6 号机组实现全年"零非停"，并创造华龙机组大修标杆业绩，工程荣获 2022—2023 年度国家优质工程金奖。华龙一号西部首堆防城港 3 号机组高质量投产，实现了"非计划零跳机、非计划零跳堆"的双零目标，创造全球所有首堆从未实现的新纪录。

结合福清核电 5、6 号机组、防城港 3 号机组建设及运维经验，中核、中广核开展了华龙持续改进研发工作，围绕安全性、经济性改进提升，已完成方案设计研究，标准初步设计通过评审，完成反应堆及一回路初步设计，建成安全系统综合试验装置，工程科研加速推进，五十余项科研成果成功用于在建和新开工机组。已完成华龙持续改进安全系统冷管段小破口等首批典型工况试验，获得了重要试验数据，为华龙后续机型的原型设计及软件验证，以及安全审评提供重要的数据支撑，也标志着华龙后续机型研发进入了重要的设计验证新阶段。

"国和一号"示范工程（CAP1400）1 号机组于 2023 年 6 月 29 日开始热试，12 月 26 日完成了除旁排阀试验之外的所有热试试验项目，正在开展热试消缺和装料准备工作，计划 2024 年四季度商运；2 号机组于 2023 年 5 月 15 日完成屏蔽厂房穹顶吊装，11 月 18 日完成一回路冲洗，计划 2024 年 12 月装料。

二、四代核电技术

1. 高温气冷堆核电站示范工程正式投产运行

2023 年 12 月 6 日，具有完全自主知识产权的高温气冷堆核电站——华能石岛湾高温气冷堆核电站示范工程正式投产运行，成为世界首座第四代商业核电站，如图 3-26 所示。围绕高温气冷堆运维及推广应用开展了包括高温气冷堆调试、运行、维修、在役检查、辐射防护、水化学及制氢、核能供热等多项研究。同时，积极推进高温气冷堆关键设备国产化工作，开展了高温气冷堆关键泵阀设备攻关；研制出国内首台用于高温气冷堆冷却剂系统和主蒸汽系统的核级先导式安全阀样机；研制出核电厂用抗震雨淋阀组，核心系统和关键零部件实现全国产化；研发了球形阀瓣、锥形阀座主密封组件的截止阀和可脱离式无磨损主密封结的球阀，相关技术填补国内空白。

图 3-26　华能石岛湾高温气冷堆核电站

2. 钠冷快堆向工程化应用扎实稳步推进

钠冷快堆核能系统工程化扎实推进，完成堆芯概念设计评审和工程项目概念设计，中国原子能科学研究院联合中国核电工程有限公司、华东电力设计院等多家单位协同攻关，优化大功率中间热交换器、蒸汽发生器、钠管道波纹管等设备设计，简化系统设计，反应堆功率提升近一倍、核岛厂房体量下降。

3. 铅铋（基）堆技术能力不断提升

建成全国首台动态铅铋环境下反应堆结构材料力学性能测试试验台架，基于台架开展了铅铋堆新研材料的拉伸、持久和疲劳性能试验，获取首批材料铅铋环境下的力学数据。自主研发了适用于铅铋堆的 NbMoTaW（铌钼钽钨）和 TaWVCr（钽钨钒铬）涂层，在低氧含量的铅铋合金中表现出优秀的耐铅铋腐蚀特性。建立关键部件材料在高速动态 $S-CO_2$ 环境的抗冲刷腐蚀性能测试台架，为推进铅基堆工程化应用提供有力支撑；首次建成中子辐照 IASCC 试验研究平台。

积极开展多种功率等级铅基快堆创新方案研究，推动突破新型宽氧控耐腐蚀合金材料等关键共性技术。围绕小微型铅冷快堆技术方案设计与优化、耐腐蚀合金材料的研制与实验、基于新型合金的关键设备与部件设计制造技术及工艺研究，开展小微型铅冷快堆非能动余热排出系统研究与系统安全分析。

4. 钍基熔盐实验堆获得国家运行许可

2023 年 6 月，位于甘肃省武威市的 2MWt 液态燃料钍基熔盐实验堆获得由国家核安全局颁发的运行许可证，由中国科学院上海应用物理研究所负责运营 10 年。

三、小型堆技术

1. ACP100 玲龙一号首堆开工

2023 年 8 月，"玲龙一号"的反应堆压力容器吊装成功，如图 3-27 所示。11 月初，钢制安全壳顶封头顺利吊装就位，标志着全球首个开工建造的模块式小型示范堆的关键结构封顶，全面进入内部安装高峰期。"玲龙一号"是中国在"华龙一号"之后的又一自主创新重大成果，其工程系列进展标志着我国在核能技术领域的研发实力已经达到世界先进水平，为我国的小堆型核电发展奠定了更加坚实的基础。

图 3-27　玲龙一号"玲龙之心"吊装成功

2. NHR200—Ⅱ自然循环供热堆工程化深入推进

中广核与清华大学合作，以自然循环供热堆标准初步设计深化、经济性提升、工程验证试验为主线开展攻关。研发设计方面，完成自然循环供热堆核岛标准初步设计，通过核能行业协会组织的专家评审，具备科研转工程应用条件；经济性提升方面，从设计、采购、建造、调试及生产准备等方面深入挖掘优化项，进一步提高了市场竞争力。

3. 国和系列的小型堆型号逐步形成

国家电投基于重大专项研发成果，瞄准核能供热市场，依托型号研发平台，突出关键技术研究，形成国和系列的小型堆型号。完成一体化供热小堆型号初步设计，完成内置式控制棒驱动机构、缠绕管式换热组件等主设备研制，完成关键换热设备水化学相容性验证、水化学与结构材料和燃料包壳材料相容性研究等关键试验。围绕形成具有完全自主知识产权的紧凑式先进小型压水堆型号目标，突破多项关键技术，完成了直连结构、水室封头与主泵泵壳一体化结构水力特性、主回路支撑设计方案优化等研究内容，为型号工作的进一步开展打下坚实基础。

四、聚变核能技术

1. 聚变大科学性装置不断突破运行记录

2023 年 4 月，正在运行的中国大科学装置、世界首个全超导托卡马克东方超环（EAST）装置取得重大成果，在实验中成功实现了 403 秒稳态长脉冲高约束模式等离子体运行，创造了托卡马克装置高约束模式运行新的世界纪录；8 月，新一代"人造太阳"中国环流三号取得重大科研进展，如图 3-28 所示，首次实现 100 万安培等离子体电流下的高约束模式运行，再次刷新我国磁约束聚变装置运行纪录，突破了等离子体大电流高约束模式运行控制、高功率加热系统注入耦合、先进偏滤器位形控制等关键技术难题。

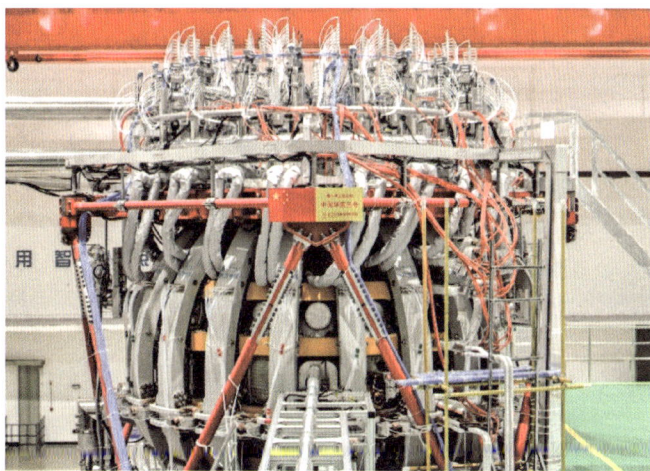

图 3-28　新一代"人造太阳"中国环流三号

2. 聚变堆内部件材料与高温超导磁体关键技术取得突破

针对偏滤器和包层第一壁等聚变堆关键堆内核心部件以及高温超导磁体技术前沿难题，突破了大尺寸氧化物弥散强化钨面向等离子体材料的制备技术、大尺寸原位氧化物弥散强化铜合金热沉材料的熔炼制备技术、百公斤级高纯钒合金的制备技术和各材料间的可靠高温扩散连接技术、高温超导股线与管内铠装导体制备及低温与高场测试技术等多项关键技术，实现了材料显微组织与性能综合调控、材料强度/韧性/再结晶温度的协同提升、纳米氧化物颗粒在铜基体中的原位形成与弥散分布，大尺寸氧化物弥散强化钨材料综合性能达到了同类型材料的国际领先水平，实现了低活化钢无缝薄壁与激光焊接两类方管及高性能的百米级股线和管内电缆导体（CICC）短样的研制。

3. 全球首项核聚变领域国际标准正式发布

热氦检漏是检验聚变堆真空室内部件（即堆芯部件）真空密封性的技术，是有效保障聚变堆安全稳定运行最关键的环节。中核集团西南物理研究院率先突破了高温承压部件的热氦检漏技术，研制了中大型高灵敏度热氦检漏设备，其核心指标满足国际热核聚变实验堆（ITER）的高标准要求，检测灵敏度优于国内外同类装置两个数量级，达到国际领先水平，成功正式发布全球核聚变领域首项国际标准。

4. 深度参与国际核聚变工程实验堆计划，推动可控核聚变技术工程化、商业化

中国团队在 ITER 项目上取得新成绩，中法联合体承建的 TAC1 项目进展顺利，获得 ITER 理事会高度认可，正式签署真空室模块组装合同（TAC2）。中国环流三号（HL—3）装置与 ITER 签署协议，正式作为 ITER 卫星装置面向全球用户开放。联合 34 家中央企业、高校、科研院所和民营企业成立可控核聚变创新联合体，聚变公司（筹）揭牌，加速布局可控核聚变研发和关键核心技术攻关，推动可控核聚变技术工程化、商业化。

第五节 电 网 技 术

截至 2023 年年底，全国电网 220 千伏及以上变电设备容量共 54.02 亿千伏安，同比增长 5.3%；220 千伏及以上输电线路回路长度共 92.05 万千米，同比增长 4.3%。从增量看，2023 年，全国新增 220 千伏及以上变电设备容量（交流）2.57 亿千伏安；新增直流换流容量 1600 万千瓦。新增 220 千伏及以上输电线路长度 3.81 万千米[1]。"十四五"以来，我国重大输电通道工程建设稳步推进。截至 2023 年年底，我国共建成投运 38 项特高压线路。国家电网建成投运 18 项交流特高压，16 项直流特高压；南方电网建成投运 4 项直流特高压。2023 年，我国在电磁暂态仿真工具、关键零部件国产化替代、柔性直流输电等方面取得一批典型成果。

一、自主研发国产化大型电力系统电磁暂态仿真平台

国家电网结合大电网发展转型实际，坚持自主创新，大力开展电网仿真技术理论研究。从 2012 年 1 月至 2023 年 11 月，历时十余年攻关，建立了大型电力系统基础仿真理论，实现了大电网电磁暂态从毫秒级到微秒级的突破，解决了电力系统高度电力电子化"仿不了"、复杂控制保护设备"仿不准"、海量运行工况"仿不快"的世界级科学难题；创建了 10 万节点级大型电力系统微秒级电磁暂态仿真、大型交直流电网高精度数模混合仿真、适用强不确定性和海量工况的高效精准仿真 3 大关键技术体系，全面提升了对复杂电力系统的认知和调控能力。

在开展仿真技术理论创新的同时，国家电网科研团队聚焦国家重大需求，结合大电网安全、提升电网经济运行水平、电网规划分析等方面实际，建成国产化大型电力系统电磁暂态

---

[1] 数据来源：《我国电力发展与改革报告（2024）》。

平台，并在张北柔直工程中进行新能源孤岛、张北四端柔直和华北交流系统的电磁暂态仿真建模工作，完成了张北柔直工程送电能力分析工作，开展了共计 8000 个工况的电磁暂态仿真计算。基于国产化大型电力系统电磁暂态平台，国家电网科研团队完成千万千瓦级清洁能源经特高压柔直外送系统的建模及穿越故障仿真，开展直流故障穿越特性校核、可控避雷器容量评估、直流控保策略优化和验证、直流输电能力校核等工作。中国电力科学研究院科研人员开展超算中心运行状态监测如图 3-29 所示。

图 3-29　中国电力科学研究院科研人员开展超算中心运行状态监测

目前，国产化大型电力系统电磁暂态平台已在国家电网全面应用，支撑了我国交直流电网控制策略制定、"十四五"规划方案研究、重大装备研发测试等工作，保障了沙戈荒新能源开发利用、大规模新能源外送和分布式新能源并网的规划设计和调度运行，为新能源和直流快速发展下的电网安全运行保驾护航。该平台还应用于巴西、葡萄牙等海外"一带一路"工程中，取得显著社会经济效益。该成果入选国资委 2023 年度央企十大国之重器。

二、特高压换流变有载分接开关成果实现国产化

中国电力科学研究院牵头组建攻关团队，联合科研院所、高校、设备制造厂商、检测机构等，先后研发出具有自主知识产权的切换拓扑技术路线，通过动力学分析与机构设计多轮迭代，提出全新高可靠机构系统；通过仿真与机械性能测试，实现结构与材料优化匹配，提升了受力部件的机械寿命；研发出长寿命真空管，攻克了触头弹跳与机构动作速度的机电匹配难题，大幅提升真空管灭弧可靠性。经过 2 年攻关，最终成功研制出换流变有载分接开关工程样机，如图 3-30 所示，实现了产品材料和部件 100%国产化，机械寿命达到 150 万次，电气寿命达到 36 万次，并在国际上首次开展了过电压和谐波工况下的切换特殊试验；研制了分接开关综合在线监测装置，构建了融合状态监测、高可靠压力释放、级间故障快速保护、切换开关与分接选择器分体式布置的多级安全防护体系，提升了故障防护水平。

图 3-30　特高压换流变用机械式真空有载分接开关

产品将在陇东－山东±800 千伏特高压直流工程进行示范应用，实现高压真空有载分接开关的国产化由"0 到 1"的突破，打破 100%依赖进口的垄断局面，并逐步带动超高压以及中低压电网用分接开关的国产化应用，实现全面自主化与国产化，缩短特高压换流变有载分接开关供货周期，降低特高压直流工程建设与运维成本，提升重大设备经济性与可靠性，促进我国装备制造升级。

三、研发世界首套完全可控换相技术（CLCC）换流阀

国网智研院突破常规高压直流输电换流阀的基本拓扑理论，提出了具有换相失败免疫力的可控换相换流阀（CLCC）技术。CLCC 继承了 LCC 的 6 脉动桥结构，基于半控型器件和全控型器件的混联，在可控换相换流器中，每个桥臂由相互并联的主、辅助两条支路构成，两支路均由半控型器件和全控型器件串联构成。在导通阶段，电流主要通过主支路，而在换相阶段，换相电流首先转移辅助支路，利用辅助支路全控型器件的主动关断特性进行强迫换相，即使在极端故障工况下，也完全抵御换相失败故障。

2023 年 6 月，±500 千伏/1200 兆瓦葛洲坝—南桥高压直流输电改造工程在上海正式投运，本次改造在逆变侧南桥站首次采用全球首套可控换相换流阀（CLCC）如图 3-31 所示，解决了换相失败问题，有力地验证了 CLCC 的有效性和可行性。LCC 向 CLCC 的改造，显著降低了换流站换相失败引起的有功和无功功率扰动。同时，大大削弱了该站与相邻换流站之间的相互作用和影响，提高了整个受端交流电网的运行稳定性。2023 年 7 月，"可控换相换流阀关键技术及产品研制"通过了由 10 名院士领衔的专家组鉴定，被认为"可根本解决常规直流系统换相失败问题"。

图 3-31　世界首套完全可控换相技术（CLCC）换流阀

四、世界首个县域级 100% 新能源新型电力系统试运行稳定

2022 年 11 月，国网湖北省电力有限公司随州广水 100% 新能源新型电力系统示范工程投运。广水 100% 新能源新型电力系统是"以大电网为支撑，新能源供应为主体，源网荷储实时协同平衡运行"的新型电力系统形态。构建了世界首个县域级 100% 新能源电力系统，突破并示范了全部由多类型新能源自组网、能量路由器柔性互联、实时稳定控制及新型继电保护等自主原创核心技术，创多项国际第一，经院士领衔的专家组鉴定"整体技术处于国际领先水平"。2023 年 10 月，该项目进入常态化运行。广水 100% 新能源新型电力系统的平稳运行，证明该系统是个能确保风、光新能源发电发得出、用得上的实用现实电网，将实现当地风、光资源的就地消纳与平衡。该项成果入选国家能源局 2024 年能源绿色低碳转型典型案例。

五、建立国家工频高电压比例基准装置

2023 年，国家高电压计量站获国家市场监管总局批准，建立国家工频高电压计量基准，这是 21 世纪中国在能源电力行业建立的首套计量基准装置，填补了该领域最高测量能力空白。工频高电压计量基准装置的建立，保障了我国电压量值的准确统一，健全了我国电能计量基准体系，支撑新型电力系统运行安全稳定，保障电能贸易公平公正，对推动经济社会高质量发展、支撑国家计量基准强基工程具有重大意义。

六、特高压 ±800 千伏混合多端柔性直流输电关键技术及工程应用

南方电网特高压柔性直流研发团队历经 10 余年攻关，在世界上首创了特高压 ±800 千伏混合多端柔性直流输电技术，攻克了混合柔性直流精密控制、多模块异构阀组升压到特高压、超远距离架空线故障自清除等世界性难题，建成了世界首个特高压混合柔性直流输电工程——

昆柳龙特高压±800 千伏混合多端柔性直流输电工程。工程西起云南，东至广西、广东，线路全长 1452 公里，实现大容量水电直送负荷中心，创下十九项世界第一。该项目 2023 年获得广东省科技进步一等奖。±800 千伏昆柳龙直流工程送端昆北换流站如图 3-32 所示。

图 3-32 ±800 千伏昆柳龙直流工程送端昆北换流站

七、特大型弹性城市电网应对极端灾害的关键技术研究与示范应用

南方电网广州供电局建立基于"规划—评估—调度—恢复"的弹性电网关键技术体系，研发特大型弹性城市电网决策支持系统如图 3-33 所示，该系统包括全景信息可视化、故障定位与恢复、应急抢修兵棋演练等子系统。支持灾前—灾中—灾后全链条决策"分钟级"滚动更新。成果应用以来广州电网的极端灾害应对能力大幅提升，故障跳闸次数明显减少，复电时长有效降低，灾害下故障跳闸次数同比减少 18.57%、复电时长同比缩短 18.02%，社会和经济效益显著。项目整体达到国际先进水平，3 项核心技术达到国际领先水平。该项目获 2023 年度电力科学技术进步奖一等奖。

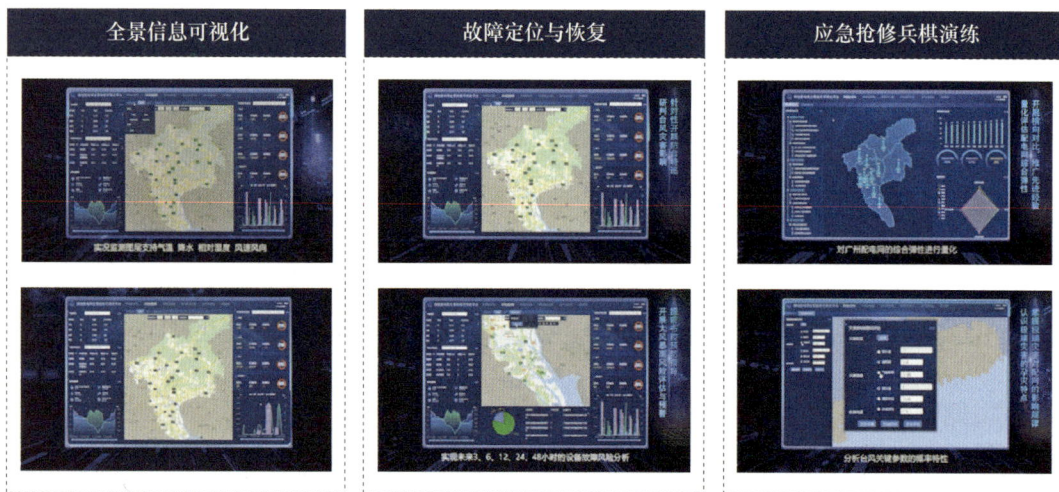

图 3-33 全国首套特大型弹性城市电网实时决策支持系统

八、多场景大容量"光储直柔"高品质供电关键技术、系统及应用

南方电网深圳供电局在多个国家级项目支持下，攻克了多场景大容量"光储直柔"建筑配用电系统的高品质供电关键技术，成功研发出首套直流剩余电流传感芯片与动作保护装置、直流故障电弧保护动作装置、±375 伏交直流换流器和四开关储能 DC/DC 变换器、Hz－120kHz 直流系统阻抗扫频装置等五大系列产品，开发出直流短路故障集成保护系统、直流配用电规划评估软件系统、直流配用电能量管理系统等三大核心系统。成果在深圳、四川、北京、浙江等多地 20 万米^{3}民用建筑、30 多项市政工程、90 余项直流配电工程中规模化应用，达到了国际领先水平，该项目获 2023 年度中国机械工业科技进步一等奖。全直流建筑深圳未来大厦如图 3－34 所示。

图 3－34　全直流建筑深圳未来大厦

第六节　新型储能

2023 年是我国新型储能突飞猛进的一年。从装机规模来看，2023 年新型储能新增投运/装机约 2260 万千瓦/4870 万千瓦·时，较 2022 年增长超过 260%，相当于 2022 年新增投运规模（730 万千瓦/1590 万千瓦·时）三倍。截至 2023 年年底，我国新型储能累计投

运/装机达到 3139 万千瓦/6687 万千瓦·时❶，平均储能时长 2.1 小时，新型储能在我国总储能装机的占比从 2022 年年底的 21%增长到了 2023 年年底的 40%。从发展方向来看，发电侧和电网侧储能的新能源配建是新型储能发展的主要方向，累计装机占比超过 90%（在电源侧应用占比 49%、电网侧应用占比 43%）；电动汽车车网互动则成为用户侧储能的主要形式，占比降到 8%左右。从储能类别来看，磷酸铁锂电池的主导优势持续扩大，在新型储能装机中的占比高达 97%以上，其他的新型储能技术比如飞轮、压缩空气、液流电池的发展虽也取得一定的新突破，但占比依旧很低。2023 年新型储能技术主要创新进展如下：

一、新型储能典型示范工程

2023 年 12 月 27 日，国家能源局公示新型储能试点示范项目，共有 56 个项目列入，总规模约 8.2 吉瓦/29.8 吉瓦·时。中国华电、中广核、国家能源集团、国家电投、中国能建、中储国能、国家电网、南方电网、中国电建、中国三峡集团、中核集团等 35 个单位的储能项目入选示范公示名单如图 3-35 所示。

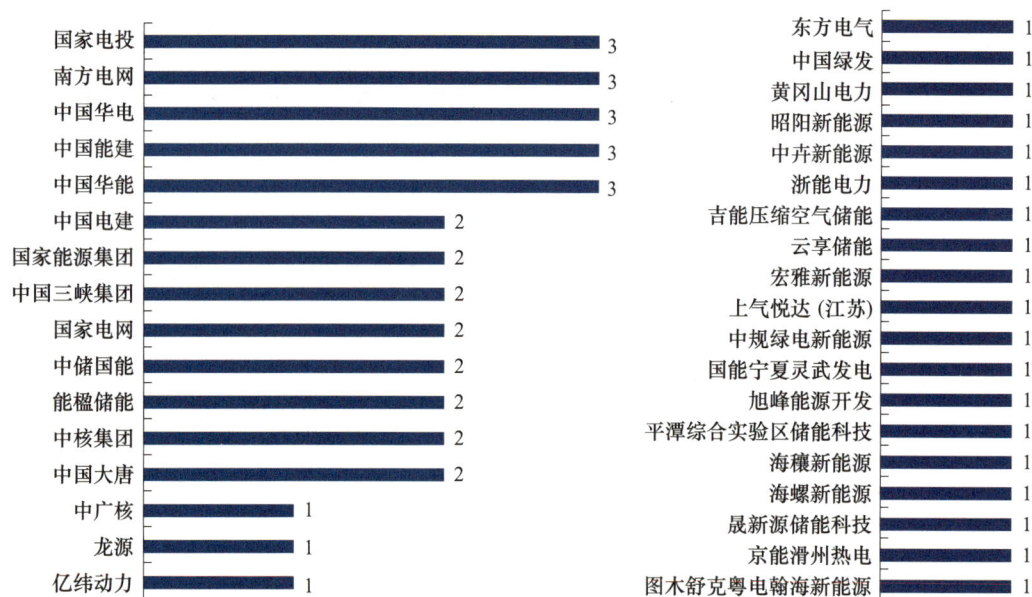

图 3-35 储能示范项目业主单位分布

56 个项目涵盖锂离子电池、压缩空气储能、液流电池、重力储能、飞轮储能等 10 种技术路线如图 3-36 所示。

---

❶ 数据来源于国家能源局。

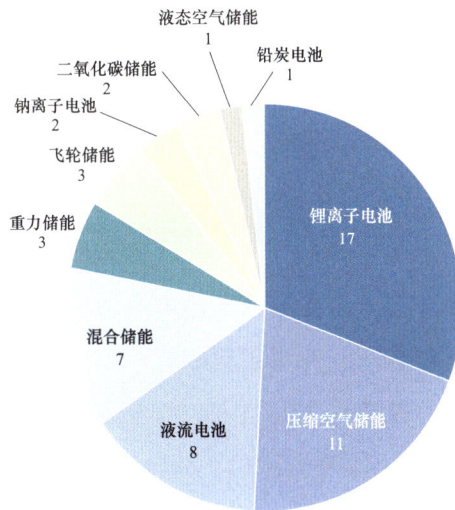

图 3-36　储能示范项目技术路线分布

17 个锂离子电池储能示范项目，总规模约为 2.2 吉瓦/4.4 吉瓦·时，业主单位主要为华能广西清洁能源、图木舒克粤电瀚海新能源、三峡新能源肇东发电、湖北亿纬动力、国家电投江苏电力、中核江苏新能源等，见表 3-1。

表 3-1　　　　　　　　　　新型储能试点示范项目—锂离子电池

排序	示范项目名称	项目业主单位
1	广西壮族自治区南宁市西乡塘区 100 兆瓦/200 兆瓦·时锂离子电池储能示范项目	华能广西清洁能源有限公司
2	新疆生产建设兵团三师图木舒克市 80 兆瓦/160 兆瓦·时锂离子电池储能示范项目	图木舒克粤电瀚海新能源有限公司
3	黑龙江省肇东市 100 兆瓦/200 兆瓦·时锂离子电池储能示范项目	三峡新能源肇东发电有限公司
4	湖北省荆门市掇刀区 50 兆瓦/100 兆瓦·时锂离子电池储能示范项目	湖北亿纬动力有限公司
5	江苏省分散式 27.4 兆瓦/32.9 兆瓦·时锂离子电池储能示范项目	国家电投江苏电力有限公司
6	江苏省连云港市连云区 200 兆瓦/400 兆瓦·时锂离子电池储能示范项目	中核江苏新能源有限公司
7	河北省平山县 100 兆瓦/320 兆瓦·时锂离子电池储能示范项目	华能平山清洁能源有限责任公司
8	广东省五华县 70 兆瓦/140 兆瓦·时锂离子电池储能示范项目	南方电网调峰调频（广东）储能科技有限公司梅州分公司
9	湖北省沙洋县 50 兆瓦/100 兆瓦·时锂离子电池储能示范项目	国网湖北省电力有限公司
10	福建省平潭综合实验区 120 兆瓦/240 兆瓦·时锂离子电池储能示范项目	平潭综合实验区储能科技有限责任公司
11	湖南省桂阳县 250 兆瓦/500 兆瓦·时锂离子电池储能示范项目	湖南龙源新能源发展有限公司
12	云南省丘北县 200 兆瓦/400 兆瓦·时锂离子电池储能示范项目	南方电网调峰调频（广东）储能科技有限公司
13	河南省滑县 100 兆瓦/200 兆瓦·时锂离子电池储能示范项目	河南京能滑州热电有限责任公司
14	浙江省杭州市萧山区 50 兆瓦/100 兆瓦·时锂离子电池储能示范项目	浙江浙能电力股份有限公司萧山发电厂
15	河北省雄安新区白洋淀 8 兆瓦/8 兆瓦·时锂离子电池储能示范项目	国网河北省电力有限公司
16	内蒙古自治区四子王旗 550 兆瓦/1100 兆瓦·时锂离子电池储能示范项目	三峡新能源四子王旗有限公司
17	海南省文昌市 100 兆瓦/200 兆瓦·时锂离子电池储能示范项目	大唐海南文昌新能源有限公司

其中，储能配置规模达到千兆瓦·时的示范项目为内蒙古自治区四子王旗 550 兆瓦/1100 兆瓦·时锂离子电池储能示范项目，所依托的工程项目—内蒙古乌兰察布新一代电网友好绿色电站示范项目是全球规模最大"源网荷储"一体化示范项目——三峡乌兰察布"源网荷储" 300 万千瓦项目的子项目。

0.9 吉瓦/4.3 吉瓦·时液流电池项目有 8 个，总规模约 0.9 吉瓦/4.3 吉瓦·时，包括 6 个全钒液流电池和 1 个铁基液流电池、1 个锌铁液流电池项目，项目业主单位有中广核新能源（四川）、昭阳新能源、中卉新能源、陕西建工新能源、上气悦达（江苏）储能、中水顾（英山）新能源、绿动中钒和纬景储能等，见表 3-2。

表 3-2 新型储能试点示范项目—液流电池

排序	示范项目名称	项目业主单位
1	四川省眉山市甘眉工业园 100 兆瓦/400 兆瓦·时全钒液流电池储能示范项目	中广核新能源（四川）有限公司
2	山东省潍坊市高新区 100 兆瓦/400 兆瓦·时全钒液流电池储能示范项目	山东昭阳新能源有限公司
3	吉林省乾安县 100 兆瓦/400 兆瓦·时全钒液流电池储能示范项目	松原中卉新能源有限公司
4	陕西省陇县 300 兆瓦/1800 兆瓦·时全钒液流电池储能示范项目	陕西建工新能源有限公司
5	江苏省滨海县 100 兆瓦/400 兆瓦·时全钒液流电池储能示范项目	上气悦达（江苏）储能科技有限公司
6	湖北省英山县 100 兆瓦/400 兆瓦·时铁基液流电池储能示范项目	中水顾（英山）新能源有限公司
7	湖北省襄阳市高新区 100 兆瓦/500 兆瓦·时全钒液流电池储能示范项目	湖北绿动中钒新能源有限公司
8	上海市杨浦区锌铁液流电池储能示范项目	纬景储能科技有限公司

装机规模最大为陕西省宝鸡市陇县 300 兆瓦/1800 兆瓦·时全钒液流储能项目，项目总投资额 38.7 亿元。

钠电在储能技术应用加快，2023 年 12 月 19 日，四川首个钠电储能示范项目——兴储世纪 500 千瓦/1 兆瓦·时光储充一体化示范项目一期工程 50 千瓦/105 千瓦·时正式投运。纳入示范项目的有 2 个钠电项目。辽宁省昌图县 200 兆瓦/400 兆瓦·时钠离子电池储能示范项目，依托工程为国家电投辽宁铁岭 200 兆瓦/400 兆瓦·时共享储能电站项目。安徽省淮南市山南高新区水系钠离子电池储能示范项目，依托工程为兆瓦·时级水系钠离子电池储能示范电站。唯一一个创新实证示范项目，业主单位包括广东新型储能国家研究院有限公司、南方电网调峰调频（广东）储能科技有限公司、华电国际电力股份有限公司广东分公司。

二、新型储能标准体系

新型储能相关标准的归口单位包括全国电力储能标准化技术委员会（SAC/TC 550，以下简称"储能标委会"），全国燃料电池级液流电池标准化技术委员会（SAC/TC 342），能源行业液流电池标准化技术委员会（NEA/TC 23）等。其中，储能标委会于 2014 年成立，归口管理电力储能领域国家标准、行业标准和中电联团体标准，始终致力于储能标准体系建设，组织国内相关专业单位协同制修订系列储能标准。

在政策支撑上，国家标准化管理委员会、国家能源局于 2023 年 2 月联合印发《新型储能标准体系建设指南》（以下简称《指南》），《指南》指出：根据新型储能技术现状、产业应用需求及未来发展趋势，结合新型电力系统建设思路，逐步建立适应我国国情并与国际接轨的新型储能标准体系。2023 年制修订 100 项以上新型储能重点标准；2025 年在电化学储能、压缩空气储能、可逆燃料电池储能、超级电容储能、飞轮储能、超导储能等领域形成较为完善的系列标准。根据《指南》统计，新型储能标准体系规划项目 205 项，其中，国家标准 57 项，行业标准 148 项。

以标准层级分类，按照标准的影响力和标准适用范围，新型储能标准体系可分为国家标准、行业标准、团体标准。

以标准属性分类，按照标准重要性和标准实施作用：对于保障新型储能工程应用安全、从事储能行业人员生命安全、储能服务目标主体安全的技术要求，应优先申请制定强制性国家标准，比如新型储能电站安全规范等。对于满足新型储能基础通用和工程应用需求的技术要求，应申请制定推荐性国家标准。

按专业技术分类，按照新型储能电站的建设逻辑，综合功能、产品和技术类型、各子系统间的关联性，将新型储能标准体系框架分为基础通用、规划设计、设备试验、施工验收、并网运行、检修监测、运行维护、安全应急八个方面，覆盖了新型储能工程建设、生产运行全流程以及安全环保、技术管理等专业技术内容，体系架构如图 3-37 所示。

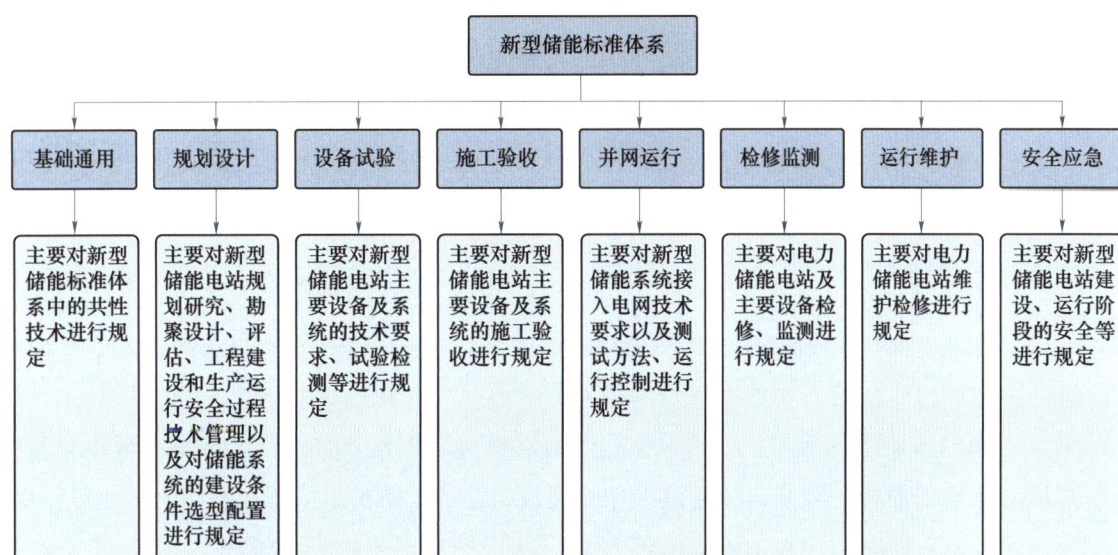

图 3-37 新型储能标准体系架构图

在基础通用方面，主要对新型储能标准体系中的共性内容进行规定。主要涉及储能领域的术语、图形、符号、编码等方面标准。

在规划设计方面，主要对储能电站规划、勘察、设计进行规定，从电站规划、勘察、各阶段设计等方面提出相关要求。电站规划设计阶段应执行的核心标准包括国家标准 GB/T 51048《电化学储能电站设计规范》等。

在设备试验方面，对储能电站主要设备及系统的技术要求、试验检测等进行规定，主要包括各种储能电池、电池管理系统、变流器、监控系统等主要设备技术要求及型式试验、出厂检验、现场实验等检测试验方法，以及储能系统与电站接入电网技术要求、梯次利用电池及系统技术要求等方面标准。电站关键设备采购、试验、检测阶段应执行的核心标准包括国家标准 GB/T 36276《电力储能用锂离子电池》、GB/T 34131《电力储能用电池管理系统》、GB/T 34120《电化学储能系统储能变流器技术要求》等。在编核心标准包括 20214759-T-524《预制舱式锂离子电池储能系统技术规范》等。

在施工验收方面，主要对储能电站工程施工、安装、验收进行规定，包括电站土建及各系统设备安装、调试、质量验收、启动验收、施工质量评定等方面标准。其中核心标准包括国家标准《电化学储能电站施工及验收规范》《电化学储能电站调试规程》等。在编核心标准包括《电化学储能电站施工及验收规范》等。

在并网运行方面，主要对储能系统接入电网技术要求以及测试方法、运行控制进行规定，技术要求包括储能系统接入电网电能质量、功率控制、电网适应性、接入电网测试等。并网运行类核心标准包括国家标准 GB/T 36547《电化学储能系统接入电网技术规定》，GB/T 43526《用户侧电化学储能系统接入配电网技术规定》等。

在检修监测方面，主要对储能电站及主要设备检修、监测进行规定，包括计划检修、故障检修、状态检修等检修方式以及修前检测、修后试验和状态监测等方面标准。

在运行维护方面，主要对储能电站运行、维护检修进行规定，包括电站运行监视、运行操作、巡视检查、异常运行及故障处理等运行要求、设备及系统维护要求等方面标准。电站运行维护阶段应执行的核心标准包括国家标准 GB/T 40090《电化学储能电站运行维护规程》等。

在安全应急方面，对新型储能电站建设、运行阶段的安全等进行规定，提出电化学储能电站设备设施安全、操作安全、运行安全、专属安全设施配置和维护等方面技术要求以及储能电站应急管理方面相关要求，涵盖储能电站建设、运行、维护、检修、消防、试验等方面。安全应急类核心标准包括国家标准 GB/T 42288《电化学储能电站安全规程》等。

第七节　电力工程建设

"十四五"以来，我国电力领域基础设施建设取得辉煌成绩，建设了一大批"国之重器""超级工程"，为经济社会发展提供了强有力支撑。2023年，创新开展科技攻关，克服多种工程施工难题，在传统能源、新能源及其他工程建设中均有重大、典型工程投入运行。

一、传统能源典型工程

1. 9F级双轴重型燃机项目

2023年12月，全国国产化率最高、单机发电容量最大的9F级双轴重型燃机项目——中国华电青岛燃机项目5号机组顺利通过168小时试运行，标志着山东省首台（套）9F重型燃机示范项目正式投产发电，如图3-38所示。该项目是山东省"十四五"重型燃气机组示范项目，规划建设2台套9F重型燃机，单套容量达505.54兆瓦，于2022年4月主体开工，是山东省首个开工且建设进程最快的重型燃机项目。项目将天然气贸易计量站和调压站合并设置，是目前国内首次采用主厂房品字形布置的燃机项目，有效提高了机组经济性；与同等装机规模的超净燃煤机组相比，该项目竣工投产后每年可减少标煤耗量约150万吨，降低碳排放60%左右，将为地区提供更加安全、可靠、优质、绿色的能源保障。

图3-38　山东省首台套9F重型燃气机组示范工程——华电青岛燃机项目

2. 拉哇水电站工程

中国华电组成产学研用联合攻关团队，面向拉哇水电站工程建设重大需求，首次成功解决了 130 米高复合土石围堰体抗滑、变形和渗透稳定控制难题，首次形成 70 米级超深碎石桩施工装备及智能施工技术体系，成功解决了高围堰体 10 米级大变形的监测难题，拉哇水电站上游围堰基础处理现场如图 3-39 所示，为雅鲁藏布江下游水电开发等类似深厚湖相沉积层高围堰体设计、施工及安全监测提供了可供借鉴的解决方案，实现总工期相比可研阶段提前 1.5 年。该成果获得 2023 年水力发电科学技术奖一等奖。

图 3-39　拉哇水电站上游围堰基础处理现场

3. 大渡河水电基地工程

国家能源集团依托大渡河水电基地，研究了强降雨、大洪水、强地震等复合致灾因子诱发下水地灾害复杂链式成灾过程，揭示了流域滑坡"致灾—激发—损害"全过程演变机制，厘清了滑坡入水之后的涌浪、堵江运动过程，构建了多类型滑坡成灾模式识别图谱以及灾害风险动态评估方法，为流域灾害精准防治提供了关键理论和技术支撑。该成果全面应用于大渡河流域梯级八站，成功应对了 2022 年泸定 6.8 级地震、2020 年超百年一遇特大洪水、2018 年丹巴县开顶滑坡等 30 余场灾害事件，避免或减少洪灾损失约 12 亿元，受到应急管理部、水利部、长江委、四川省政府及地方政府表扬，并推广应用于乌江流域、西南山区水电站，大渡河上单机容量最大的水电站——大岗山水电站如图 3-40 所示。

图 3-40　大渡河上单机容量最大的水电站——大岗山水电站

4. 西藏雅鲁藏布江大古水电站

中国电建克服高海拔下各种复杂条件，面向西藏雅鲁藏布江大古水电站工程开展一系列科技攻关，形成高寒高海拔碾压混凝土筑坝等成套技术，累计获各类科技创新成果 200 余项，其中取得国家专利 146 项，获省部级工法 13 项，获省部级科技进步奖 18 项，获 2023 年国家优质工程奖，西藏雅鲁藏布江大古水电站如图 3-41 所示。应用建筑业十项新技术 10 个大项 35 个子项，推广电力建设"五新"技术 27 项，取出 26.2 米三级配碾压混凝土芯样，打破世界纪录，被中国国家博物馆实物收藏。该工程带动 1138 名建档立卡贫困人员脱贫摘帽，助力西藏取得脱贫攻坚历史性成就，为西藏清洁能源基地开发提供成功借鉴。

图 3-41 西藏雅鲁藏布江大古水电站

5. "华龙一号"全球首堆示范工程

2023 年 5 月，我国自主三代核电技术"华龙一号"全球首堆示范工程——福清核电 5、6 号机组正式通过竣工验收，如图 3-42 所示。5、6 号机组在建设过程中，积极践行中核集团"六大控制七个零"高质量精细化工程管理模式，在工期和投资方面创造了全球三代核电首堆最佳业绩。自投运以来，机组都完整经历了首个燃料循环的考验，充分证明了"华龙一号"技术的安全性、先进性、成熟性。"华龙一号"全球首堆示范工程全面建成，标志着我国核电技术水平和综合实力跻身世界第一方阵，为我国形成了一套完整的、自主的三代核电型号标准体系，也为"华龙一号"后续批量化建设项目提供良好借鉴。

图 3-42 "华龙一号"全球首堆示范工程——福清核电 5、6 号机组

6. 全球首座高温气冷堆核电站示范工程

高温气冷堆重大专项由清华大学、中国华能、中核集团共同负责实施。2023 年 12 月，全球首座第四代高温气冷堆核电站——华能石岛湾高温气冷堆核电站示范工程正式商运投产，如图 3-43 所示。示范工程配套建设了目前世界最大规模年产 30 万个燃料球的燃料元件生产线，以及 10 兆瓦大型氦气工程试验回路等一系列试验设施。示范工程集聚了设计研发、工程建设、设备制造、生产运营等产业链上下游 500 余家单位，先后攻克多项世界级关键技术，设备国产化率超 90%。依托这一工程，我国系统掌握了高温气冷堆设计、制造、建设、调试、运维技术，研发了高温气冷堆特有的调试运行六大关键核心技术，形成一套可复制、可推广的标准化管理体系，建立起以专利、技术标准、软件著作权为核心的自主知识产权体系。该工程荣获 2023 年度能源行业十大科技创新成果。

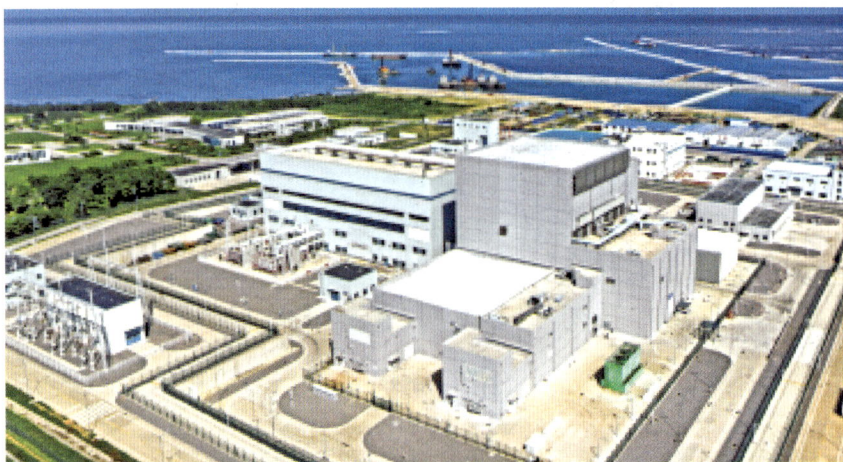

图 3-43　石岛湾高温气冷堆核电站示范工程

二、新能源典型工程

1. 第一批沙戈荒大型风光基地建设项目陆续投运

根据国家发展改革委、国家能源局发布的《关于印发第一批以沙漠、戈壁、荒漠地区为重点的大型风电光伏基地建设项目清单的通知》，第一批沙戈荒大型风光基地建设项目建设规模总计 97.05 吉瓦。今年以来，一批项目陆续投运。其中，国家能源集团在宁夏腾格里沙漠的新能源光伏项目一期正式投产，并网容量达到 100 万千瓦，探索出"新能源建设+沙戈荒生态系统保护和修复"新路径；中国华电的乌鲁木齐 100 万千瓦风光电项目、青海德令哈 100 万千瓦光氢储项目、新疆木垒 105 万千瓦风光电项目投产，每年可发绿电 75 亿度；国家电网建设的甘肃陇东基地直流配套一期（庆阳）100 万千瓦外送项目 330 千伏送出工程全线竣工投运、带电成功，标志着陇东能源基地风光综合电站 100 万千瓦新能源具备并网条件。

2. 世界最大盐光互补光伏发电项目

中国华电利用天津滨海新区盐田建设光伏项目，占地面积约 2 万亩，装机容量 1000 兆瓦，是世界上最大的盐光互补项目，如图 3-44 所示。针对高盐雾腐蚀现状，项目进行严酷腐蚀环境下基础设施耐久性关键技术攻关和示范应用，建立了盐场腐蚀模拟试验体系，掌握了养殖制盐候鸟栖息复杂盐场环境下桩基混凝土制备、重点基础设施防腐蚀方案等关键技术，形成了解决高腐蚀环境下设施耐久性解决方案，打造形成"水上光伏发电、水面蒸发制卤、水下水产养殖"的独特立体循环生态模式。

图 3-44　天津海晶 1000 兆瓦盐光互补项目

3. 全球首台 16 兆瓦海上风电机组并网发电

中国三峡集团牵头研制的全球首台 16 兆瓦海上风电机组在福建三峡海上风电国际产业园下线，并于 2023 年 7 月实现并网发电。该机组是目前全球范围内已投产的单机容量最大、叶轮直径最大、单位兆瓦重量最轻的海上风电机组，关键核心部件全面国产化，在风机安装、运行过程中，已成功应对了"卡努""杜苏芮"等多个台风考验，机组监测各项振动数据及指标平稳，标志着我国海上风电大容量机组研发制造及运营能力再上新台阶，达到国际领先水平。三峡福建风电场 16 兆瓦海上风电机组吊装施工现场如图 3-45 所示。

图 3-45　三峡福建风电场 16 兆瓦海上风电机组吊装施工现场

4. 全国最高海拔风电场——西藏措美哲古风电场投运

2023 年 10 月，中国三峡集团西藏措美哲古风电场二期项目 50.6 兆瓦全面投产发电，该风电场是目前国内海拔最高的在运风电场，是我国超高海拔风电技术开发及应用科研示范项目，如图 3-46 所示，风机所在位置平均海拔 5000～5200 米之间。针对超高海拔地区空气密度低、大气压力低、辐射强度高、雷暴频次高、昼夜温差大的特点，项目开展风电机组发电性能、风机策略控制、散热、电气绝缘、抗老化、防雷、防凝露、耐高低温等方面的环境适应性研究，为探索解决超高海拔风能资源特性、地理特性、气候特性复杂多变对风电场选址、测风、设计、开发建设、运营管理方案以及风电机组设备元器件选择、绝缘设计、加工工艺、控制策略等具有非常重大的意义。依托该项目，成功研发并示范应用了一套适用于超高海拔风电机组的主控系统，填补了自主可控超高海拔风电机组主控系统的空白。

图 3-46　三峡集团西藏措美哲古风电场

5. 百兆瓦级分散控制构网型独立储能项目

中国华能投资建设 100 兆瓦/200 兆瓦·时莱芜储能电站项目，是世界首座百兆瓦级分散控制构网型独立储能项目，如图 3-47 所示。该项目首次应用华能首台（套）重大技术装备"自主可控电池储能一体化管控系统"科技成果，采用华能自主研发的自主可控电池储能一体化管控系统和 1500 伏电压等级构网型模块化储能变流器（PCS），系统从整站角度对 PCS、EMS 等进行深度整合优化，减少了各子系统之间的数据处理和通信故障发生率，大幅提高了控制系统运行效率。

图 3-47　莱芜百兆瓦级分散控制构网型独立储能电站

6. 磷酸铁锂与铁铬液流电池长时储能电站项目

项目由中国华电投资建设，规划总容量100兆瓦/200兆瓦·时，采用集中式液冷分散式控制高压级联储能系统，由9套7.45兆瓦/15.37兆瓦·时储能单元、5套6.62兆瓦/14.47兆瓦·时储能单元、集中式供冷装置以及能量控制系统等主要部分组成，如图3-48所示。项目通过对级联储能系统集成关键技术研究，基于10千伏级联技术、高效液冷技术等，开展高压级联储能系统、集中液冷系统、分散式温控、设备集成布置、热管理仿真优化、多级消防安全等研究，开发10千伏高压级联液冷储能系统，提升了锂电池储能系统效率、电芯温控性能，显著提高电池安全水平、延长电池使用寿命。该项目入选山东省能源局2022年储能示范项目名单。

图3-48　华电国际莱城发电厂磷酸铁锂与铁铬液流电池长时储能电站

7. 全国首个万吨级新能源制氢项目

2023年6月，中国三峡集团位于内蒙古鄂尔多斯市准格尔旗的全国首个万吨级新能源制氢项目成功产出第一方氢气，如图3-49所示。该项目利用采煤塌陷区和回填区土地建设光伏电站，通过超过60千米的专用输电线路将电力输送到万吨级制氢站。项目攻克了传统闸管电源技术难题，在绿电制氢领域首次大规模使用国产化万安培级IGBT（绝缘栅双极性晶体管）全控型制氢电源装备，解决了电制氢的电网友好性、波动响应、电能转换损失和多套制氢电源的安全控制问题，推动了行业先进技术的应用。建设团队创新性采用整厂DCS集散控制系统，覆盖了制氢电源、电解槽、气体纯化、气体压缩和全厂公用工程装置等全流程，确保了整个生产过程的自动化和智能化，提高了生产的安全性、稳定性和高效。该项目获得中国电力设备管理协会全国电力行业工程建设管理创新成果奖。

8. 国内首个220千伏柔性低频输电工程

2023年6月，国家电网建设的我国首个220千伏柔性低频输电工程在浙江杭州投运。作为杭州亚运会的配套工程，杭州220千伏柔性低频输电工程在富春江两岸建设两座高压大容量低频换流站，使杭州富阳、萧山两大城市负荷中心互联，为杭州亚运会主场馆所在区域提供 30 万千瓦的灵活电能支撑，并具备毫秒级响应能力。柔性低频输电是将传统电网中 50 赫兹的输送频率降低到 20 赫兹，通过降低输电频率，可以减少输电阻力，从而提高输电容量、距离和效率。除应用于城市内部电网互联外，在中远距离海上风电送出、多岛屿互联等领域也有着明显的经济优势。

图 3-49　鄂尔多斯市准格尔旗纳日松光伏制氢产业示范项目

9. 世界首条 35 千伏公里级超导输电示范工程

2023 年 12 月，由国家电网兴建的世界首条 35 千伏公里级超导电缆示范工程在上海投运，如图 3-50 所示。示范工程位于上海市中心徐家汇地区，总长度 1.2 公里，额定电流 2200 安培，额定容量 133 兆伏安，采用全程排管敷设工艺。作为世界上输送容量最大、距离最长、接头数量最多的全商业化运行 35 千伏超导电缆输电工程，实现核心技术国产化率 100%，是国内首次商业化应用超导电缆输电技术，填补多项国际标准空白。

图 3-50　世界首条 35 千伏公里级超导电缆示范工程

三、其他典型工程

1. 世界首台兆瓦级漂浮式波浪能发电装置"南鲲"号

南方电网提出一基多体波浪能装置模块化建造与集成技术，突破了大型漂浮式海上发电平台止链器、导链轮等核心设备国产自主化设计制造技术瓶颈，建成世界首台总装机功率 1 兆瓦波浪能发电装置"南鲲"号，如图 3-51 所示。"南鲲"号总装机功率 1 兆瓦，率先实现并网发电示范运行，连续运行超 2000 小时，单日最大发电量 1 万千瓦·时，整机转换效率达 28%，装机容量、发电功率、抗极端海况能力等指标均处于领先水平。

图 3-51 漂浮式波浪能发电装置"南鲲"号

2. 全国首套 2000 吨/年燃气烟气 CO_2 捕集装置

中国华能攻克超低浓度、高氧含量的燃气烟气捕集关键技术，依托洋浦热电有限公司 2 号燃气机组，于 2023 年 7 月建成投运全国首套燃气电厂 2000 吨/年燃气烟气 CO_2 捕集装置，如图 3-52 所示。该装置采用华能清能院自主研发的新型二氧化碳捕集溶剂和工艺技术，已实现稳定运行 1200 小时，验证了新型溶剂和工艺技术、捕集动态运行机制与策略，实现了捕集装置与调峰燃气电厂协同调控，经第三方检测，主要技术指标达到国际先进水平。依托该装置，通过对连续运行所采集到的数据进行分类统计，观察测量范围和数据分布情况，可对新型吸收剂和工艺技术进行测试验证；后续将依托海南自由贸易港优势，打造出全球首个燃气烟气 CO_2 捕集技术国际测试平台。

图 3-52 全国首套 2000 吨/年燃气烟气 CO_2 捕集装置

第四章

电力科技创新平台建设

重大科技创新平台是提高科技创新能力和国家综合竞争力的重要抓手，要强化国家战略科技力量，提升国家创新体系整体效能；优化国家科研机构、高水平研究型大学、科技领军企业定位和布局，形成国家实验室体系；强化企业科技创新主体地位，支持企业牵头组建创新联合体；统筹推进国际科技创新中心、区域科技创新中心建设，打造世界科学前沿领域和新兴产业技术创新、全球科技创新要素的汇聚地。

第一节 国家级创新平台

国家能源局、科技部针对能源科技创新平台体系的完善，明确提出要建立健全以全国重点实验室、国家工程研究中心、国家能源研发创新平台以及地方、企业相关创新平台为骨干、梯次衔接的能源科技创新平台体系。

电力领域获批建设的国家级科技创新平台经发展和重组建设取得明显进展。目前各类国家级创新平台主要包括：国家实验室 1 个、全国重点实验室（含：尚未完成重组的国家重点实验室）35 个、国家工程研究中心 25 个、国家工程技术研究中心 16 个、国家能源研发创新平台 56 个、国家企业技术中心 89 个。

一、国家实验室

怀柔实验室是电力领域的首个国家实验室，是国家级新型科研事业单位，是能源领域重要科技力量，面向清洁低碳安全高效能源体系构建和"双碳"目标，开展战略性、前瞻性、基础性科学技术研究，创新目标导向、开放协同的新型科研机制，汇聚海内外优秀人才，加速关键技术创新突破和重大科研成果转化应用。

除实验室主院区外，怀柔实验室还包括山西基地（山西研究院）、新疆基地、智慧能源研究中心（智慧能源研究院）、新型电力系统研究中心（新型电力系统研究院）和可再生能源研究中心（可再生能源研究院）。

1 山西基地（山西研究院）：由怀柔实验室和山西省政府共同筹建的新型研发机构，面向国家"双碳"目标，积极承担国家重大科研任务，开展前瞻性、基础性科技创新，是国家现代能源领域战略科技力量的重要组成部分。

2 新疆基地：围绕油气领域战略需求，发挥新型体制机制优势，汇聚自治区、中国石油天然气集团、中国石化集团等创新资源，打造成为能源领域具有国际影响力的一流科研机构。

3 智慧能源研究中心（智慧能源研究院）：由北京市人民政府和国家电网有限公司共同建设，由怀柔实验室直接管理的新型研发机构，以服务国家能源战略目标为使命，瞄准"双碳"目标下能源转型重大战略需求，系统性开展技术攻关、工艺试验、基础理论和前沿技术研发，支撑我国清洁低碳、安全高效的能源体系构建，努力打造能源领域国家战略科技力量。

4 新型电力系统研究中心（新型电力系统研究院）：由怀柔实验室与南方电网共建，围绕"四个面向"和能源战略需求，按照共同建设、共同管理的原则，建设成为体现国家意志、实现国家使命、代表国家水平的国际一流研究机构，为实现能源领域高水平科技自立自强贡献力量。

5 可再生能源研究中心（可再生能源研究院）：由怀柔实验室与三峡集团共建，围绕"四个面向"，以出成果、出人才为目标，集聚优势科研力量、提高资源投入效率，推动形成统筹布局、多元投入、系统推进的创新格局，加快产出重大科技成果，为能源领域高水平科技自立自强作出更大贡献。

二、全国重点实验室

从"国家重点实验室重组"到"加强全国重点实验室建设"，由"破"到"立"，我国科技创新体系的调整方式与建设路径日渐清晰。

1 2018年6月，科技部、财政部联合发布《关于加强国家重点实验室建设发展的若干意见》，其中提出：实验室经优化调整和新建，数量稳中有增，总量保持在700个左右。其中，学科国家重点实验室保持在300个左右，企业国家重点实验室保持在270个左右，省部共建国家重点实验室保持在70个左右。

2018 年 12 月，中央经济工作会议召开，明确提出，"抓紧布局国家实验室，重组国家重点实验室体系"，揭开了国家重点实验室重组的序幕。

2021 年中央经济工作会议明确提出，"强化国家战略科技力量，发挥好国家实验室作用，**重组全国重点实验室**，推进科研院所改革"，释放出了新的信号。同月，科技部部长王志刚在传达学习中央经济工作会议精神时表示，将采用试点先行、分批推进的方式启动全国重点实验室重组。

2021 年 12 月修订通过、于 2022 年 1 月 1 日起施行的科学技术进步法，明确写入将"建立健全以国家实验室为引领、全国重点实验室为支撑的实验室体系"。

2022 年 2 月，科技部办公厅印发《关于贯彻落实〈重组国家重点实验室体系方案〉的通知》，提出了《全国重点实验室建设标准（试行）》和《全国重点实验室建设"五问"》，正式开启全国重点实验室优化重组。2022 年政府工作报告中提出，"实施科技体制改革三年攻坚方案，强化国家战略科技力量，**加强国家实验室和全国重点实验室建设。**"

相较于原国家重点实验室，全国重点实验室在国家创新体系中的发展定位更为明确，是中国特色国家实验室体系的重要组成部分。在职责使命方面，在原学科建设、成果产出和人才培养的基础上，更加突出满足国家重大战略需求。在领域布局方面，对不满足新形势新要求、发展缓慢停滞的老旧学科方向进行调整或撤销，对满足国家紧迫需求、属于新兴前沿交叉和未来技术的领域方向加强布局。在学科方向、任务组织和资源配置方面，加强统筹协调和一体化配置。在管理体制与运行机制方面，强化全国重点实验室的独立性，管理边界更加清晰❶。

截至 2023 年年底，主要电力企业、科研院所及高校拥有全国重点实验室（含：8 个尚未完成重组的国家重点实验室）共 35❷个。其中：电网领域 13 个，占 37.14%；可再生能源发电领域 8 个，占 22.86%；综合领域 6 个，占 17.14%；火电领域 4 个，占 11.44%，技术领域分布如图 4-1 所示。

---

❶ 张渤，王雪，孙从理. 重组后的全国重点实验室科技经费配置政策研究 中国科学院院刊 2023，38（11）：1698-1709.

❷ 数据来源于 22 家单位：国家电网有限公司、中国南方电网有限责任公司、中国华能集团有限公司、国家能源投资集团有限责任公司、中国广核集团有限公司、清华大学、华北电力大学、西安交通大学、华中科技大学、浙江大学、重庆大学、湖南大学、武汉大学、西安理工大学、上海电缆研究所、中国科学院大连化学物理研究所、哈尔滨电气集团有限公司潍柴动力股份有限公司、天合光能股份有限公司、英利集团有限公司、天水电气传动研究所集团有限公司、株洲中车时代电气股份有限公司。

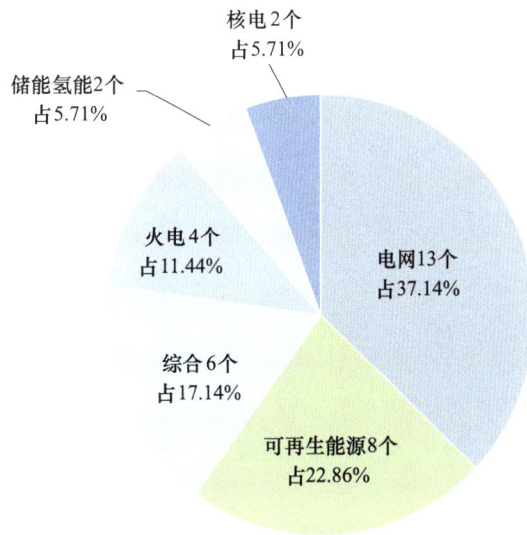

图 4-1　电力领域全国重点实验室技术领域分布

35 个全国重点实验室中，依托高校牵头建设的共 13 个，国家电网 6 个，国家能源集团 3 个，南方电网 1 个，中国华能 1 个，依托建设牵头单位数量统计如图 4-2 所示。

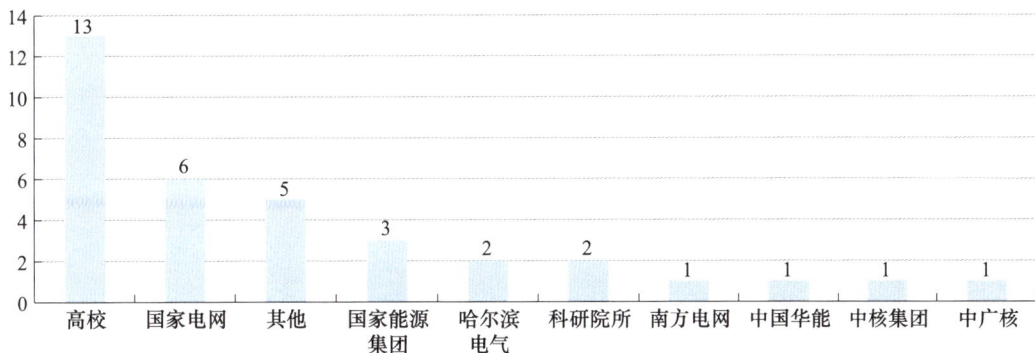

图 4-2　电力领域全国重点实验室依托牵头单位数量统计

电力领域全国重点实验室分布在 14 个省和直辖市，其中北京市 11 个；湖南省 4 个；江苏省、湖北省、陕西省各 3 个；广东省、重庆市各 2 个；上海市、浙江省、山东省、黑龙江省、辽宁省、河北省、甘肃省各 1 个，基本反映了研发能力的总体布局，地域分布如图 4-3 所示。

全国重点实验室在科学前沿探索和解决国家重大需求方面继续发挥非常重要的作用。根据自身特点开展了一系列卓有成效的平台建设、人才队伍建设、制度建设等方面的工作，承担了大量的科研任务，取得了丰硕的研究成果。企业全国重点实验室在衔接基础研究与成果转化和产业化、加快推广和应用先进技术、研究制定国际、国家和行业标准等方面止发挥着越来越重要的作用，为行业发展聚集和培养了一批优秀科技人员。企业全国重点实验室是国家技术创新体系的重要组成部分，与依托高等院校和科研院所等建设的全国重点实验室互为补充，各有侧重。

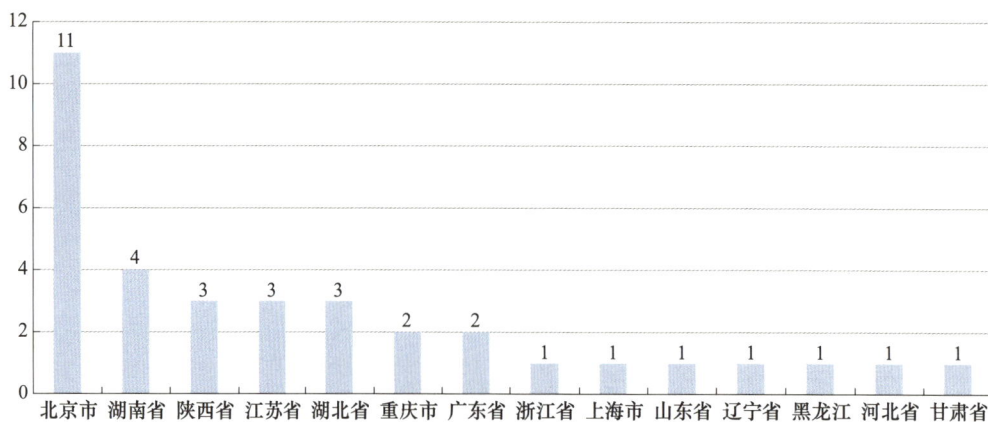

图4-3　电力领域全国重点实验室地域分布

典型的全国重点实验室如下：

清华大学-新型电力系统运行与控制全国重点实验室

是科技部批准建设的首批 20 个标杆全国重点实验室之一。研究方向包括新型电力系统安全控制与经济运行、电能转换与传输重大装备、电力能源基础材料与功率器件三个方向，致力于解决新型电力系统构建与运行中的重大科学与技术问题，突破新型电力系统安全运行基础理论，解决电力能源功率器件、重大装备等"卡脖子"关键技术，为国家"双碳"目标提供科技支撑。

近五年来实验室获得国家级奖励 15 项，其中科技进步特等奖 2 项，科技进步一等奖 3 项，技术发明二等奖 3 项，科技进步二等奖 7 项。

目前拥有中国工程院院士 2 人（韩英铎、倪维斗），IEEE Fellow 11 人，IET Fellow 29 人。入选国家人才项目 23 人次，其中国家杰出青年基金获得者 12 人，长江学者 7 人，万人计划 4 人。入选国家优秀青年人才项目 31 人次，其中国家优秀青年基金获得者 12 人，青年长江 8 人，国家"万人计划"青年拔尖人才 3 人，"青年千人计划"8 人。

华北电力大学-新能源电力系统全国重点实验

围绕能源转型发展与"双碳"目标国家重大需求，发展新型电力系统构建理论，攻克灵活发电及主动支撑、多源互补与源网协同控制技术，解决行业发展中面临的重大工程技术难题，为新型电力系统稳定运行与大规模新能源消纳提供基础研究、重大技术攻关和科技人才支撑。

与国家能源集团、内蒙古电力集团、中国华能集团、中国长江三峡集团、中国华电集团、南方电网公司等电力央企共建了一批联合研究基地，加快成果转化与落地。获得国家科学技术奖励 12 项，含特等奖 1 项、一等奖 1 项、二等奖 10 项，第一完成单位省部级一等奖 22 项。

实验室现有固定人员 208 名，其中研究人员 196 人，技术保障及管理人员 12 人。有中国工程院院士 3 人，英国皇家工程院院士 1 人，国际欧亚科学院院士 1 人，国家杰出青年科学基金获得者 6 人，长江学者奖励计划入选者 7 人，海外高层次人才支持计划入选者 3 人，万人计划领军人才 7 人，国家优秀青年科学基金获得者 7 人，长江学者奖励计划青年学者 3 人，万人计划青年拔尖人才 5 人。现有国家自然科学基金创新研究群体 1 个，科技部重点领域创新团队 1 个，高等学校学科创新引智基地 4 个。

国家电网有限公司–电网安全全国重点实验室

　　围绕国网特高压骨干网架规划方案和运行特性研究等技术需求，主要开展电力系统仿真分析与规划技术、大电网安全运行及控制技术、电网调度运行及其自动化技术和电力电子及输配电节能技术等研究工作。

　　实验室现有固定员工 237 人，其中拥有教授级高工 48 人，高级工程师 108 人，工程师 64 人，享受政府特殊津贴者 4 人。实验室拥有博士 79 人，占固定人员总数的 33%；硕士 145 人，占固定人员总数的 61%。中青年学术带头人及骨干占实验室总人数的 60% 以上，是一支年龄、专业结构合理，稳定，富于创新的一流技术骨干团队。

哈尔滨电机厂有限责任公司–水力发电设备全国重点实验室

　　通过项目牵引，多学科交叉渗透，围绕水力发电设备开展应用基础技术、关键和共性技术研究，成功申请国家科技支撑计划项目（课题）、973 项目（课题）、国家自然科学基金项目等 20 多项国家级纵向项目（课题），主持（参与）研制、起草的标准 30 余部，其中国际 IEC 标准 2 部，国家标准 16 部；获发明专利和实用新型专利授权一百余项；获省部级及以上科技奖项 50 余项，其中国家科技进步特等奖 1 项，国家科技进步二等奖 3 项。

　　实验室设立了由国内知名专家 17 人组成的学术委员会，其中中国工程院院士 3 名，有国家"万人计划"科技创新领军人才 1 人，IEC/TC4 国际电工委员会水轮机技术委员会和 IEC/TC114 国际电工委员会海洋能–波浪能、潮流能和其他水流能转换设备技术委员会中国首席代表 1 人，国际大电网旋转电机委员会 (CIGRE/A1) 委员 1 人，国家创新团队 1 个。

三、国家工程中心

（一）国家工程研究中心

　　国家工程研究中心的定位为面向国家重大战略任务和重点工程建设需求，开展关键核心技术攻关和试验研究、重大装备研制、重大科技成果的工程化实验验证，突破关键技术和核心装备制约。

　　截至 2023 年年底，主要电力企业、科研院所及高校共有 25 个国家工程研究中心，14 个已完成优化整合或新申报获批。其中：火电领域 10 个，占 40%；电网领域 9 个，占比 36%；可再生能源领域 4 个，占 16%；综合领域 2 个，占 8%，数量分布如图 4–4 所示。

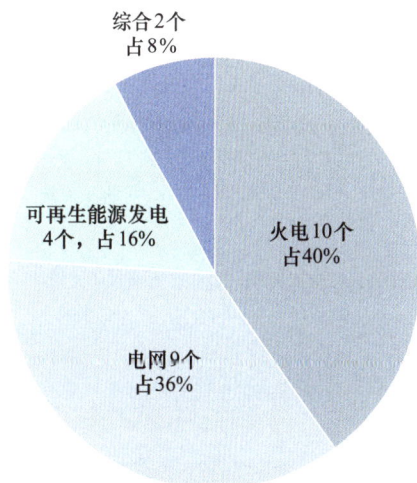

综合2个
占8%

可再生能源发电
4个，占16%

火电10个
占40%

电网9个
占36%

图 4–4　电力领域国家工程研究中心技术领域分布

25 个国家工程研究中心中，依托高校牵头建设的共 9 个，国家电网 5 个，国家能源集团、国家电投各 2 个，依托建设牵头单位数量统计如图 4-5 所示。

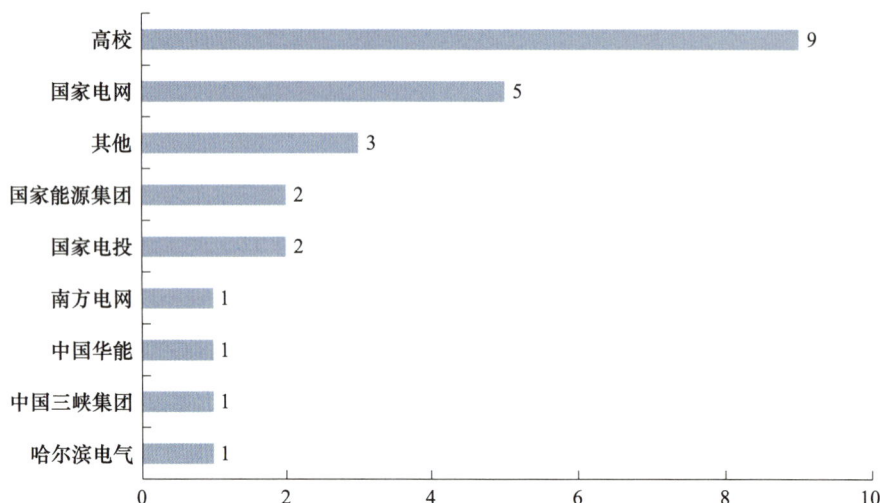

图 4-5 电力领域国家工程研究中心牵头建设单位数量统计

（二）国家工程技术研究中心

国家工程技术研究中心秉承加强科技与经济结合、促进科技成果转化的宗旨，围绕国家经济社会发展的重大科技问题和战略需求，不断创新完善管理机制，大力培养集聚工程技术优秀创新人才，大力建设一流科研实验条件，着力提升关键共性技术研发能力和科技成果转移转化能力，着力提升行业服务能力和开放共享能力，推动传统产业优化升级，促进新兴产业蓬勃发展。

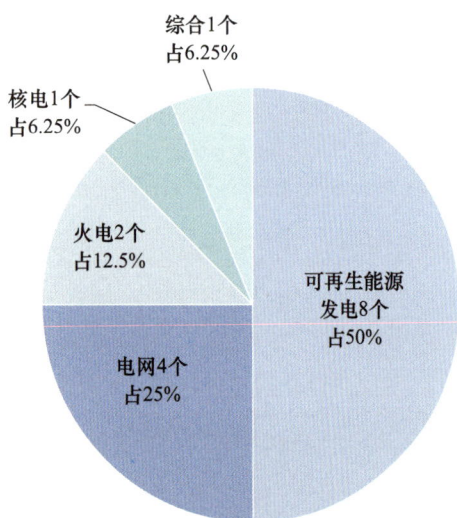

图 4-6 电力领域国家工程技术研究中心技术领域分布

截至 2023 年年底，主要电力企业、科研院所及高校建成 16 个国家工程技术研究中心，可再生能源发电领域 8 个，占 50%；电网领域 4 个，占 25%，具体技术领域分布如图 4-6 所示。

第一依托单位性质为中央企业的有 6 个，民营企业共 5 个，高校 2 个，科研院所 1 个，地方国有企业 1 个，数量统计如图 4-7 所示。

电力领域国家工程中心隶属于 3 个主管部门，地方科技厅（委、局）12 个，占 75%；国资委、教育部各 2 个，均占 12.5%。主管部门统计如图 4-8 所示。

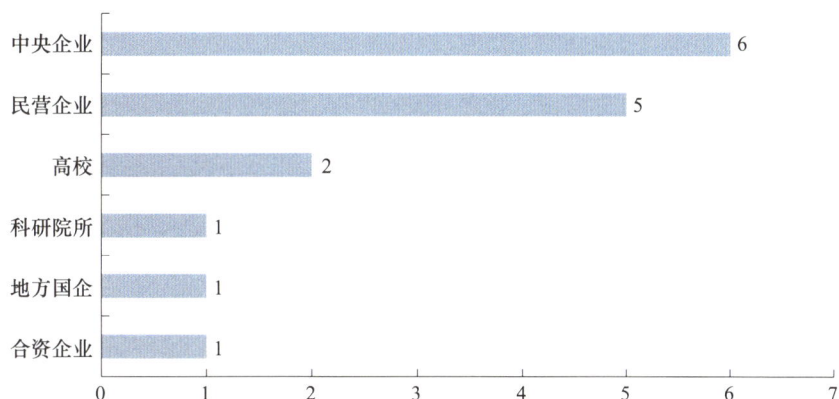

图 4-7　电力领域国家工程技术研究中心第一依托单位性质统计

四、国家创新平台

（一）国家能源研发创新平台

国家能源研发创新平台主要聚焦国家能源安全、能源可持续发展以及能源重大工程建设对技术创新的需求，通过建立健全产学研用协同创新机制，推动关键核心技术攻关、装备研制和试验示范，形成重大技术装备体系，加快科技成果转移转化，开展国际交流合作，带动行业技术进步。

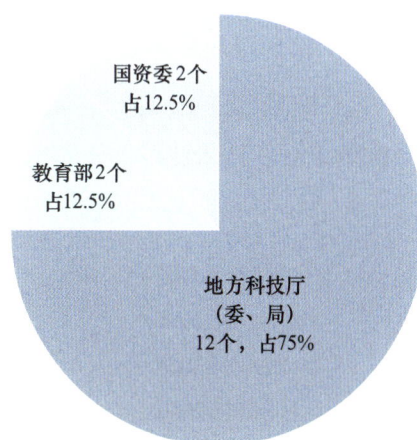

图 4-8　电力领域国家工程技术研究中心主管部门统计

2023 年 3 月，国家能源局综合司公示关于"十四五"第一批国家能源研发创新平台名单，设立 6 个国家能源研发创新平台，电力行业 3 个，电力领域"十四五"第一批国家能源研发创新平台名单见表 4-1。

表 4-1　　　电力领域"十四五"第一批国家能源研发创新平台名单

序号	创新平台名称	牵头单位
1	国家能源非能动核能共性技术研发中心	上海核工程研究设计院有限公司
2	国家能源中小功率燃气轮机产业链关键技术和装备研发中心	东方电气集团东方汽轮机有限公司
3	国家能源雷电灾害监测预警与安全防护重点实验室	国网电力科学研究院武汉南瑞有限责任公司

截至 2023 年年底，主要电力企业、科研院所及高校共建成国家能源研发创新平台 56 个，可再生能源发电领域 15 个，占 26.79%；电网、核电领域各 12 个，均占 21.43%；火电领域 9 个，占 16.07%，具体技术领域分布如图 4-9 所示。

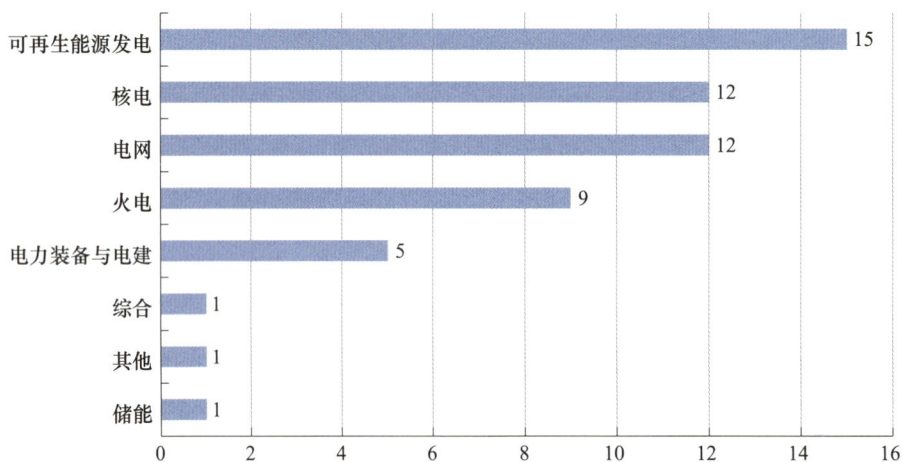

图 4-9　电力领域国家能源研发创新平台技术领域分布

56 个平台中，牵头单位属于科研院所的有 8 个，国家电网 7 个，中广核 5 个、高校 5 个、国家能源集团 4 个，具体数量统计如图 4-10 所示。

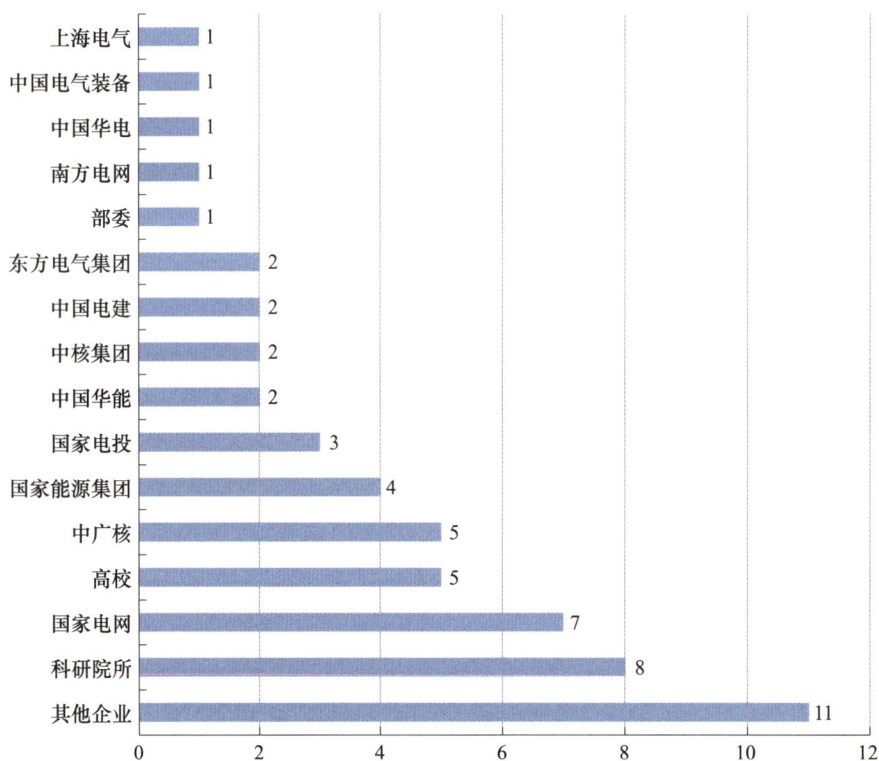

图 4-10　电力领域国家能源研发创新平台牵头单位统计

电力领域国家能源研发创新平台分布在 13 个省和直辖市，其中北京市 24 个；陕西省、四川省各 5 个；广东省、湖北省、上海市各 4 个；江苏省 3 个，具体地域分布如图 4-11 所示。

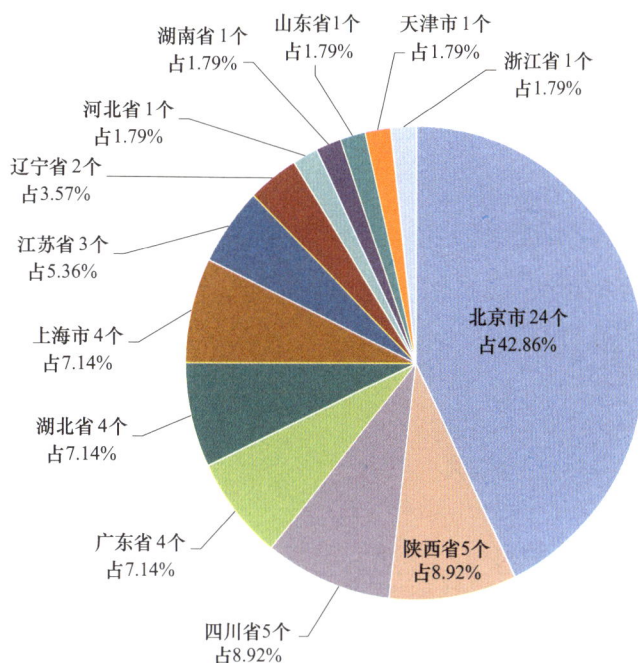

图 4-11　电力领域国家能源研发创新平台牵头单位地域分布

（二）其他国家级科技创新平台

1. 国家企业技术中心

国家鼓励和支持企业建立国家企业技术中心，发挥企业在技术创新中的主体作用，建立健全企业主导产业技术研发创新的体制机制。国家根据创新驱动发展要求和经济结构调整需要，对创新能力强、创新机制好、引领示范作用大、符合条件的企业技术中心予以认定，并给予政策支持，鼓励引导行业骨干企业带动产业技术进步和创新能力提高。

2023 年，国家发展改革委公示（第 30 批）国家企业技术中心拟认定名单，电力领域 4 个，见表 4-2。

表 4-2　　　　　　　　　　2023 年电力领域国家企业技术中心拟认定名单

序号	企业技术中心名称	依托单位
1	上能电气股份有限公司技术中心	上能电气股份有限公司
2	青岛汇金通电力设备股份有限公司技术中心	青岛汇金通电力设备股份有限公司
3	中国电建集团中南勘测设计研究院有限公司技术中心	中国电建集团中南勘测设计研究院有限公司
4	威胜能源技术股份有限公司技术中心	威胜能源技术股份有限公司

截至 2023 年年底，主要电力企业、科研院所认定国家企业技术中心 89 个[1]，分布在 25

---

[1] 数据来源于国家发展改革委《关于印发第 29 批新认定及全部国家企业技术中心名单的通知》及《2023 年（第 30 批）国家企业技术中心拟认定名单公示》。

个省和直辖市，其中江苏省 17 个；山东省 8 个；浙江省、四川省各 7 个；北京市、湖北省 5 个；上海市、广东省、新疆维吾尔自治区各 4 个，具体地域分布如图 4-12 所示。

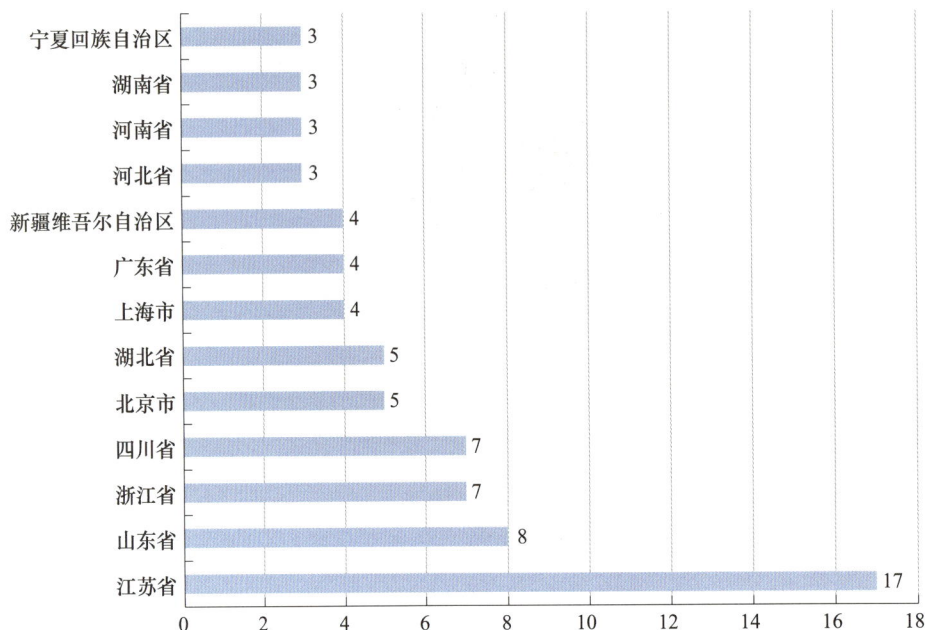

图 4-12　电力领域认定国家企业技术中心依托单位地域分布（数量≥3 的）

89 个国家企业技术中心中，各大电力集团认定 35 个，占 39.33%。中国电建认定最多，共 6 个；国家电网次之，共 4 个，具体数量统计如图 4-13 所示。

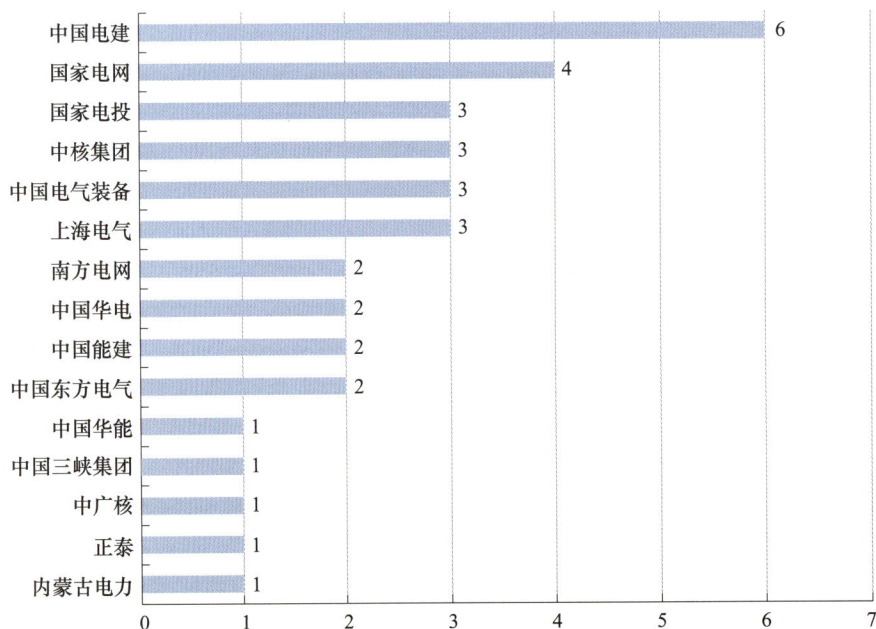

图 4-13　各大电力集团认定国家企业技术中心数量统计

2. 国家野外科学观测研究站

国家野外科学观测研究站是重要的国家科技创新基地之一，是国家创新体系的重要组成部分，面向社会经济和科技战略，依据我国自然条件的地理分布规律布局，通过长期野外定位观测获取科学数据，开展野外科学试验研究，加强科技资源共享，为科技创新提供基础支撑和条件保障。

电力领域建有 2 个❶国家野外科学观测研究站，均为 2021 年批准建设，近年无新增变化，见表 4-3。

表 4-3　　　　　　　　　　电力领域国家野外科学观测研究站名单

序号	国家野外站名称	依托单位	主管部门
1	西藏羊八井高海拔电气安全与电磁环境国家野外科学观测研究站	中国电力科学研究院有限公司、国网西藏电力有限公司	西藏自治区科学技术厅
2	湖南雪峰山能源装备安全国家野外科学观测研究站	重庆大学	重庆市科学技术局

3. 国家环境保护重点实验室

国家环境保护重点实验室作为国家生态环境科技创新体系的重要组成部分，是国家组织生态环境科学研究、聚集和培养优秀科技人才、开展学术交流和促进科技成果转化应用的重要基地，是提升精准、科学、依法治污水平的重要科技平台。电力领域建有 3 个国家环境保护重点实验室，见表 4-4。

表 4-4　　　　　　　　　　电力领域国家环境保护重点实验室名单

序号	国家环境保护重点实验室名称	依托单位	批准建设时间
1	国家环境保护大气物理模拟与污染控制重点实验室	国电环境保护研究院	2016 年
2	国家环境保护核与辐射安全审评模拟分析与验证重点实验室	生态环境部核与辐射安全中心	2019 年
3	国家环境保护水污染溯源与管控重点实验室	中国地质大学（武汉）和中国长江三峡集团有限公司	2021 年

第二节　省级与集团企业级创新平台

一、省级创新平台

各省按照国家级科技创新平台建设管理办法，纷纷出台相关政策文件，加快省级科技创

---

❶ 数据来源：《科技部关于发布国家野外科学观测研究站优化调整名单的通知》（国科发基〔2019〕218 号）和《科技部关于批准建设甘肃甘南草原生态系统等 69 个国家野外科学观测研究站的通知》（国科发基〔2021〕295 号）。

新平台建设，基本形成了以省重点实验室、工程中心/工程实验室为主，野外科学观测站为辅的多层次省级科技创新平台体系。

2023 年主要电力企业、科研院所及高校新增省级创新平台 12 个，见表 4－5。

表 4－5　　　　　　　　　　　　新增省级创新平台名单

序号	创新平台名称	牵头单位
1	区域新型电力系统及农村能源体系构建湖北省重点实验室	国网湖北省电力有限公司
2	甘肃省电力人工智能行业技术中心	国网甘肃省电力公司电力科学研究院
3	兰州陇能电力科技有限公司企业技术中心	国网甘肃省电力公司电力科学研究院
4	云南省新型电力系统技术创新中心	云南电网有限责任公司
5	云南省水风光一体化工程技术创新中心	华能澜沧江水电股份有限公司
6	高坝大库运行安全湖北省重点实验室	中国长江三峡集团有限公司
7	云南省数字水工程技术创新中心	中国电建集团昆明勘测设计研究院有限公司
8	大青山实验室	内蒙古电力（集团）有限责任公司
9	河北省柔性直流输电装备与技术实证重点实验室	河北工业大学
10	河北省新能源场群智慧控制重点实验室	东方绿色能源（河北）有限公司
11	黑龙江省大型高性能水泵装备重点实验室	哈尔滨电机厂有限责任公司
12	广东省海上风电智能运维工程技术研究中心	广东粤电湛江风力发电有限公司

典型创新平台案例如下：

1 **区域新型电力系统及农村能源体系构建湖北省重点实验室**是国网湖北电力的首个省级重点实验室，也是国内率先聚焦农村能源体系构建的省部级实验室。在区域新型电力系统领域进行了大量研究和试点，研发了县域规模的源网荷储实时协同控制系统，构建了县域 100% 新能源的仿真电力系统等。

2 **云南省新型电力系统技术创新中心**是国内首批次省级新型电力系统技术创新中心，聚焦新型电力系统和数字电网建设、智慧能源的发展，以"1个中心 +5 个技术方向 +N 个合作企业 / 高校"的模式从新型电力系统的规划建设、安全运行控制、智能运维、数字化支撑及关键技术产业化等技术方向全面推进技术创新中心建设。

3 **高坝大库运行安全湖北省重点实验室**是国内首家聚焦水电工程运行安全的省级重点实验室，旨在为长江流域高坝水库群长期安全高效运行和综合效益发挥提供科技支撑和安全保障。

截至 2023 年年底，主要电力企业、科研院所及高校建设省级实验室、省级工程研究中心/工程实验室 132 个。其中，电网领域 46 个，占 34.85%；火电领域 33 个，占 25%；可再生能源领域 24 个，占 18.18%；节能环保领域、装备与电建技术领域各 12 个，均占 9.09%；核电领域 5 个，占 3.79%。具体领域分布如图 4-14 所示。

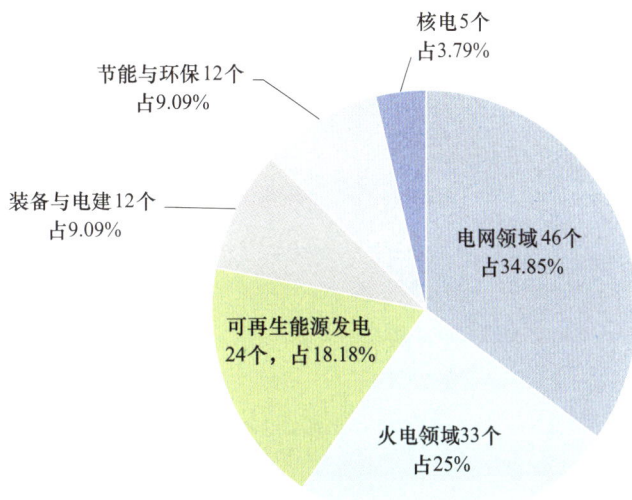

图 4-14 电力行业省级创新平台技术领域分布

二、集团企业级科技创新平台

（一）电网领域

2022—2023 年，国家电网开展实验室体系优化工作，组织完成两批公司实验室评审工作，共命名 66 个公司实验室，涉及配电网与分布式能源、设备运行与维护、工程设计施工与环保、人工智能、储能技术及应用、能源区块链应用等 20 个技术方向。

35 个实验室分布在中国电力科学研究院、国网智研院、南瑞集团等直属单位和产业公司。中国电力科学研究院最多，17 个；国网智研院次之，5 个；南瑞集团 4 个；国网经研院、国网能源院各 3 个。另外 31 个实验室分布在 17 个省（市）公司。国网江苏电力公司、国网浙江电力公司最多，均 4 个；国网冀北电力公司次之，3 个，国网四川电力公司、国网上海电力公司、国网山东电力公司、国网湖南电力公司、国网河南电力公司、国网安徽电力公司各 2 个。

南方电网目前有 18 个集团公司级实验室，其中 11 个实验室分布在管制业务单位：广东（广西、云南、贵州、海南）电网公司、南网超高压公司、深圳供电局；4 个实验室分布共享平台单位：在南网科研院、南网数字集团、南网能源院；2 个实验室分布在直属机构：南网总调；1 个实验室分布在新兴业务单位：南网储能公司。

电网企业的 84 个实验室，输变电领域 34 个，占 40.48%；基础共性 19 个，占 22.62%；电网运行 12 个，占 14.29%，具体技术领域分布如图 4-15 所示。

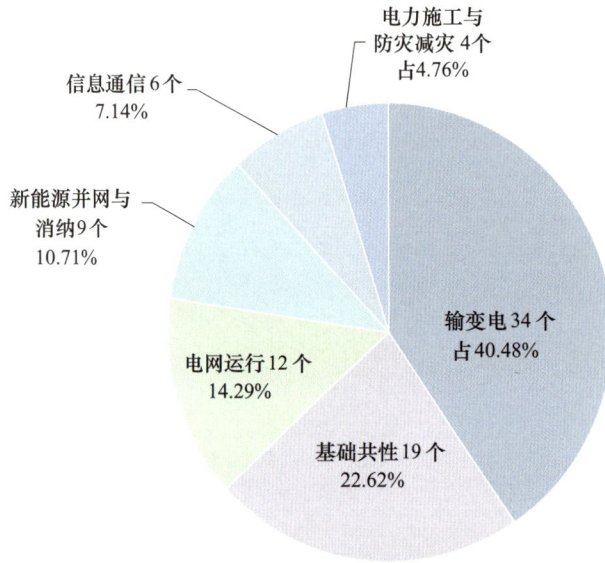

图 4-15　电网企业集团级科技创新平台技术领域分布

（二）发电及电建领域

截至 2023 年年底，发电及电建领域集团级科技创新平台共有 47 个。其中，可再生能源领域 9 个，装备与电力建设 8 个，火电领域、环保领域各 7 个，具体分布如图 4-16 所示。

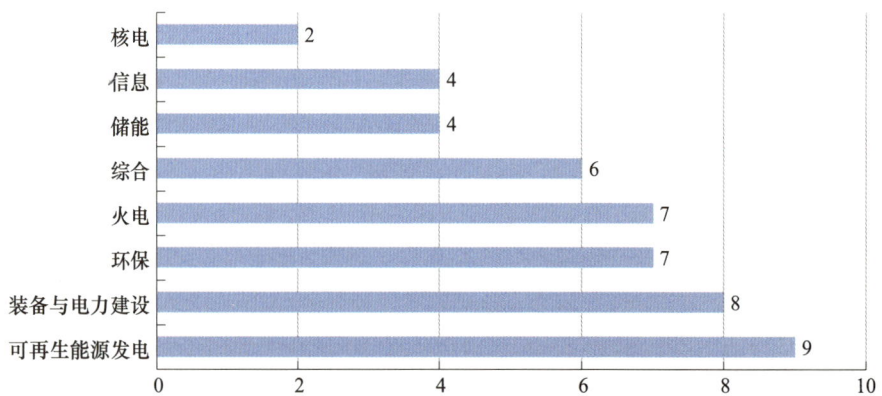

图 4-16　发电与电建领域集团级科技创新平台技术领域分布

第三节　共建科技创新平台

《中华人民共和国科学技术进步法》中强调，国家鼓励企业同其他企业或者科学技术研究开发机构、高等学校开展合作研究，联合建立科学技术研究开发机构和平台，设立科技企业孵化机构和创新创业平台，或者以委托等方式开展科学技术研究开发。

一、共建实验室

共建实验室主要有联合实验室、联合工程研究中心。联合实验室、联合工程研究中心是紧密联系研究所与企业合作的平台、合作技术开发的载体，为技术成功向企业转移转化起到了很好的支撑和保障作用。

截至 2023 年年底，主要电力企业、科研院所及高校共有 79 个共建实验室。南方电网 18 个、中广核 12 个、中国三峡集团 11 个、国家电网 10 个，具体集团分布如图 4–17 所示。

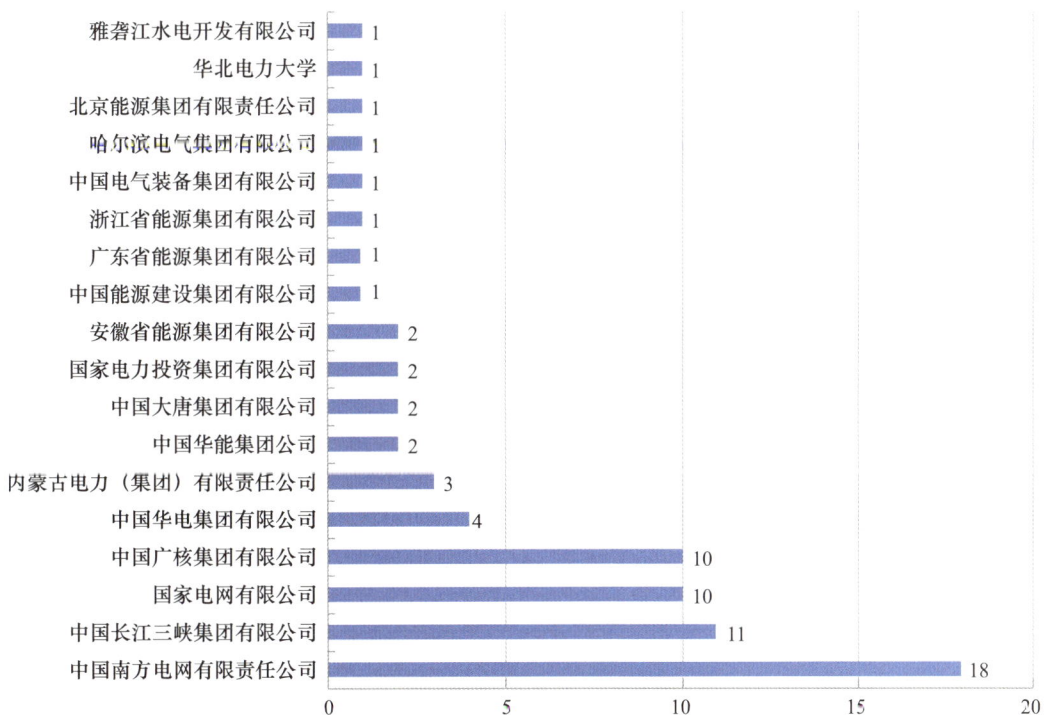

图 4–17　共建实验室集团分布

2023 年电力领域典型共建实验室案例如下：

1   **低碳清洁能源国际合作联合实验室**是华北电力大学获批的首个教育部国际联合实验室，从低碳清洁高效燃煤发电技术、新能源安全高效发电技术、适应新型电力系统的储能与氢能技术、新能源电力系统构建理论与技术、能源电力减污降碳技术等方向开展深入研究。

2   **新型能源芯片技术联合创新实验室**由大唐可再生院联合飞腾公司共同建设，致力于打造国内外先进的新型能源工控与智能系统研发平台，形成新能源设备控制系统全栈自主可控解决方案，破解能源芯片和关键工业软件"卡脖子"和设备安全问题，同时打通从新能源设备端到云端多电源协同链路，助力加快建设新型能源体系，提高能源资源安全保障能力。

3   **新型电力系统联合创新实验室**由上海现代服务业联合会、碳中和行动联盟、上海市电站自动化技术重点实验室、上海市建筑科学研究院有限公司、施耐德电气（中国）有限公司等 11 家机构和企业共同发起创建，旨在通过建设光伏电站，打造以微电网为核心技术的新型电力系统支撑光储充设备，约 67% 的建筑年电量实现绿电替代，大幅度降低建筑运行碳排放。

二、联合研究院

联合研究院是我国产学研结合诞生的一种新体制，是电力企业和高校响应国家高等教育机构参与推动国家节能环保战略性新兴产业的发展、加快科技成果转化与产业化、深入开展校企合作、建立协同创新机制、开展知识创新与人才培养机制创新、更好地服务于产业发展与中国经济社会发展需求的一个重要举措。

截至 2023 年年底，主要电力企业、科研院所及高校联合研究院有 30 个，名单见表 4-6。

表 4-6   电力领域联合研究院名单

序号	名称
1	国家电网—清华大学新一代电力系统联合研究院
2	国家电网—西安交通大学先进电力能源科学技术研究院
3	国家电网—华北电力大学能源互联网学院
4	国家电网—华中科技大学未来电网研究院
5	国家电网—浙江大学智慧电力能源研究院
6	国网四川省电力公司—电子科大泛在电力物联网联合研究院
7	国网辽宁省电力—大连理工大学新型电力系统联合研究院
8	南方电网—清华大学数字电网联合研究院
9	南方电网—上海交通大学数字化电力装备与新型配网联合研究院
10	南方电网—香港理工大学绿色安全电网联合研究院

序号	名称
11	南方电网—澳门大学碳中和智慧能源电力联合实验室
12	南方电网—湖南大学电网安全防御及电力电子联合研究院
13	南方电网—华南理工大学电网智慧运行联合研究院
14	南方电网—重庆大学绿色低碳电网联合研究院
15	南方电网—天津大学智能配用电与储能联合研究院
16	南方电网—浙江大学数智电力联合研究院
17	南方电网—武汉大学电力碳中和联合研究院
18	南方电网—西安交通大学先进电工材料与高端装备联合研究院
19	南方电网—华北电力大学智慧能源联合研究院
20	南方电网—华中科技大学新型电力系统安全联合研究院
21	中国华能—清华大学基础能源联合研究院
22	中国华能—西安交通大学能源安全技术研究院
23	中国大唐—清华大学绿色与智慧能源技术联合研究院
24	中国华电—华北电力大学高效清洁智能发电联合研究院
25	湖北碳中和技术创新研究院（中国三峡集团、华中科技大学联合）
26	清华大学—中国长江三峡集团有限公司能源电力新技术联合研究院
27	中广核—哈工大先进核能与新能源研究院
28	西安交通大学—山东电工电气集团高端电力装备联合研究院
29	重庆大学—东方电气集团东方电机有限公司清洁能源电力装备联合研究院
30	中国移动—宁德时代信息能源联合研究院

南方电网共建 13 家联合研究院；国家电网共建 7 个；中国华能、中国三峡集团均共建 2 个，具体数量统计如图 4-18 所示。

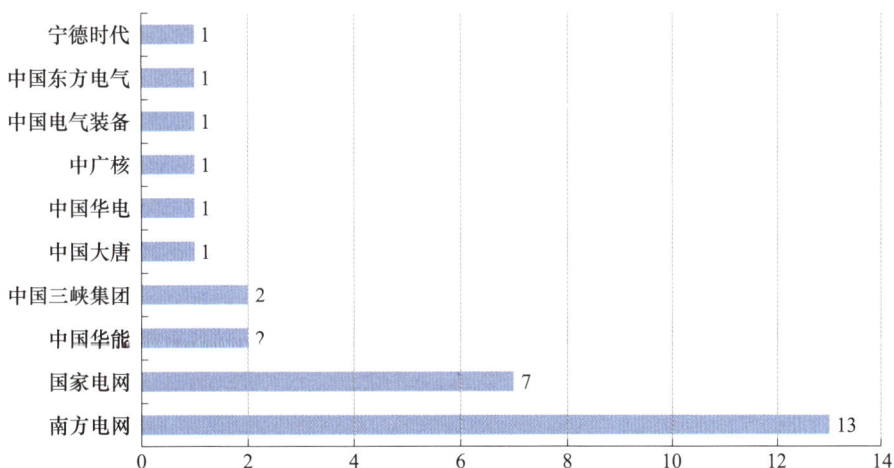

图 4-18　电力行业联合研究院集团分布

三、创新联盟及创新联合体

《中华人民共和国科学技术进步法》（2021 年修订）指出，要国家鼓励企业、科学技术研究开发机构、高等学校和其他组织建立优势互补、分工明确、成果共享、风险共担的合作机制，按照市场机制联合组建研究开发平台、技术创新联盟、创新联合体等，协同推进研究开发与科技成果转化，提高科技成果转移转化成效。

1 **创新联合体**作为我国新提出的联合攻关组织，是充分发挥企业作为技术创新的主体地位和主导作用，政府作为创新组织者的引导推动作用，以关键核心技术攻关重大任务为牵引的一种任务型、体系化的创新组织。

2 **产业技术创新联盟**是市场经济条件下产学研结合的新型技术创新组织，有利于提高产学研结合的组织化程度，在战略层面建立持续稳定、有法律保障的合作关系；有利于整合产业技术创新资源，引导创新要素向优势企业集聚；有利于保障科研与生产紧密衔接，实现创新成果的快速产业化；有利于促进技术集成创新，推动产业结构优化升级，提升产业核心竞争力。

2023 年电力领域新增产业联盟及创新联合体 6 个，见表 4-7。

表 4-7　　　　　　　2023 年电力领域新增创新联盟及创新联合体名单

序号	创新平台名称	牵头单位
1	先进输电"材料—器件—装备—系统"基础研究创新联合体	国家电网有限公司、清华大学、北京科技大学、中车时代电动汽车有限公司等单位参与
2	电力行业人工智能联盟	中国南方电网有限责任公司、中国华能集团有限公司、中国广核集团有限公司、清华大学等 13 家单位联合
3	广州碳达峰碳中和产业联盟	广东电网有限责任公司广州供电局、广州地铁集团有限公司等 6 家单位联合发起组建
4	海洋新能源创新联盟	国家电投山东能源发展公司、山东能源集团电力集团有限公司等 9 家单位
5	可控核聚变创新联合体	中国核工业集团有限公司等 25 家央企、科研院所、高校
6	先进光伏技术创新联合体	阿特斯阳光电力集团股份有限公司、苏州市先进光伏技术创新联合体主办，苏州市光伏产业协会、苏州市新能源产业联合会等单位参与

截至 2023 年 12 月，电力领域主要电力企业、科研院所及高校牵头或参与的产业联盟及创新联合体共 66 个。2023 年典型联盟、创新联合体如下：

1 先进输电"材料－器件－装备－系统"基础研究创新联合体聚焦高端电工材料、功率半导体器件、先进电力电子装备、电力系统分析等技术领域优势科技力量，充分发挥各方在智力资源、技术储备、应用场景、工程实践、产业化等方面的领军作用，推动学术交流，激发创新活力。

2 电力行业人工智能联盟通过技术创新、资源共享和交流合作等方式，联盟成员可获得电力行业人工智能数据、算力、算法模型、产业报告等资源，快速掌握电力人工智能发展前沿动态，试点应用创新成果，提高企业人工智能技术创新与应用水平，带动产业发展。

3 广州碳达峰碳中和产业联盟聚焦智能电网产业、新能源和可再生能源产业、碳交易及金融产业和绿色装备制造产业等重点领域，开展绿色低碳战略研究、建立双碳领域行业标准和评价体系、开展绿色低碳技术创新及推广应用等重点工作，助力实现"双碳"目标。

第五章

科技与产业融合发展

科技创新是发展新质生产力的核心要素，产业是发展新质生产力的主要载体。科技创新和产业创新深度融合有助于提高企业创新能力、完善创新体系、激发创新活力，助力原创性、颠覆性技术研发，加快解决"卡脖子"问题，提高科创资源供给与市场需求匹配效率，以新技术的场景化应用打通科研成果与产业化之间的"堵点"，实现创新链产业链资金链人才链深度融合，加速科技创新成果向新质生产力转化。

第一节　新兴技术产业化

2023 年，我国以新能源、新材料等战略性新兴产业为主的高技术产业投资同比增长 10.3%[1]，快于全部投资 7.3 个百分点[2]，电力行业也在推动科技创新和产业创新深度融合上取得了显著成效。

一是输变电技术产业化。输变电装备产业链作为能源领域的重要支柱，近年来随着我国电力需求的快速增长而蓬勃发展，国产化阀侧套管、直流控制保护系统实现批量化应用。国家电网成功自主研制特高压换流变有载分接开关、复合外绝缘避雷器等工程样机。攻克了特高压换流变有载分接开关自主原创拓扑、高可靠机械机构设计、动力学仿真及优化等多项技术难题，机械寿命试验达 150 万次，电气切换达 36 万次，即将在陇东—山东±800 千伏特高压直流工程示范应用，将进一步推动特高压电工装备全产业链国产化，提高电网安全运行水平。完成了世界首台高海拔、高抗震 1000 千伏交流电站用复合外套避雷器样机研制，并在川渝工程甘孜 1000 千伏变电站应用。世界首套±1100 千伏自主可控特高压直流控制保护设备完成挂网试运行，世界首条 35 千伏公里级超导输电示范工程完成满负荷试验。

二是储能技术产业化。空气储能方面，国际首套百兆瓦级全人工地下储气库压缩空气储能项目——大唐中宁 100 兆瓦先进压缩空气储能示范工程开展技术攻关与应用，形成适用于

---

[1],[2] 数据来源：国家统计局《2023 年国民经济回升向好高质量发展扎实推进》。

我国大部分地质条件下的压缩空气储能人工地下储气成套技术体系。超级电容方面，广东省首个"锂电+超级电容器"火储联合调频项目并网投产进入商业试运行。该项目依托金湾发电公司 3、4 号机组开展，采用 16 兆瓦/8 兆瓦·时磷酸铁锂电池和国内容量最大的 4 兆瓦×10min 超级电容器组合新型储能技术，成功攻克了兆瓦级超级电容器系统集成、"锂电池+超级电容器+机组"协同控制技术、基于补偿度实时优化的混合储能智慧调控技术等关键技术难题，推动燃煤机组调频综合性能指标大幅提升。中国华能自主研发出世界首座百兆瓦级分散控制构网型独立储能电站，将纳入山东电网统一调度管理，主要参与全省电力辅助、电网调峰、储能容量租赁等服务，年可消纳新能源电量约 1 亿千瓦·时，压减煤炭消费约 3.1 万吨。

三是绿电交通技术产业化。 近年来，国家出台《氢能产业发展中长期规划（2021—2035年）》等系列政策，明确提出氢能是未来国家能源体系的重要组成部分，是用能终端实现绿色低碳转型的重要载体。由中国三峡集团所属长江电力牵头研发建造了国内首艘入级中国船级社的氢燃料电池动力示范船"三峡氢舟 1"号，项目着眼于氢燃料电池动力技术在节能、环保、安全、高效船舶领域的市场需求和发展趋势，包含了燃料电池系统研发、动力系统控制与能量管理技术、船用氢燃料加注技术、存储技术、供氢技术、氢能船安保系统、智能机舱技术等，开发总输出功率 500 千瓦级的船用氢燃料动力电池，可实现船舶根据负载变化实时调整氢燃料电池、锂电池能量供给策略和协同配合，解决了国内入级氢燃料动力船由"0"到"1"的一系列技术难题。

四是清洁能源发电技术产业化。 在大比例掺氨燃烧发电方面，安徽能源集团牵头研制了氨燃烧器、氨蒸发器、等离子体氨裂解器"三大核心装备"，成功实现了国内首次的大型燃煤发电机组大比例掺氨 10%～35%燃烧发电，取得多项世界领先成果，填补多项技术空白。在海上风电方面，全球首台 16 兆瓦超大容量海上风机顺利投产，最高单日发电量 38.41 万千瓦·时。在固体燃料电池方面，广东能源集团研发的 210 千瓦示范固体氧化物燃料电池发电系统是国内首个完全自主研发单机功率超过 35 千瓦的 SOFC 系统，是国内首个实现百千瓦级 SOFC 系统稳定运行的示范项目。系统交流发电净效率高达 64.1%，热电联供效率高达 91.2%，且无氮氧化物等气体排放，主要技术指标达到国际先进水平。

五是碳捕集技术产业化。 二氧化碳捕集利用与封存（CCUS）技术是实现煤电绿色低碳转型发展的必然选择。国家能源集团提出了大型碳捕集系统与发电系统能量高效利用方法，发明了小齿顶角规整填料，减小压损 30%并提高传质效率 15%，经第三方测试，碳捕集率 90.86%，捕集热耗 2.35 吉焦/吨二氧化碳，捕集电耗 51.5 千瓦·时/吨二氧化碳，胺损失 0.21 千克/吨二氧化碳。开发了碳捕集关键设备强化和先进低能耗节能工艺优化技术，攻克了 CO_2 驱油提高采收率和地质封存一体化技术，建成国内首套 15 万吨/年煤电燃烧后 CCUS 示范工程，取得系列重大突破。中国华能首次在国际上实现两项碳捕集技术在 12 万吨/年工业装置上的验证，达到国际领先水平。全国首套 2000 吨/年燃气烟气 CO_2 捕集装置投运。

第二节　产学研协同创新发展机制

产学研协同创新机制是产业界、学术界和研究界之间建立合作关系，通过共同开展科研项目、合作研发、人才培养等方式，共同推动创新和技术进步的一种机制。它是一种跨界合作的模式，通过合作共赢的方式，实现利益最大化。

一是依托"一地一链"，构建集团纵向协同创新模式。习近平总书记指出，"中央企业等国有企业要勇挑重担、敢打头阵，勇当原创技术的'策源地'、现代产业链的'链长'"。做好原创技术策源地和现代产业链工作，有助于引领带动电力行业基础高级化、技术自主化、产业现代化。

国家电网持续加强原创技术生态环境培育，推行"揭榜挂帅"、项目总师、容错纠错三项科技攻关机制，推行"赛马制""预算成本制"，建立学术聘任、津补贴、创新科研支持三项人才激励制度，产研协同的内生动力得到有效激发。举办新型电力系统现代产业链共链活动，公开发布新型电力系统现代产业链开放合作倡议，主动面向上中下游中小企业开放创新、市场、人才资源，在技术攻关、生产验证、标准制定等方面加强合作，形成大中小企业紧密协作、融通发展的产业生态。

中广核分层分级在核电、新能源等领域部署链长建设工作，制定华龙一号、光热领域链长建设方案，着力提升固链、补链、强链、塑链能力。同时成功获批工信部质子医疗系统、核电耐辐照机器人重点产业链链主企业。

南方电网按照"两化协同促进两型建设"的指导思想，加快锻造新型电力系统领域原创技术策源能力，积极落实国资委第二批原创技术策源地建设布局工作部署，围绕"工业绿色低碳""新型网络应用""新型储能"等领域方向积极开展策划申报，全力推动公司打造原创技术策源地工作再上新台阶。

广东能源集团围绕国家能源电力供应链、产业链发展战略，持续完善"1+5+N"研发创新体系，加强对科技研究院研发资源的支持，推进集团科技研究院重点实验室建设，构建企业为主体、产学研用协同共生的科技创新体系，加快推动能源清洁化进程和能源供应自主安全的创新。依托能源产业链创新链，组成联合体共建国家能源领域高水平实验室或技术中心。

二是聚焦集团主业，推动集团内部科研与产业横向协同发展。科技成果转化作为科技创新的"最后一公里"，一直是技术创新链条中最薄弱的一环，也是最关键的一环，是激发科技创新主体活力的重要手段。加强以成果转化为目的的产研融合协同创新，可进一步畅通科技成果产业化渠道，实现科研、产业与市场的良性互动，全面提升产品竞争力，扩大市场规模，实现合作共赢。

国家电网所属中国电力科学研究院与南瑞集团先后两次签署成果转化合作备忘录，共同推进科研产业深度融合，统筹做好成果"现货"转化和"期货"培育工作，围绕高端输变电、配用电、智能运检及电力调度 4 个关键产业链部署创新链，构建贯通式成果转化新模式。

中国三峡集团建立"产业单位出题、科研单位答题"的差异化考核机制、试行"三个完全自主"科研项目管理模式，集团总部按营业收入的 1.5% 设立专项预算并进一步支持子公司科技创新活动。

国家能源集团推动建立科技成果交流推广机制，谋划设立集团公司科创基金，以市场化方式推动成果产业化，鼓励实施"首创""第一"的产业化项目和应用首台套装备。

三是围绕重大战略，打造跨集团、跨领域协同创新发展机制。紧紧围绕国家重大战略、重大工程、重大项目、重点产业需求，动员和依托社会各方面力量，通过多主体高效协同、多要素有机联动、多领域紧密互动、多机制深度耦合，有效带动电力行业创新体系效能的整体提升。

新型电力系统技术创新联盟扩围升级，联盟成员单位扩充至 62 家，创立《新型电力系统》学术期刊，联盟影响力持续增强，举办沙戈荒新能源外送等专题论坛及学术活动，联合申报 30 项国家重点研发计划项目，有效促进关键技术协同攻关。

中广核联合上海交通大学和北京科技大学申报的核电安全技术与装备全国重点实验室顺利完成重组，转入实体化运作新阶段。铅铋快堆、智能核电平台纳入国家能源局研发中心赛马名录。中核集团联合有关中央企业、高等院校、科研院所及民营企业正式组建可控核聚变创新联合体，旨在广泛团结国内最具实力和行业优势的单位，依托各自发展基础和优势特色，联合实施可控核聚变未来产业任务。

中国能建与西安交通大学国家储能技术产教融合创新平台合作成立储能技术研究院，与北京工业大学联合成立储热联合研究中心，与中国科学院武汉岩土所联合成立湖北省深地储能技术创新中心，与清华大学联合成立新能源关键直流装备联合研究中心，共同推进储能、高端电力装备等的技术研发。

国投电力与中国电力科学研究院推进战略合作协议签订和共同成立联合创新中心工作，与华为公司、南瑞集团分别成立联合创新中心。中国电建联合东方电气、陕鼓集团等开展压缩空气储能重大主机装备研发，力争实现压缩空气储能核心设备 100% 国产化。

深圳能源与保定市政府合作进一步深化能源领域合作，扎实推动 6 个总投资 250 亿元项目相关工作，加强在环保、氢能、新型储能等新产业领域深度合作，打造"中国电谷"升级版；与肇庆市人民政府签订战略合作框架协议，双方拟在燃气发电、风力发电、光伏发电、抽水蓄能、智慧能源管理及城乡环卫一体化、打造"无废城市"等方面展开全面合作。

四是响应"一带一路"倡议，探索中外科技创新合作模式。"一带一路"倡议提出十年来，在各方共同参与和推动下，科技合作机制不断深化，科研人员往来愈发紧密，科技合作成果日益丰硕，共同构建起全方位、多层次、广领域的科技合作格局，结出实打实、沉甸甸的合作"果实"。

国家电网积极参与第三届"一带一路"国际合作高峰论坛、中德经济技术合作论坛、联合国气候变化大会、夏季达沃斯论坛等重大国际活动，在全球能源治理、应对气候变化中的话语权和影响力不断增强。

中国能建开展多项中外可再生能源领域技术标准与产业发展对比分析，组织召开中国与IRENA 合作研讨会、国际能源变革论坛、中国东盟清洁能源周、中欧海上新能源发展合作论坛等国际会议，密切了国内能源部门和企业与英国、法国、德国、荷兰、挪威等多个国家能源主管部门，以及国际可再生能源署、联合国开发计划署等国际组织的联系。

三峡国际欧洲创新中心与葡萄牙新能源技术中心、葡萄牙科英布拉大学、西班牙可再生能源中心、揽海能源等多家欧洲研发机构、高校开展广泛交流，探索合作平台建设，签订合作谅解备忘录，并推进相关科研合作项目落地。

第三节　产学研用融合创新典型案例

2023 年电力行业持续推进产学研用融合创新，推动建立以企业为主体、以市场为导向、产学研用深度融合的技术创新体系，通过各类主体融通创新，改革科技成果转化机制，促进产业基础能力和产业链现代化能力水平提升，加快培育和发展新质生产力，涌现出一批新的产学研用融合创新的典型案例。

一、面向世界科技前沿的科技创新成果，实施商业运营

案例 1：全球首台 16 兆瓦海上风电机组满负荷投运

中国三峡集团牵头，与新疆金风科技股份有限公司、洛阳 LYC 轴承有限公司等单位共同开展超大型海上风电机组研制及核心部件关键共性技术研究科技攻关。通过全要素耦合分析攻克机组多系统耦合稳定性难题，识别失稳风险并界定判别标准，研发粗糙度不敏感高升阻比翼型，运用弯扭耦合自适应降载控制方法，实现 123 米叶片高性能设计；突破第三代中速传动链核心技术，创新提出"免对中"传动链新架构，三级行星齿轮箱扭矩密度大幅提升 20%，结合衍生拓扑优化技术，实现底座减重 10%；采用安全极限气隙设计原则，减小气隙磁阻和

磁钢的用量，降低 10% 的电机重量；自主研发搭载高功率密度模块的变流器，运用点平衡控制算法和保护控制策略，额定功率效率达到 98%，平均无故障工作时间超过 30000 小时；建立覆盖关键材料—零部件、子系统、整机、场网四级实验体系开展测试验证；采用模块化设计，沿用技术平台优势，增强机组关键回路冗余设计，保障超大容量海上风电机组的可靠性和稳定性；通过有序推进国产化替代，突破了风电产业链存在整机仿真软件、PLC 主控系统、IGBT、主轴承、变压器、GIS 等"卡脖子"技术，成功入选了 2022 年度央企十大国之重器。

2022 年 11 月，全球首台 16 兆瓦海上风电机组在福建三峡海上风电国际产业园下线，2023 年 6 月 28 日完成全部吊装任务，7 月 19 日实现并网发电。9 月 1 日机组实现 24 小时满功率运行，单日发电量达 38.72 万千瓦·时，创全球风电单机单日发电量新纪录。

16 兆瓦超大容量海上风电机组是目前全球范围内已投产的单机容量最大、叶轮直径最大、单位兆瓦质量最轻的海上风电机组，其关键核心部件全面国产化。在风机安装、运行过程中，经历了"卡努""杜苏芮"等多个台风考验，机组各项振动数据及运行指标平稳，标志着我国海上风电大容量机组研发、制造及运营能力达到国际领先水平。该机组的成功研制有助于全方位提升海上风电的经济性，推动产业技术升级。

案例 2：世界首台兆瓦级漂浮式波浪能发电装置"南鲲"号并网发电

依托国家重点研发计划"兆瓦级高效高可靠波浪能发电装置关键技术研究与南海岛礁示范验证"项目，南方电网所属广东电网公司牵头，协同中国科学院广州能源研究所、南方电网电力科技股份有限公司、国家海洋技术中心、哈尔滨工程大学等单位开展技术攻关，并由海南电网公司在南海岛礁海域完成示范应用。基于势流理论揭示波浪能装置的吸波浮体高效俘能机制，建立了吸波浮体优化外形数值求解模型，首次获取适应不同波周期、水深、铰接点位置的吸波浮体最优外形。揭示了大功率"波—液—电"多级能量"耦合—转换—传输"特性，提出了多能流协同的能量拓扑结构及高效转换技术，提高了随机波况适应能力与转换效率；提出了基于智能能量综合管理的多级多机分层协调控制方法，提高了电能输出稳定性及适应电网能力，实现远海环境下不稳定波浪能到稳定可控电能的高效转换。揭示了远海复杂岛礁地形锚泊系统冲击载荷发生机理，创建了基于弹性变形能原理的锚泊系统抗冲击设计方法，首创了集液压阻尼吸能、主动下潜/上浮智能避浪及锚泊线抗冲击限值保护等协同的一体化抗台风技术。提出一基多体波浪能装置模块化建造与集成技术，提升了装置稳性与多浮体阵列的波浪能协同俘获能力，突破了大型漂浮式海上发电平台止链器、导链轮等核心设备国产自主化设计制造技术瓶颈，建成世界首台总装机功率 1 兆瓦波浪能发电装置"南鲲"号，并实现南海岛礁实海况并网可控运行，实海况能量转换效率可达 28%，示范验证期间最大日发电量达 1 万千瓦·时，连续运行超 2000 小时，形成了"柴发—波—光—储"的海岛微电网运行新模式。运行期间，装置成功抵御了"泰利"台风，且经历 5.5 米巨浪考验，其下潜抗台功能得到全面验证。

与爱尔兰的 OE—Buoy、芬兰的 Wello Penguin 等漂浮式波浪能装置相比，已并网的"南鲲"号装机容量、发电功率、抗极端海况能力等指标均处于领先水平，可作为远海岛礁的大型"移动充电宝"，战略意义重大，入围"2023 年度央企十大国之重器"候选名单。

案例 3：我国首艘氢能源船舶"三峡氢舟 1"号实现首航

本项目采用产学研用相结合的模式，由中国三峡集团所属长江电力牵头，联合中国船舶第七一二研究所、长江三峡通航管理局、中国船级社、武汉长江船舶设计院、江龙船艇等单位共同研发建造国内首艘入级中国船级社的氢燃料电池动力示范船"三峡氢舟 1"号。研究团队以突破船用氢燃料动力电池技术为重点，着眼于氢燃料电池动力技术在节能、环保、安全、高效船舶领域的市场需求和发展趋势，包含了燃料电池系统研发、动力系统控制与能量管理技术、船用氢燃料加注技术、存储技术、供氢技术、氢能船安保系统、智能机舱技术等，开发一型燃料电池总输出功率 500 千瓦级的船用氢燃料动力电池，可实现船舶根据负载变化实时调整氢燃料电池、锂电池能量供给策略和协同配合，解决了国内入级氢燃料动力船由"0"到"1"的一系列技术难题。

2023 年 10 月 11 日，"三峡氢舟 1"号在湖北宜昌三峡游客中心（九码头）完成首航，如图 5-1 所示。该船是国内燃料电池功率最大的氢燃料电池动力示范船，首航成功标志着氢燃料电池技术在内河船舶应用实现零的突破，对推动"氢化长江"进程、加快内河航运绿色低碳发展具有示范意义。据测算，"三峡氢舟 1"号相比传统燃油动力船舶，预计每年可替代燃油 103.16 吨，减少二氧化碳排放 343.67 吨。

图 5-1 首航中的"三峡氢舟 1"号

案例 4：全球最大规模风电离网制氢一体化技术研究及示范项目转入商运

"可再生能源离网制氢关键技术"是国家《"十四五"能源领域科技创新规划》中重要的

示范试验课题。辽宁华电铁岭风电离网制氢一体化技术研究及示范项目由中国华电集团辽宁公司和中国华电科工集团有限公司共同出资建设，华电科工联合哈尔滨工业大学、华电辽宁公司开展产学研用协同攻关，项目研发"大容量风电离网制氢一体化"技术，建设国际首套大规模风电离网制氢示范平台，打造具有华电特色的风电离网制氢实验基地，助力氢能产业发展，推动公司转型。项目建设于铁岭县新台子镇精细化工产业集聚区内，项目建设现场如图 5−2 所示，建设 5 台单机容量 5 兆瓦的风电机组、1 套 5 兆瓦/5 兆瓦·时储能设备和 3 套单机容量 1000 标准米³/时碱性电解装置，年发电量约 72924 兆瓦·时，制氢有效利用小时数 4193 小时，年产绿氢 1123 吨。2023 年 5 月 16 日，风电离网制氢一体化技术示范工程开工，开辟了国内离网风电储能制氢的先河，填补了国内外离网绿电制氢的空白，2023 年 11 月 30 日制出"第一罐"新能源离网绿氢，通过项目实施总结提炼先进性技术 12 项。2024 年 4 月 12 日，该示范项目取得辽宁省市场监督管理局颁发的充装许可证，正式投入商业运行。该项目填补了可再生能源离网制氢关键技术的研发空白，示范项目的投运为产业化推广奠定基础。

图 5−2　辽宁华电铁岭离网储能制氢一体化项目建设现场

二、面向国家重大需求的科技创新成果，投入商业化运营

案例 5："华电睿蓝"重型燃气轮机国产化控制系统

本项目由国电南京自动化股份有限公司牵头，联合中国电子、华电电科院、哈电发电设备研究中心、东方电气、上海交通大学、东南大学、浙江龙游电厂、江苏戚墅堰电厂、广东清远电厂等单位，组成产学研用联合攻关和协同创新团队，针对重型燃气轮机建模、监测、控制、保护、燃烧调整等技术问题，突破了重型燃气轮机建模仿真、控制系统平台、保护控制算法、燃烧调整等关键技术，填补了国内空白。重型燃气轮机是国防与能源领域

的核心设备，控制系统是其"大脑和神经中枢"。长期以来，控制系统核心技术被国外厂商垄断，已成为制约我国燃机产业自主化发展的瓶颈和我国能源领域重大安全隐患。项目通过产学研用深度融合，完整构建了自主可控的重型燃气轮机全程运行控制和保护平台，突破了传统分散控制系统实时性、控制精度和可靠性的技术瓶颈，解决了强耦合动态系统的特性分析、控制策略设计和控制参数整定难题。研制了国内首套重型燃气轮机控制平台，首创了基于燃烧频谱全频段分析和多目标优化技术的燃烧状态诊断和燃烧调整方法，实现了燃烧稳定性、燃烧效率及污染物排放的均衡控制。项目成果先后在多台型进口机组和国产 G50 机组上实现首台示范应用，在 E 级机组上已累计稳定运行超过 1.5 万小时。项目成果显著提升我国燃机重大装备的国产化水平，有效保障国家能源安全，入选"能源领域首台（套）重大技术装备"清单和"中央企业数字化转型十大成果"。"华电睿蓝"自主可控重型燃气轮机控制系统（TCS）已入选《中央企业科技创新成果产品手册（2023 年版）》高端装备领域产品目录。

案例 6：基于厂网协同的水光融合优化调控关键技术及示范应用

本项目由贵州黔源电力股份有限公司、华电电力科学研究院有限公司、贵州电网有限责任公司电力调度控制中心、南京河海南自水电自动化有限公司、大连理工大学等共同研发，解决了厂网协同下的水电、光伏融合调度及控制相关技术难题。黔源公司北盘江流域建成 4 座水电站、3 座光伏电站，其中光伏电站利用相邻水电站的输电线路"打捆送出"，形成了北盘江流域水光融合可再生能源基地。项目采用产学研用深度融合方式，构建了不同时间尺度下的水光融合实用化协同调度规则，引入水文、电力复杂约束，评估水电新能源融合调度风险，实现了调度运行效益最大化，采用参数模拟优化方法提取调度规则，最大限度发挥了电站侧和电网侧的互补优势；构建了基于水电调峰主体作用的三段式日前水光融合调度模式，建立了多因素多电源场景下流域梯级水光融合调度技术，结合电网负荷平衡和弃水风险的梯级水电出力实时动态调整方法，解决了光伏发电不确定性对电能质量的影响；提出了面向厂网协同的实时在线调度信息交互技术，打通了调度—集控—电站关键系统间的信息共享通道；提出了考虑安全防误、分级报警、健康评价多因素的水光融合实时控制技术，制定误控防范、数据安全的安全策略，建立水光融合数据的分级分类模型，对不同工况、不同时段的数据进行综合评判，实现了远程防误操作、故障信息分级报警和机组状态实时评估。本项目依托北盘江流域水光融合可再生能源基地，于 2015 年 1 月正式启动，2021 年 6 月实现全面应用，黔源公司年均优化调度增发率达 5.85%，较应用研究成果前提高了 1.65%，累计多增发电量39835 万千瓦·时，每年可节约标准煤约 11.98 万吨、减少二氧化碳排放 29.47 万吨；并在电力调度机构、流域集控中心及发电企业推广应用，具有自主知识产权，经鉴定成果达到国际领先水平。

案例 7：熔盐储热耦合煤电机组调频调峰安全供汽技术

该技术由西安热工研究院有限公司自主研发，填补了国内储热系统耦合煤电机组调频的技术空白，拓展了煤电灵活性改造技术路线，突破了"双碳"背景下煤电工业热电解耦瓶颈。项目研发了适用多场景的熔盐储热耦合煤电机组调频调峰及安全供汽系统；开发了基于熔盐介质的可控负载辅助调频装置；研发了频繁随机波动下熔盐充放热系统集成调控技术；完成了全球首台熔盐储热耦合煤电机组调频/调峰工程示范，整体技术达到国际领先水平。

首个示范项目"江苏国信靖江电厂熔盐储热项目"于 2022 年 12 月份正式投运，机组的 AGC 综合性能指标提高至原来的 300%，机组升降负荷速率提高至 3.91%额定功率/分，AGC 调节精度达到 0.11%额定功率；一次调频满足电网要求；机组调峰深度可降低至 25%额定功率。示范项目每天的调频次数达到了 1500 次，累计超过 40 万次，根据 2023 年 8 月份江苏省能监办公布的数据，该示范机组调频性能在江苏煤电排名第二。项目已安全稳定运行一年，各项指标优越，经济收益丰厚，得到了煤电行业的广泛认可。

案例 8："油气电氢服"一体化综合能源港

本项目由皖能集团联合能链、永联科技和奥动等行业领军企业，抓住能源变革的历史机遇，打造下一代能源基础设施，为新能源车出行创造便捷补能体验。"油气电氢服"一体化综合能源港如图 5-3 所示，该综合能源港具备诸多创新亮点和优势：一是更加综合全能。单日最大可满足 2000 辆燃油车、80 台次氢能公交、576 台次充电车辆、300 台次换电车辆的供能需求。二是清洁低碳。与传统加油站相比，每年可减排二氧化碳约 16647 吨，折合标煤约 6658 吨，相当于减少 7230 辆油车一年的二氧化碳排放量。三是技术创新。实现站内微能网与电网的双向互动，对"源网荷储"一体化具有重要的示范意义，为下一步实现"车、站、网"协同互动，探索"互联网＋充换电基础设施"建设，推广 V2G、S2G 等新兴技术应用，助力新型电力系统建设开辟新路径，提供新选项。皖能综合能源港项目的投产运营，具有多重战略意义。首先，"双碳"目标是我国国策，皖能综合能源港是国策的积极践行者。其次，"智车强省"是安徽省最重要的产业战略部署，综合能源港将成为安徽新型交通能源基础设施，也是皖能打造充换电基础设施全省"一张网"的重要举措；再次，"油电转型"是客户需求和大势所趋，皖能集团通过打造综合能源港，主动担当全省能源综合改革创新"探路者"，同时夯实国内一流综合能源服务商地位。

图 5-3 "油气电氢服"一体化综合能源港

案例 9：35 千伏公里级超导输电示范工程实现满负荷运行

国网上海市电力公司组建超导产业战略联盟，联合了上海电缆研究所、上海交通大学、上海大学、上海电缆厂等产学研用单位，组成了绝缘高温超导电缆系统开发团队。发明了超导涂层快速成相技术和生产装备，使得超导层的成膜速度成百倍提升，降低生产成本的同时有效提升产能，解决了超导带材批量化制备的瓶颈问题。总结超导带材在液氮中的冷却机制和升流速率的变化规律，开发出一套全新的测试技术和测试装置，使得超导材料临界电流测试速度提升了 40 倍。世界首条 35 千伏公里级超导输电示范工程位于上海市徐汇区，如图 5-4 所示，总长度 1.2 公里，连接两座变电站，核心的材料、技术和装备具有完全自主知识产权。保持负荷高位运行期间，最高电流达 2160.12 安培，刷新了我国商用超导输电工程最大实际运行电流的纪录。期间，示范工程的电压、频率、冷却系统功率等重要参数均保持在正常范围内，各系统运转良好，整体可靠性得到全面验证。

图 5-4 35 千伏公里级超导输电示范工程

三、面向未来能源重要方向，携手打造产业创新联合体

案例 10：可控核聚变创新联合体

可控核聚变被列为国资委未来能源重点发展方向。在国资委的指导下，2023 年 12 月 29 日，中核集团联合有关中央企业、高等院校、科研院所及民营企业正式组建可控核聚变创新联合体，旨在广泛团结国内最具实力和行业优势的单位，依托各自发展基础和优势特色，联合实施可控核聚变未来产业任务，对于创新协同推进聚变能源产业迈出实质性步伐，具有重要的里程碑意义。

创新联合体将遵循平等合作、优势互补、资源互用、分工协作、做专做强、风险共担、利益共享、产学研用长效合作机制共同发展，发挥优势，合理分工，大企业做强，小企业做专，通力协作，避免恶性竞争，自主投入，收益共享。联合体将广泛团结国内最具实力且愿意致力于推动发展聚变先导工程实验堆的科研单位和装备企业，互补优势，形成合力，成为我国聚变堆技术的创新载体。

联合体以"需求牵引研制、研制推动应用"为导向，以提升自主创新能力为主线，以发展聚变先导工程实验堆相关技术、装备、材料等方面协同攻关，优先解决制约未来聚变堆发展的技术难题，加快形成产学研用深度融合的自主创新生态，支撑国家重大战略需求、推动科学技术进步、服务社会发展。

第六章

科技人才队伍建设

电力行业始终将人才队伍建设放在重要位置，全面发力、多点突破，从完善人才培养体系到优化科研体制机制，从畅通人才流动渠道到激励人才全面发展，强化创新驱动，为高端人才"搭台子"，为技能人才"铺路子"，为青年人才"架梯子"，为电力行业发展提供了坚强的人才保障和良好环境。

第一节 整 体 情 况

一、学历水平

2023 年 22 家❶主要电力企业从事科研工作人员 211903 人，具有博士学历的科研人员数量为 8203 人，占比为 3.87%；具有硕士学历的科研人员数量为 67615 人，占比约为 31.91%；具有本科学历的科研人员数量为121788 人，占比约为 57.47%，学历分布如图 6-1 所示。

电力行业持续加大科技创新人才引进力度，硕博学历人才占比持续提高，科技人才队伍素质不断提升。博士学历人才占比由 2019 年的 1.87%提升至 2023 年的 3.87%，硕士学历人才占比由 2019 年的 19.24%提升至 2023 年的 31.91%。2019—2023 年，主要电力企业科技活动人员学历分布如图 6-2 所示。

---

❶ 数据来源于 22 家单位：国家电网有限公司、中国南方电网有限责任公司、中国华能集团有限公司、中国大唐集团有限公司、中国华电集团有限公司、国家能源投资集团有限责任公司、国家电力投资集团有限公司、中国长江三峡集团有限公司、中国核工业集团有限公司、中国广核集团有限公司、中国电力建设集团有限公司、中国能源建设集团有限公司、广东省能源集团有限公司、浙江省能源集团有限公司、内蒙古电力（集团）有限责任公司、国投电力控股股份有限公司、华润电力控股有限公司、北京能源集团有限责任公司、新力能源开发有限公司、安徽省能源集团有限公司、河北省建设投资集团有限责任公司、深圳能源集团股份有限公司。

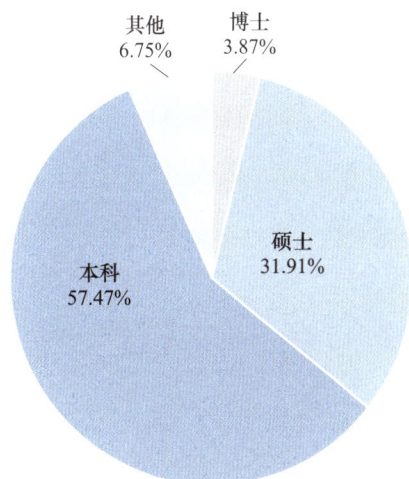

图6-1 2023年主要电力企业科技活动人员学历分布

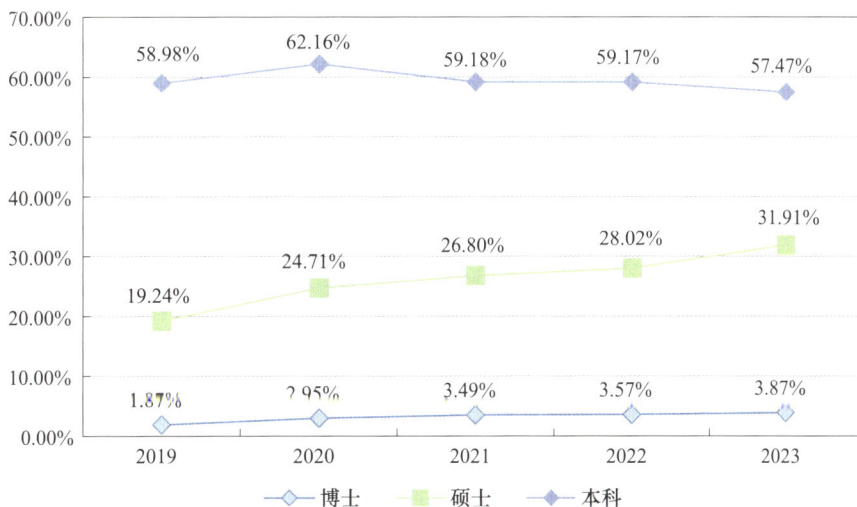

图6-2 2019—2023年，主要电力企业科技活动人员学历分布

二、职称等级

电力行业积极引进和培育专业技术人才，以建设高水平科技人才队伍为发力点，持续优化科技人才队伍结构布局。2023年主要电力企业具有高级职称的科研人员数量为44905人，占比为21.19%；具有中级职称的科研人员数量为52830人，占比约为24.93%，职称分布如图6-3所示。

三、专业分工

电力行业坚持吸纳知识型、技能型、创新型人才，按照专业分工对人才队伍结构进行合理优化。2023年主要电力企业拥有研究人员共计71927人，占比约为33.94%；技术人员共计64400人，占比约为30.39%；辅助人员共计16699人，占比约为7.89%，专业分工分布如图6-4所示。

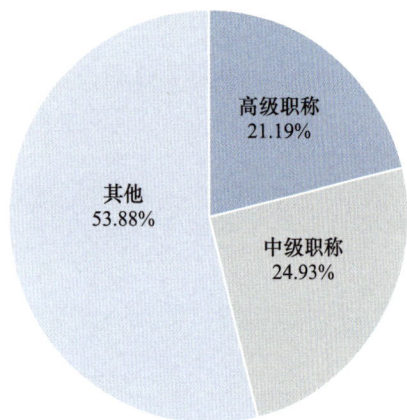

图6-3 2023年主要电力企业科技活动人员职称分布

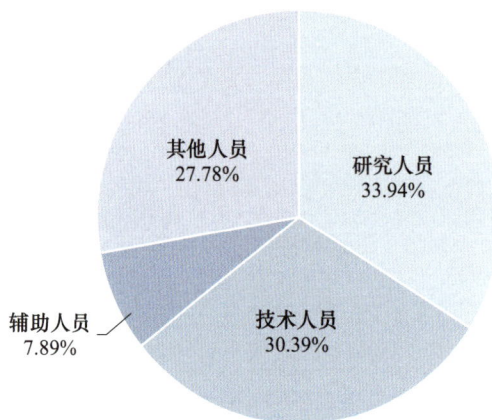

图6-4 2023年主要电力企业科技活动人员专业分工分布

四、特殊科技人才

党的二十大报告对加快建设国家战略人才力量作出了重要部署，强调要"加快建设国家战略人才力量，努力培养造就更多大师、战略科学家、一流科技领军人才和创新团队、卓越工程师、青年科技人才、大国工匠、高技能人才。"

（一）战略科学家

战略科学家是科技人才中的"帅才"，是担纲"国之重器"、突破"卡脖子"技术难题的领军人物，是国家战略人才力量中的"关键少数"，在科技创新活动中起着谋战略、指方向的重要作用。

电力领域院士深耕电力科学研究的理论和实践，聚焦国家战略需求，勇攀科学技术高峰，集智攻坚，瞄准关键"卡脖子"技术难题，带领团队作出重大突破，为推动电力高质量发展做出卓越贡献。

2023年，中国科学院增选院士59人，中国工程院增选院士74人。其中，能源电力行业新增5位院士，见表6-1。

表6-1 电力行业2023年新增院士

序号	姓名	年龄	工作单位	研究方向	评选单位
1	叶国安	59	中国原子能科学研究院、中核集团	核燃料后处理	中国科学院
2	胡石林	58	中国原子能科学研究院、中核集团	核材料与核燃料	中国工程院
3	吕俊复	57	清华大学	热能工程	中国工程院
4	杨勇平	57	华北电力大学	清洁高效燃煤发电	中国工程院
5	周创兵	62	南昌大学	水利水电	中国工程院

截至 2023 年 12 月，覆盖电力领域的两院院士 66 人。其中，中国科学院院士 14 人，占 21.21%，中国工程院院士 52 人，占 78.79%。电网领域院士 25 人，占 37.88%，核电领域院士 12 人，占 18.18%，水电领域院士 10 人，占 15.15%，火电领域院士 6 人，占 9.09%。院士单位及技术领域分布如图 6-5 所示。

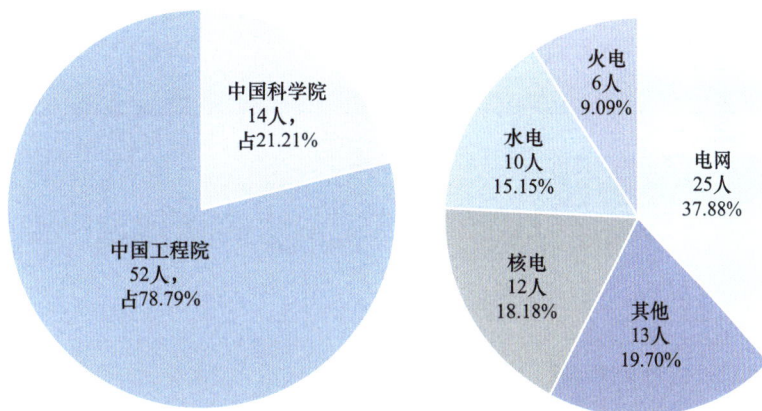

图 6-5 2023 年电力行业院士单位及技术领域分布情况

66 位院士中，当选院士时，年龄小于等于 50 岁的院士共 3 人，占 4.54%；年龄在 56~65 岁的院士共 42 人，占 63.64%，具体年龄分布如图 6-6 所示。

（二）领军科技人才

科技领军人才是国家战略人才力量的中坚骨干，在重大科技任务中发挥着挑大梁、带队伍的重要作用。

主要电力企业持续发挥高端人才的领军作用，创新专家人才体系，优化领军人才发现机制和项目团队遴选机制，对领军人才实行人才梯队配套、科研条件配套、管理机制配套的特殊政策，稳定支持一批潜心钻研、协同攻关的高水平科技人才梯队。

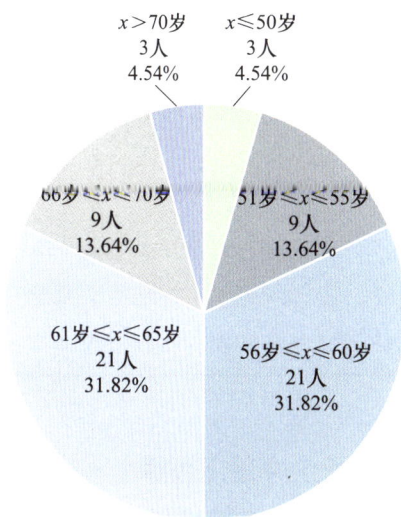

图 6-6 当选院士时年龄分布情况

国家电网

创新建立中国电科院院士和公司首席专家评选制度，评出的院士和专家带领广大科研人员潜心钻研，勇闯技术创新"无人区"。以高端人才引领工程、电力工匠塑造工程、青年人才托举工程"三大工程"为抓手，加快科技人才梯队建设，打造创新人才高地，构建了"三类五级"人才序列，建立学术聘任制度和津补贴制度，形成多元发展的职业成长体系，培养了一支实力雄厚的科技人才队伍，拥有两院院士等国家级人才 388 人、省部级人才 3000 人，评选出中国电科院院士等各级专家 1.1 万余人。

南方电网

完善四位一体的人才强企建设布局，落实党和国家人才政策，着力打造人才治理体系、人才运营体系、人才发展体系和人才生态体系。设置公司首席科学家岗位，设立南方电网公司科学家工作室，在对工作室负责人及核心成员授权、赋能、减负等方面大力探索创新。构建"三类三级"人才发展梯队，全面发现、培养、选拔从事科技创新、管理创新、服务和商业模式创新的优秀人才。实行经营管理人才、专业技术人才、技能人才三条通道互通管理，建立健全人才成长发展"立交桥"。

中国华能

加强科技人才队伍建设，2023 年开展集团公司第一届高水平科技创新人才选拔，加快培养战略科技人才、关键领域领军人才、科技拔尖人才、青年科技英才和创新团队。

中国华电

积极培育"宝塔型"科技人才梯队，对接国资委科技人才培养工程，加强高层次科技人才选树力度，强化科技人才专项培训，选派高层次科技人才赴清华大学参加"科学思维与创新实践学习"研修班，帮助科技人才夯实科技素养、重塑科技思维、提升创新能力。

中国电建

实施从集团到行业到国家的分层分类梯队培养计划，科技人才结构不断优化，"领军人才 + 青年人才 + 创新团队"的梯队建设取得突破。2023 年获得国家级人才荣誉称号共 12 人。其中，公司首席科学家获全国创新争先奖；水电领域、地下工程领域首席技术专家 2 人荣获首届"国家卓越工程师"荣誉称号；地下工程领域、海上风电领域领军人才荣获"全国杰出工程师"荣誉称号 2 人、CJ 学者 1 人；获"全国技术能手"称号 5 人、"身边大国工匠"称号 1 人。

（三）卓越工程师

工程师是推动工程科技发展的创新主体，是国家战略人才力量的重要组成部分，为推进新型工业化、推进中国式现代化提供了基础性、战略性人才支撑。培养造就大批德才兼备的卓越工程师，是国家和民族长远发展大计。

2024 年 1 月，党中央、国务院决定，授予丁文红等 81 名个人"国家卓越工程师"称号。他们在重大工程建设、重大装备制造、"卡脖子"关键核心技术攻关、重大发明创造等工作中，取得一批先进工程技术成果，不断提升国家自主创新能力。81 人中，电力行业共 9 人，见表 6－2。

表 6-2   电力行业获"国家卓越工程师"人员

序号	姓名	工作单位	研究方向
1	王仁坤	中国电建集团成都勘测设计研究院有限公司	水电
2	王维庆	新疆大学	可再生能源发电与并网控制
3	吴　凯	宁德时代新能源科技股份有限公司	锂离子电池
4	汪小刚	中国水利水电科学研究院	水电
5	张春生	中国电建集团华东勘测设计研究院有限公司	水电
6	林毅峰	上海勘测设计研究院有限公司	海上风电场工程勘测设计
7	贺建华	东方电气风电股份有限公司	大型水轮发电机设计
8	覃大清	哈尔滨电气集团有限公司	水轮机水力开发研究
9	蔡　蔚	哈尔滨理工大学	新能源汽车电机系统

（四）大国工匠

习近平总书记高度评价大国工匠，强调"要培养更多高素质技术技能人才、能工巧匠、大国工匠"。2024 年 3 月，由中华全国总工会、中央广播电视总台主办的 2023 年"大国工匠年度人物"发布活动，揭晓 10 位"大国工匠年度人物"和 40 位年度人物提名人选。

电力行业获 2023"大国工匠年度人物"共 4 人，见表 6-3。

表 6-3   电力行业获 2023 年"大国工匠年度人物"名单

序号	姓名	工作单位	专业领域
1	董礼涛	哈电集团汽轮机厂公司	数控铣工特级技师
2	崔兴国	东方电气集团东方电机有限公司	水轮机装配特级技师
3	李　辉	南方电网云南昆明供电局变电修试所	继电保护工特级技师
4	张国云	特变电工股份有限公司新疆变压器厂	工艺技术员特级技师

电力行业获 2023 年度人物提名人选共 4 人，见表 6-4。

表 6-4   电力行业获 2023 年度人物提名人选

序号	姓名	工作单位	工作岗位
1	徐川子	国网杭州供电公司滨江供电分公司	服务拓展班班长
2	陶留海	国网河南省电力公司超高压公司	输电带电作业班副班长
3	胡洪炜	国网湖北省电力有限公司超高压公司	输电检修中心班长
4	李现臣	雅砻江流域水电开发有限公司新能源管理局	腊巴山风电项目部项目经理

（五）青年科技人才

近年来，电力科技人才规模不断扩大，青年科技人才已成为行业科技创新发展的生力军，是电力行业战略人才力量的重要组成部分。**国家电网**加强青年创新创效载体平台建设，实施青年科技人才托举工程，设立青年融合创新工作室，推动平台、智力和资源融合，组织青年开展联合攻关，破解关键核心难题。建立健全青年骨干人才培养机制，拓展青年人才培养新思路新模式，推动青年人才跨区域、多岗位交流锻炼，建立青年工匠培养机制，遴选培育一批在各专业领域执着专注、精益求精的青年技术骨干。**南方电网**实施青年科技人才托举工程，加大青年人才培养支持力度，力争到 2025 年公司领军级专家中 40 岁以下青年占比达到 30%，拔尖级专家中 40 岁以下青年占比达到 50%，打造卓越工程师队伍，推进紧缺专业人才发展工程。**中国华电**注重发挥青年科技人才科技创新主力军作用，力争在"十四五"末，培养出 100 名左右"科技创新青年领军人才"，并对重大科研项目管理提出要求，"重大项目团队核心成员中年龄在 40 岁以下的应不少于 30%"，其首届科技创新青年领军人才共评选出 30 位。**中国大唐** 2022 年评选首届青年科技拔尖人才，人才选拔步入"快车道"；强化校企合作，推进卓越工程师队伍建设，加强与科研院所、头部企业合作培育国家级专家人才，人才培养按下"启动键"；2023 年高校毕业生招聘，研究生、本科生占比较 2020 年分别提高了 13.9 和 36.5 个百分点，加快储备优秀毕业生；积极引进急需紧缺人才和前沿领域领军人才，人才聚集形成新局面。**中国电建**依托博士后工作站、院士工作站等青年科技人才培养基地，大力支持青年科技人才在核心技术攻关和工程建设任务中挑大梁、当主角。2023 年新获评中央企业优秀青年科技人才 1 人、优秀技术能手 1 人；李四光地质科学奖获奖 1 人，水电英才奖（青年人才奖）2 人、中施企协万人青年拔尖人才计划入选 11 人。

第二节 重点领域创新团队

一、国家卓越工程师团队

习近平总书记强调："面向未来，要进一步加大工程技术人才自主培养力度，不断提高工程师的社会地位，为他们成才建功创造条件，营造见贤思齐、埋头苦干、攻坚克难、创新争先的浓厚氛围，加快建设规模宏大的卓越工程师队伍。"

2024 年 1 月，党中央、国务院决定，授予 5G 标准与产业创新团队等 50 个团队"国家卓越工程师团队"称号，表彰他们勇于突破关键核心技术，锻造精品工程，推动发展新质生产力，加快实现高水平科技自立自强。50 个团队中，电力行业共 7 个，见表 6-5。

表6-5　　　　　　　　　　　电力行业获"国家卓越工程师团队"名单

序号	团队名称	工作单位
1	特高压直流与柔性输电高端装备攻关团队	南京南瑞继保电气有限公司
2	特高压柔性直流输电技术研发团队	中国南方电网有限责任公司
3	400万吨/年煤间接液化成套技术创新开发及产业化团队	国家能源集团宁夏煤业有限责任公司
4	中核集团"华龙一号"创新团队	中国核电工程有限公司
5	核燃料专用装备研发创新团队	核工业理化工程研究院
6	大型水轮发电机组安装与调试团队	中国水利水电第四工程局有限公司
7	先进核电系统堆芯支撑及堆内装置高端制造研究团队	上海第一机床厂有限公司

（一）特高压直流与柔性输电高端装备攻关团队

在中国工程院院士沈国荣带领下，团队兢兢业业二十余载，以十年磨一剑的韧劲和"一辈子办成一件事"的执着，坚守"科技报国、实业报国"的初心，坚持自主创新，在高端电力装备制造领域取得一大批世界级的科研创新成果。

勇闯特高压直流关键领域，为80%特高压直流工程提供核心装备

为我国 80% 以上的特高压直流输电工程提供了直流控保、换流阀、电子式高速测量等核心装备支撑，成为我国电网安全可靠运行的强有力保障。

2019 年，随着巴西美丽山二期工程顺利投运，团队的技术成果正式走出国门，成为"中国创造"在"一带一路"上的靓丽名片。

攻克柔性直流输电技术难题，站上世界电力技术最高峰

世界首个五端柔性直流舟山工程、世界首个柔性直流电网张北工程、世界首个特高压多端混合直流昆柳龙工程先后投运，团队成员一步一个脚印，用实际成果推动中国柔性直流技术真正站上了世界电力技术最高峰。

当张北送来的风电点亮北京冬奥会主场馆的那一刻，团队成员欢呼拥抱："我们以先进技术和领先装备有力支撑了国家电网公司用张北的风点亮了北京的灯，绿色冬奥也有我们的一份贡献！"

优化统一潮流控制器，破解交流电网潮流控制难题

2015 年，我国首个统一潮流控制器工程——南京西环网统一潮流控制器示范工程成功投运，标志着我国在该领域取得了重大突破。

2017 年，世界最高电压等级的统一潮流控制器工程——500 千伏苏南统一潮流控制器工程顺利投运，攻克了一个又一个技术难关。

解决"卡脖子"问题 推进直流输电核心设备国产化

2023 年，团队研制的 100% 自主可控直流控制保护系统在葛南工程现场"零陷"一次性带电成功，一举解决了直流输电"卡脖子"问题，保障了"电力高速路"运行安全。

（二）特高压柔性直流输电技术研发团队

这支团队由中国工程院院士、南方电网公司专家委员会名誉主任委员李立涅，中国工程院院士、南方电网公司首席科学家饶宏领衔。团队核心成员囊括了南方电网公司科创部、南网总调、南网超高压公司、南网科研院等单位的 15 名直流输电技术专家。

近 20 年来，南方电网公司特高压柔性直流输电技术研发团队深耕特高压柔性直流输电技术领域，创立了中国高压直流输电成套设计技术系统，实现我国直流输电工程自主设计建设；首创特高压±800 千伏直流输电技术，为世界直流输电跨入特高压等级、中国直流输电取得领先作出贡献；攻克特大型交直流电网安全运行技术，保障世界直流密度最高的多直流电网长期安全运行，支持西电东送战略实施；研发新一代柔性直流输电技术，推动直流输电技术发展到特高压多端柔性直流阶段，引领了世界直流输电发展方向。多年来，该团队共承担直流输电领域国家重大科研项目 6 项、重大工程 12 项，获国家科技进步特等奖、一等奖、二等奖各 1 项，获省部级奖励 30 余项，为我国直流输电技术从跟随到引领作出突出贡献。

（三）中核集团"华龙一号"创新团队

华龙一号研发设计创新团队是核电创新"国家队"。参研参建单位众多，中核集团内部产业链各环节的 20 多家成员单位分别承担了"华龙一号"的核心重点任务。国内 75 家高校、科研机构、设备制造厂共同参与华龙一号技术研发，中核集团与 14 家国际组织和科研机构展开合作，共同完成了 179 项关键技术研发和试验验证工作。5300 多家设备厂商共同承担了 7 万多台套设备的制造供货任务。团队成员 660 人，涵盖 70 多个专业，中国工程院院士 1 名，获海外专利 65 项、国内专利 716 项、国防科技进步一等奖 2 项。

2021 年 1 月 30 日，"华龙一号"全球首堆福清核电 5 号机组成功投入商运，标志着中国打破了国外核电技术垄断，我国核电技术水平和综合实力已跻身世界第一方阵，正式进入核电技术先进国家行列。2022 年 3 月 25 日，"华龙一号"示范工程福清核电 6 号机组具备商运条件，"华龙一号"示范工程全面建成投运，助力我国由核电大国向核电强国跨越。2023 年 5 月 5 日，"华龙一号"示范工程正式通过竣工验收，以三代核电首堆建设成绩彰显中国核电综合实力。2023 年 7 月 14 日，"华龙一号"出口的第 3 台机组巴基斯坦恰希玛核电站 5 号机组（C—5）开工建设。

截至 2023 年年底，福清核电 5、6 号机组工程荣获"国家优质工程金奖"；"华龙一号"核心专利——基于 177 堆芯的能动加非能动核蒸汽供应系统及其核电站荣获第二十二届中国专利金奖;"华龙一号"蒸汽发生器荣获"国际质量创新奖";"华龙一号"三代核电（ACP1000）反应堆及一回路系统研制项目荣获第十七届"全国质量奖卓越项目奖";数字化赋能"华龙一号"高质量运维的经验获评"2023 年全国质量标杆"。

中核集团"华龙一号"创新团队打造了"华龙一号"标杆，擦亮了中国核电"国家名片"。

（四）大型水轮发电机组安装与调试团队

该团队诞生于新中国第一座百万千瓦级大型水电站——刘家峡水电站。65 年来，他们先后参与了 200 余项大中型水电工程的安装与调试工作，总装机容量近 5000 万千瓦，是世界最大单机容量 100 万千瓦水轮发电机组安装纪录的创造者，也是"中国水电"攀上世界巅峰的主要贡献者。

转子"零配重"投运，机组振摆进入"5 道"时代;机组轴系同心度和各部导轴承间隙的精确控制，机组运行摆度均在 0.1 毫米以内，均优于精品机组 0.125 毫米的标准要求;定子绕组温升不超过 63K，转子绕组温升不超过 58K，为水电行业最严格的温升控制水平;额定电压 24 千伏，为水电行业最高电压等级。在大国重器白鹤滩水电站，中国水电四局水轮发电机组安装与调试团队实现了"件件优良、台台精品"的承诺。

当前河南五岳抽水蓄能电站、河北易县抽水蓄能电站也正在全力进行机电安装，广东肇庆浪江抽水蓄能电站正在安装准备。依靠创新，水轮发电机组安装与调试团队牢牢掌握了《抽水蓄能机组启动试运行技术》，参与编写 GB/T 18482《可逆式抽水蓄能机组启动试运行规程》为我国抽水蓄能机组启动试运行技术作出了重要贡献。

截至 2023 年 12 月，大型水轮发电机组安装与调试团队已获得国家及省（部）级科技成果奖项 200 余项、专利 500 余项。

二、电力重点研究领域创新团队

我国主要电力企业聚焦国家战略需要和能源战略目标，瞄准若干重大前沿科学问题，通过广泛的跨学科、跨领域合作，组建协同创新的高水平科研团队，力求在电力科技领域实现新的突破。给予科技创新团队充分的科技创新自主权，保障团队人员的流动性及人员知识和专业技能构成的科学性;建立科技领军人才及其团队的有效遴选机制，促进国家、能源战略任务与团队发展有机结合，保障科技创新的资源配备;营造团队的创新创造氛围，保障科技创新团队的良好科研、学术氛围，尊重团队带头人的学术带头作用，建立长周期考核评价机制，完善团队创新创造的激励机制。

（一）清洁高效火电领域

1. CCUS 关键技术攻关团队

中国华能CCUS科研团队

　　自主探索出相变型 CO_2 捕集吸收剂及配套工艺，建成世界首套 12 万吨 / 年两相型 CO_2 捕集工业装置并完成运行测试，主要技术指标国际领先，填补了我国在两相型碳捕集技术领域示范工程的空白。研发出华能原创、世界首创的低温烟气污染物一体化脱除（COAP）技术，经中试验证主要性能指标达到国际领先水平。首次在国际实现燃煤电厂烟气污染物近零排放，为烟气脱碳探索了一条新的技术路径，成为近年来国内外烟气污染物治理技术领域的重大创新。

　　2023 年，研发团队成功建成了世界首套 12 万吨/年两相型 CO_2 捕集工业装置、全国首套燃气电厂 2000 吨/年 CO_2 捕集装置。自主研发的 CO_2 捕集技术走向世界市场，澳大利亚苏拉特盆地 11 万吨/年 CO_2 捕集工程全部采用华能 CO_2 捕集技术，首次实现我国 CO_2 捕集技术整体出口发达国家。

　　目前团队已有百千万人才工程国家级人选 2 人，全国劳动模范 1 人，全国优秀共产党员 1 人，国务院特殊政府津贴专家 8 人，海外高层次人才 5 人，长城计划人才 1 人，科技北京百名领军人才 1 人，北京市优秀青年、科技新星 4 人，"三秦人才" 4 人，中国电力优秀科技工作者 1 人，中国电力优秀青年科技人才 1 人。

国家能源集团大规模碳捕集关键核心技术攻关及工程示范团队

　　自主研发新型高效吸收剂，大幅度降低碳捕集能耗及成本，解决"卡脖子"问题；成功研发小齿角填料、胺排放控制装置等关键装备，攻克碳捕集工程放大技术难题；实现大规模碳捕集工艺包集成创新，掌握大规模碳捕集项目工艺模拟计算、物料平衡、节能优化等关键核心技术，形成国内领先的 15 万吨级 -50 万吨级 - 百万吨级大规模碳捕集工程研发和工艺包设计能力。

　　攻关团队开展 CCUS 技术标准布局与顶层设计，共申请立项 CCUS 技术标准 24 项，其中主编的国家标准《火力发电厂烟气二氧化碳捕集系统能耗测定技术规范》提交送审稿，主编的《二氧化碳捕集　燃烧后二氧化碳捕集系统通用要求》《二氧化碳捕集　第 2 部分：电厂燃烧后二氧化碳捕集确保和维持稳定性能的评估程序》国家标准通过国标委拟立项公示。

　　近 3 年来，技术攻关团队汇聚和培养技术带头人 5 人，省级技术专家人才 30 余名，青年技术骨干 50 余名，进行碳捕集关键技术集智攻关，锻炼了一批 CCUS 领域的高水平技术人才。

中国能建广东院CCUS技术攻关团队

　　2013 年，中国与英国共同签署了《共同促进 CCUS 产业与学术交流备忘录》，中国能建广东院代表中方与英国碳捕集与封存研究中心、苏格兰碳捕集与封存中心等发起成立了中英（广东）CCUS 中心。

　　团队主要围绕二氧化碳捕集技术、二氧化碳压缩提纯与运输技术、二氧化碳利用技术攻关、技术咨询和工程落地，取得了突出的成绩，设计了 2019 年突出的亚洲首个碳捕集测试平台—广东碳捕集测试平台。团队近 2 年承担了 5 项省部级和 4 项央企集团级重要研究项目，新增专利申请近 20 项，参编专著《碳达峰碳中和能源系统解决方案》。

浙能集团碳捕集利用技术攻关团队

　　主要研发攻关低能耗 CO_2 捕集材料和装备；CO_2 矿化利用制建材；CO_2 电还原制 CO、CH_4 和 C_2H_4；CO_2 合成生物可降解塑料等 CCUS 关键技术。团队在研国家重点研发计划 1 项、浙江省"尖兵"研发攻关计划 1 项，中央引导地方科技发展专项资金 1 项，2023 年获批浙江省"领雁"研发攻关计划 1 项。

　　近 3 年引进博士／博士后 5 名，获 2023 年浙江电力优秀科技工作者奖 1 名，2023 年浙江省省部属企事业"能工巧匠"1 名，获评浙能集团劳模工匠 2 人，浙能集团科技先进个人 2 名，命名劳模工匠创新工作室 2 个。陈瑶姬"低碳环保"创新工作室入选省部属企事业高技能人才创新工作室和第一批浙江省青工创新创效工作室。

2. 清洁高效燃煤发电技术攻关团队

中国能建清洁高效燃煤发电科技创新团队

　　2009 年 7 月成立，重点围绕高效燃煤发电技术进行攻关。主要研究方向包括：1. 超高参数燃煤发电技术，重点研究 650℃及以上参数的超超临界机组设计技术。2. 燃煤机组灵活性技术：通过热力系统优化、新型储能技术提高机组的灵活性，提升机组的快速响应能力、深度调峰能力和低负荷工况下的高效运行。3. 结合国家"三改联动"的要求，研究适合现役火电机组节能提效的技术路线和技术方案，形成现役机组节能升级提效改造的典型方案和路线。

　　团队成立以来，承担了多个国家级、省部级和集团级科研课题，其中国家重点科技攻关计划项目《百万千瓦超超临界机组系统优化与节能减排关键技术》获得了国家科学技术进步奖二等奖。

　　截至 2023 年年底，团队取得发明专利 91 项、实用新型专利 180 项、软件著作 45 项、出版著作 7 部，发表学术论文 35 篇，参与编制国家标准 6 项、行业标准 15 项。研究成果已在申能平山二期 1350MW 机组示范工程、国能泰州电厂二期国家能源局高效煤电示范工程、国能宿迁电厂等 80 余火电项目上成功应用，共获得国家优质工程金质奖 6 项，国家优质工程银质奖 5 项，中国建设工程鲁班奖（国家优质工程）4 项，中国土木工程詹天佑奖 1 项，改革开放三十五年百项经典暨精品工程 1 项。

中国华能西安热工院清洁低碳超临界流体先进动力系统创新团队

团队历时 8 年联合攻关，在超临界二氧化碳循环发电系统构建原理、高效灵活运行控制策略和新型换热器、锅炉、透平和压缩机等核心设备设计制造关键技术方面取得了从 0 到 1 的重大突破，形成了超临界二氧化碳循环发电系统性原创理论和成套设备设计制造技术体系，建成了国际首座 5MW 超临界二氧化碳循环发电机组，实现了高效灵活连续稳定运行。

团队累计承担国家级科研项目及课题 20 余项；授权超临界二氧化碳循环发电相关发明专利 50 余项；国内外一流刊物发表论文 70 篇，获中国科协优秀论文 1 篇；牵头或参与编制相关国家／行业／团体标准 5 项；获得省部级和行业类奖项 6 项；团队带头人及成员在国内外重要学术会议做主旨／特邀报告 20 次。

中国大唐630℃等级百万千万超超临界二次再热燃煤发电技术攻关团队

由大唐郓城发电有限公司组建，承担了国家工信部超超临界火电机组材料生产应用示范平台建设及大唐集团重大科技攻关项目研发任务，针对 G115 钢等新材料研发、工程化生产、焊接工艺试验以及匹配焊材开发难题深入合作，共同推动 630℃新材料的工程示范应用。采用蒸汽参数世界最高 630℃等级的技术路线，运用带平衡发电机的双机回热、烟气余热深度利用、高效高位收水冷却塔、管道效率优化等一系列节能降耗技术，实现燃煤机组发电热效率历史性首次突破50%。

攻关团队在 2019 年高标准组建了"国家电力示范创新工作室"，并在 2021 年命名为中国大唐集团"职工技术创新工作室"；打造电力行业科普教育基地。

中国华电燃气轮机攻关团队

自主研制的 E 级燃气轮机透平一级动叶实现国内首次挂机运行，有力推进了热通道部件的国产化替代；实现了国内首套 E 级、F 级燃气轮机 TCS 控制系统自主研制和并网投运，实现了燃机 TCS 的自主可控，建成国内首个行业级自主可控平台"燃机智慧运维云平台"，为燃机运维打造"眼、手、脑"。

团队先后承担科技部、能源局、国资委、浙江省等 10 余项国家和省部级课题，取得了以三个"首次"为代表的系列科研攻关成果。授权专利 36 项、软件著作权 13 项；主编国家及行业标准 13 项。

（二）水电领域

中国三峡集团水工混凝土工程技术科研团队

紧密围绕三峡大坝混凝土耐久性难题，团队首创了"低用水量、低水胶比、高掺Ⅰ级粉煤灰"的配制技术，使大坝混凝土耐久性提高5倍以上，保障了三峡大坝高质量建成，引领大坝混凝土跨入高耐久时代。研究成果是国家科技进步特等奖"长江三峡枢纽工程"中创新点3的主要内容，获省部级和行业特等/一等奖项共4项。

研制高抗裂大坝混凝土新材料，首次实现大坝抗裂安全系数从传统1.8全面提升至2.0以上，两座大坝均未发现裂缝，高质量建成了白鹤滩、乌东德两座无裂缝特高精品拱坝。研究成果获国家发明二等奖1项，省部级和行业一等奖共9项。

拥有一批长期深入世界级水利水电工程一线的资深研究人员，主持了三峡工程和向家坝、溪洛渡、白鹤滩、乌东德等五座巨型电站的混凝土关键技术攻关；引进了多学科中青年拔尖人才。2023年，团队学术带头人李文伟被提名为中国工程院院士有效候选人，核心成员李新宇获评"第五届水电英才"。

中国大唐大容量高水头冲击式水电机组关键技术自主化研究与应用攻关团队

通过开展大容量高水头冲击式机组转轮中心体锻造工艺技术攻关，对转轮刚强度计算、动力特性分析、热处理工艺等开展专题研究，解决了超厚、超大、超重马氏体不锈钢中心体锻件制造难点，实现了世界首台近6米、百吨级转轮中心体全面国产化制造，为扎拉电站顺利投产发电打下坚实基础。

团队汇聚行业领军人才5名、集团级专家人才20余名、青年技术骨干35余名，深化与国内一流科研院所、高校等科技创新资源交流合作，加强研发团队创新能力培养和技能人才队伍建设，培养工程博士和工程硕士1～5名，构筑高质量研发人才队伍。

中国华电高海拔复杂条件高碾压混凝土坝建设关键技术攻关团队

攻关核心技术，实现青藏高原复杂条件碾压混凝土坝的高质量建设和绿色建造；推动雅江中游高寒高海拔地区水电工程大坝建设。DG水电站大坝取出26.2米碾压混凝土三级配芯样，一举打破世界纪录，并于2023年5月被国家博物馆收藏。工程先后荣获电力行业质量最高奖"中国电力优质工程奖"，全票通过西藏自治区"雪莲杯"优质工程奖最终评审，于2023年12月，获得国家优质工程金奖。

攻关团队不断创新人才培养机制，实行项目负责人制和项目奖惩机制，通过建立健全的科研成果激励和物质奖励机制，攻关团队成员工作积极性不断提升。中国大坝工程学会邀请攻关团队在2023年12月份举办的第九届碾压混凝土坝国际研讨会上做专题学术交流报告。

中国电建水电工程超深复杂地基基础处理创新团队

团队始建于 1997 年，研究方向坚持四个面向，涵盖超深复杂地质条件防渗墙施工、超深复杂地质条件帷幕灌浆、超深复杂地质条件复合地基深层振冲加固、病险水库除险加固与应急处置、地基基础智能化处理等技术研究。

由中国电建集团首席技术专家、全国创新争先奖获得者、两届院士增选有效候选人宗敦峰领衔，主要成员包括长期奋战在工程一线的享受国家特殊津贴专家、中国大坝杰出工程师奖获得者等领军人物和一批工程建设与科研创新人才。

（三）风电领域

中国华能海上风电技术攻关团队

团队首创并自主研制了世界首台 2.7 兆瓦紧凑型串列式高效双风轮风电机组和千瓦级极地型垂直轴风电机组；突破了超长柔性叶片气动气弹结构设计技术、设计出国内最长的 150 米叶片，研制出功率最高可达 18 兆瓦的国产化变流器，牵头研制了全球最大的 18 兆瓦直驱型和半直驱型海上风电机组；研制了 5 兆瓦 /7 兆瓦 /11 兆瓦 /18 兆瓦全国产海上风电机组，国产化率超过 95% 以上。

近三年，团队相继牵头承担国家科技部、国家发改委、国家能源局、国家工信部、北京市、江苏省等 14 项国家与省部级海上风电重大科研专项；获省部级科技进步奖 10 余项；获批国家能源局"海上风电工程与运行技术研发中心"技术研发中心 1 个；受理 / 授权发明专利 1560 余项、软件著作权 100 余项，出版专著 3 本；牵头制定国际标准 2 项，牵头 / 参编国标 / 行标 21 项。

目前，团队 1 人获评国家海外高层次人才、1 人获评国家高层次人才特殊支持计划科技创新领军人才（万人计划），4 人获评国务院政府特贴专家。

中国三峡集团漂浮式海上风电机组设计研发团队

依托国家、广东省有关科研项目，在国内首次应用漂浮式风电机组—基础平台—系泊系统及动态电缆一体化分析技术，突破浅水效应下的漂浮式风电机组系泊系统及动态电缆设计研究关键技术，完成了漂浮式风电机组平台及系泊系统的相关研发及勘测设计，开发出了符合我国南海海洋环境条件的新型抗台风型浮式基础。并在三峡能源牵头下，联合产业链相关企业相继攻克抗台风风电机组、压载调控、动态电缆研制、"风机 + 平台"一体化拖航及就位安装等漂浮式海上风电关键技术，主要方案均为国内自主核心技术。

团队负责人林毅峰是三峡上海院总工程师，全国电力勘测设计大师。获 1 项国家科技进步奖、8 项省部级科学技术和勘测设计成果奖励、12 项省部级科研项目、12 项技术专利授权等。2024 年 1 月，荣获"国家卓越工程师"称号。

中国能建海上风电安全运维监测技术攻关团队

聚焦海上风电场智慧化监测、海洋环境量智能诊断技术、安全边界预警系统、运维船只与人员安全及孪生技术等多学科深度融合应用的领域前沿研究内容，深入开展海上风电场结构稳定性监测与智能预警技术研究、海洋环境量智能诊断技术在海上风电场运行效率协同优化中的应用、基于实时数据分析的安全边界智控系统以及可穿戴式的 GNSS/ 北斗定位装置的开发、海上风电场风险识别与应急响应方案制定系统化研究等研究工作，致力于保障海上风电项目的安全运维。

攻关团队实行项目负责人制，采用柔性联合攻关团队管理机制，共有正高级工程师 3 名，高级工程师 6 名，青年技术骨干 10 名，均为硕士研究生及以上学历。

广东能源海上风电运维技术攻关团队

围绕海上风电智能监测技术、海缆保护技术、桩基础冲刷防护技术、风机阻尼监测及减震技术、海上风电电气设备腐蚀、结构件涂层老化监测与防护技术、退役新能源部件回收利用技术等重点领域，开展技术研发和成果转化工作，形成海上风电阻尼减震、冲刷防护、回收利用等领域核心零部件、系统集成及工程示范方面能力，从而搭建海上风电技术创新体系，建设创新孵化平台，助力集团产业升级和高质量发展。

攻关团队近年主持或参与了 2 项国家及省部级科研项目，共发表 SCI 论文 4 篇、中文核心 5 篇；授权发明专利 11 项、实用新型专利 4 项；主参编标准规范 2 项，其中，国家标准 1 项、行业标准 1 项。近年来汇聚和培养了各类技术专家 1 名、青年技术骨干 4 名。

（四）新能源发电领域

中国能建葛洲坝生态环保公司"水务+光伏"技术攻关团队

团队深入开展绿色低碳污水处理工艺应用、光伏柔性支架安装、光伏发电与污水处理融合、污水处理厂光伏设施运维等方面的研究工作，采用"污水处理厂 + 光伏""自发自用 + 余电上网""固定支架 + 柔性支架"相结合的污水处理绿色技术方案。基于污水处理设施的既有空间开展二次利用，利用污水处理厂内建构筑物顶部及空地等区域安装柔性支架或者固定支架，在黄冈污水处理厂排布面积近 12000 米^2，共安装 2376 块 550 瓦单面及双面单晶硅光伏组件，总装机容量为 1.3 兆瓦，年发电量约 130 万度，实现了绿色清洁能源与污水处理的高效融合，有效地保障了污水处理设施绿色低碳运行。

攻关团队汇集了中国能建"科技英才"、武汉硚口"英才计划"行业杰出人才等各级专家、技术人员近 30 人。

中国大唐特大型风光火热储一体化能源基地技术攻关团队

团队攻关特大型风光火热储一体化能源基地核心技术，通过开展风电、光伏系统、储能系统、供热系统等的容量配置优化、安全稳定送出、能源基地长距离供热、能源基地一体化调控等关键技术研究，解决了多因素复杂耦合宽频振荡、暂态过电压、无功优化、电能质量、长距离供热、一体化调度等方面的技术难题，保障了能源基地安全稳定送出和协同运行，并根据新能源出力时空特性分析、火力发电机组负荷特性分析、储能系统调节特性分析，供热系统热量需求、建立风光火热储协同调度与分层调控策略。

团队采用固定研究人员 + 流动研究人员的方式，吸收引进系统内外高端人才，组建开放性技术团队，为了更好的服务于集团公司的源网荷储基地项目，发挥科研总院集中攻关的优势，专项奖励、津补贴等其他单列项目，在华北院年度工资总额中单列。

中国三峡集团新能源电站系统控制与运维团队

攻关团队开发了三种运行模式（指令跟踪、顶峰供电、系统调峰）、三种友好功能（最大化消纳、功率平滑、一次调频）、六种运行场景（单风、单光、单储、风储、光储、风光储），可根据目标及被控对象特性，实现毫秒级、秒级和分钟级全方位感知与新能源异质资源的实时协同调控。

创新成果成功地落地应用，标志着我国掌握了百万千瓦级风光储电站可测、可调、可控、可支撑的核心技术，"新能源 + 规模化储能"运营能力达到世界先进水平，完全具备了自主建设运营风光储电网友好绿色场站的技术能力。

团队依托创新成果，已申请发明专利 100 余项，发表核心论文 10 余篇，出版专著 2 部，编制实施方案、测试方案、测试报告和设计蓝图等 50 余份；已申报并获批国家能源领域首台（套）重大技术装备 1 项、国家十四五重点研发计划 1 项、国家能源局科技司储能研究课题 1 项；成功入选"科创中国"系列榜单先导技术榜。

京能集团光伏组件智能测温系统研究与应用技术攻关团队

团队由大同熊猫光伏发电有限公司、北京数维思创科技有限公司、大疆创新科技有限公司组建而成。以提升光伏电站运维巡检效率为理念，通过《光伏组件智能测温系统研究与应用》科技项目实现了光伏组件快速巡检任务，该系统可以最大程度发挥无人机效能，彻底解放人力，降低专项人员培训难度及使用成本。

攻关团队不断创新人才培养机制，搭建员工职业生涯发展平台，完善学科交叉和交叉学科发展引导机制。坚持"走出去、引进来"相结合，建立以信任为基础的人才使用机制，为各级各类人才搭建干事创业平台。在科研项目申请与研发过程中，始终重点关注优秀的科研项目，并给予相应的资金支持，激发企业研发人员研究热情和创新潜力，提高项目的质量和影响力。

（五）核电领域

中广核事故容错燃料技术攻关团队

　　攻关团队开展极致安全的自主燃料研发，从源头和根本上增强反应堆抵御严重事故的能力，提升核电厂运行的安全性和经济性，提高我国核安全技术水平。攻关团队克服了研发基础薄弱、评价指标空白、技术挑战巨大等困难，以闯的精神，创的劲头，联合国内外优势资源，团结一致，自力更生，陆续在研发设计、材料研制、堆内外性能试验、燃料加工制造等方面取得突破，2023 年实现自主涂层锆合金包壳先导棒组件入商用堆辐照考验、自主碳化硅燃料小棒入研究堆辐照考验的"双入堆"目标，为实现自主燃料商业化奠定了坚实的基础。

　　2023 年，攻关团队核心成员薛佳祥带领刘洋、吴利翔等团队成员主导申报的国际标准 ISO/NP24831《陶瓷复合包壳管泄漏强度测试》，通过 ISO 国际精细陶瓷标委会专家组审查，获得国际标准化组织 ISO 的认可，标志国内首个碳化硅核燃料包壳国际标准正式立项。

　　攻关团队勇于担当，突破国外知识产权封锁，布局 ATF 知识产权成果保护，累计申请专利 107 项（其中发明专利 86 项），发表论文 94 篇（其中 SCI 49 篇），获得软件著作权 12 项。为加快发展新质生产力，占领 ATF 研发高地，扎实推进高质量发展贡献力量。

　　近 3 年来，累计培养博士后 3 人、深圳市地方级领军人才 1 人、深圳市后备级人才 3 人，正高级工程师 3 人，高级工程师 15 人。团队人员专业分布包括核科学与核技术、热能工程、陶瓷材料、金属材料、数学、力学等多个学科。

中广核华鲲一号堆芯设计与安全分析关键技术攻关团队

　　中广核研究院有限公司组建的华鲲一号堆芯设计与安全分析关键技术攻关团队，主要从事核反应堆堆芯设计、燃料管理、辐射屏蔽设计、热工水力设计、安全分析、严重事故预防与缓解，是中广核研究院的重要技术队伍之一，是华鲲一号核反应堆研发设计的主体。

　　团队专注技术研发，研究建立了一套完整的无可溶硼堆芯设计及安全分析的方法和流程，大幅减少放射性废物量产生，消除硼相关事故，提高反应堆固有安全性。提出了"能动加可靠非能动"的安全理念，从核电厂三大安全功能需求（反应性控制、余热排出、放射性包容）出发，实现了海上反应堆安全功能需求的全面满足。

　　团队扎实做好立德树人的人才培养工作，助力员工成长成才。一是始终立足"精益求精"。从 2016 年积极筹办集团一类反应堆物理技能竞赛，到 2019 年成功举办广东省反应堆物理技能竞赛，该团队为集团九大成员公司的物理人才搭建上千余人次的技术交流与切磋的平台；二是始终坚持"守正出新"。该团队通过积极开展青年学术论坛、青峰计划、红砖计划，承办全国反应堆物理会议、中广核青年创新论坛"智能核电"分论坛暨 WANO-Workshop，成立由技术骨干担任主要负责人的青年创新工作室，鼓励员工冲破桎梏、探索新知；三是始终践行"薪火相传"，从新人培养机制、在岗培训体系、青年锻炼方式以及人才交流模式四方面入手，创新策划打造"藏经阁""堆芯 school""热工 TED"等培训课堂，通过每周一次、每人至少一次的技术分享，形成"三人行，必有我师"的学习氛围。

（六）电网领域

国家电网高压直流输电技术与装备国家创新团队

该团队依托先进输电技术国家重点实验室，专业从事高压直流输电技术研究与高端装备开发，成果有力支撑了国家"西电东送"战略，为西部地区可再生能源大规模开发和送出提供了技术保障，于 2014 年入选国家重点领域创新团队。

团队多名中青年科技创新领军人才等高级专家担任研发方向负责人。先后承担国家 973、863、科技重大专项、自然科学基金等项目 20 余项，完成我国首个自主知识产权的 ±800 千伏特高压直流换流阀，应用于 7 个工程；建成我国首个柔性直流工程和世界首个千兆瓦级柔性直流工程；完成世界首个混合式高压直流断路器工程；建成世界上试验能力最强的电力电子试验室，并为西门子在德国生产的换流阀设备进行试验；研发成果还应用于向 2022 年北京冬奥会供电的世界首个直流电网工程。目前，团队研发的特高压直流换流阀已出口到巴西，还承担了德国、英国 3 个柔性直流工程的系统分析和设计。团队的创新性成果打破了国外垄断，使我国扭转了高压直流输电领域"核心设备依赖进口、核心技术基本空白"的局面，并达到国际领先水平。

团队共获国家科技进步一、二等奖各 1 项，国家技术发明二等奖 2 项，中国专利金奖 2 项，省部级奖 24 项；牵头制订国际标准 5 项；授权发明专利 284 项；出版专著 7 部；发表 SCI/EI 论文 300 余篇。

国家电网仿真技术攻关团队

通过开展现代电力系统仿真技术攻关，攻关团队解决了仿真规模、精度和效率难以兼顾的现代大电网领域世界难题；实现了 15 回以上直流控制保护装置接入万节点级电网的数模混合仿真，仿真能力居国际首位；研制世界首套基于超级计算机的大电网云仿真系统，计算效率提升 3000 倍以上。"仿不了""仿不准""仿不快"的仿真技术难题一一得到解决。此外，攻关团队还在电网控制与保护、电网智能调控、电网灵活资源调节等方面开展了关键核心技术攻关和原创技术创新，研究成果获得国家级奖项 1 项，省部级和行业类奖项共 11 项。

攻关团队紧密围绕 1000 千伏南阳—荆门—长沙特高压交流工程、±1100 千伏昌吉—古泉特高压直流工程等重大工程和 ±800 千伏巴西美丽山特高压直流输电工程、±660 千伏默蒂亚里—拉合尔直流输电工程等海外工程提供核心技术支撑，全力保障能源电力安全。

2023 年 9 月，攻关团队申报的"防止新能源电力系统大停电事故的保护技术（Protection Technology to Prevent Black-outs in Renewable-based Power System）"项目入围 2023 年英国工程技术协会卓越创新奖。

攻关团队不断创新人才培养机制，搭建员工职业生涯发展平台，吸引顶尖人才、培养青年人才、用好现有人才。近 5 年来，攻关团队汇聚和培养学术带头人 10 名、国家电网公司及以上各级各类专家人才 30 余名、青年技术骨干 50 余名。

南方电网新型电力系统数字仿真平台DSP研发与应用团队

团队攻克了交直流大电网潮流收敛、直流输电系统精确建模等难题，成功开发出具有完全自主知识产权的新型电力系统数字仿真平台DSP。历经14年，累积100万行代码，仿真1000万个故障，排除20项电网重大运行风险，提升仿真效率360倍以上，支撑供电负荷超2亿千瓦的大电网安全稳定运行。

DSP软件是支撑新型电力系统建设的"仿真利器"。在创新性直流工程中，先后解决了昆柳龙直流、禄高肇直流、藏东南直流等重大创新性直流工程的模型构建、控制优化、系统研究等关键问题，取得一系列国际领先的创新成果；在异步电网协调控制中，支撑了世界首创的柔性直流同频控制功能研发和验证，保障异步互联电网频率稳定。

团队由南方电网公司中央研究院——南网科研院和南方电网调度中心的多名电力系统仿真和运行技术专家组成，在十几年的发展中，吸引和培养赵利刚、姚海成、王长香等大量技术专家和青年骨干技术人才。

（七）储能与氢能领域

中国能建压缩空气储能技术攻关团队

团队突破了国内外压缩空气储能的技术壁垒，掌握了自主可控、兼顾效率和投资的新型大容量压缩空气储能技术方案，首次实现了压缩空气储能关键设备100%国产化，开创了大容量压缩空气储能绿色、零碳、高效、经济的新技术路线，推动我国新型压缩空气储能技术完成了在国际上从"追赶"到"领先"的跨越式发展，提升了中国在压缩空气领域的国际话语权。

建设湖北应城300兆瓦级压缩空气储能电站示范工程，在非补燃压缩空气储能领域实现了单机功率、储能规模和转换效率"三个世界领先"，2023年12月被列为国家能源局新型储能试点示范项目。

攻关团队不断创新人才培养机制，搭建员工职业生涯发展平台，吸引顶尖人才、培养青年人才、用好现有人才。近3年来，攻关团队投入研发人员60余名，其中45名专职研发人员，博士7人，本科以上学历人员占比100%。

中国大唐压缩空气储能技术攻关团队

围绕国际首套百兆瓦级全人工地下储气库压缩空气储能项目——大唐中宁100兆瓦先进压缩空气储能工程开展技术攻关与应用，形成适用于我国大部分地质条件下的压缩空气储能人工地下储气成套技术体系。

近2年来，攻关团队汇聚和培养青年技术骨干10余名，技术骨干朱鸿飞荣获2023年度中国电机工程学会电力优秀科技工作者奖。

河北建投液态空气储能技术攻关团队

通过开展液态空气储能全系统技术攻关，创新性提出并实施了系统热电分储优化技术、液化膨胀自增压循环技术、高通量小温差储冷填充床技术、间歇式单塔空气纯化技术，进一步提升了液态空气储能系统效率，可充分发挥液态空气储能系统调峰调频和旋转备用能力。

攻关团队汇聚热动、材料、控制、低温等专业研发人员 12 人，博士研究生 3 名、硕士研究生 8 名，河北省"三三三人才工程"第三层次人选 1 人。

广东能源储能与氢能技术攻关团队

围绕制氢技术与应用研究、燃料电池发电技术与应用研究、储能技术场景应用研究等重点领域，形成电解制氢、燃料电池和电化学储能等领域核心零部件、系统集成及控制的开发及测试方面能力，从而搭建氢能与储能技术创新体系，建设创新孵化平台，助力集团产业升级和新业态发展。

攻关团队近年主持或参与了 5 项国家及省部级科研项目，共发表 SCI 论文 23 篇、中文核心 3 篇，申报国内发明专利 33 项、实用新型专利 15 项，主参编标准规范 7 项，其中，国家标准 3 项、行业标准 1 项。

攻关团队汇聚和培养了各类技术专家 3 名、青年技术骨干 8 名。2023 年 10 月，攻关团队核心成员钱秀洋博士入选广东省科学技术协会主办的广东省企业"创新达人"。

中国华电高效可再生能源电解水制氢团队

由华电重工股份有限公司氢能事业部科研人员组建而成，团队积极开展可再生能源电解水制氢材料、部件、系统及示范工程的攻关。

2023 年 9 月 27 日，青海 3 兆瓦 PEM 光伏制氢系统成功投运，年制氢气量 153 吨，该项目解决了核心材料和核心组件"卡脖子"问题以及示范应用过程中多系统耦合的问题，是我国在高海拔地区制绿氢的首次尝试，也是青海省首个绿电制氢项目。

2023 年 12 月 1 日，内蒙古达茂旗风光制氢项目［11 台碱性 +1 套（5 台并联）PEM］成功出氢，电解槽产氢量达到 1018.69 牛米³/ 时，年制氢气量 7800 吨，2024 年 2 月，顺利完成充装，氢气纯度超过 99.999%。该项目是全国首批大规模可再生能源制绿氢示范项目。

第三节 科技人才队伍建设

一、科技人才体系建设

党的二十大报告指出，"培养造就大批德才兼备的高素质人才，是国家和民族长远发展大计。努力培养造就更多大师、战略科学家、一流科技领军人才和创新团队、青年科技人才"。

科技人才队伍是企业抢抓战略机遇，打造未来核心竞争力，走向可持续发展的关键支撑。电力企业作为实现国家科技自立自强的核心力量之一，更需提高人才工作的战略意识及科学水平，加快锻造一支服务国家战略需求，能够切实促进行业企业创新发展的高水平科技人才队伍。

（一）强化科技人才队伍建设的战略性设计

电力企业锚定高质量发展要求，立足企业战略发展全局，聚焦科技人才队伍建设的紧迫需求，在队伍结构设计优化、高精尖缺人才引育等方面突出战略引领，强化顶层设计。**国家电网**不断强化科技人才梯队建设，领军人才、骨干人才和青年人才等各层次人才培养并重，完成首批中国电力科学研究院院士、科技研发类首席专家和科技类青年托举人才的评选。**中国大唐**成立科技咨询委员会和卓越工程师培养中心，形成了以"两级研发、两院支撑、四项机制"为核心的科技创新体系。**南方电网**全面推进人才高地建设、高层次科研人才引培使用与重大科研团队打造工作，集中力量打造数字电网、先进储能等6个领域人才高地；重点围绕新型电力系统研究方向，设立院士专项、院士后备人才专项、高层次人才特殊支持计划，加快关键核心技术突破。**中国华能**坚持纵深推进新时代人才强企战略，加强顶层设计，深化改革创新机制，突出培养高精尖缺人才，用好用活各类人才，努力建设一支"素质优、结构优、效能优，能创新、能钻研、能攻坚"的"三优三能"人才队伍。**中国能建**全面推进数智化建设，人力资源数字化工作持续发力、多点开花，发布人力资源数字化规划，上线数字人资系统和关键人才信息系统。其中《人力资源数字化三年规划》为中央企业首创。**中国电建**依托博士后工作站、院士工作站等青年科技人才培养基地，大力支持青年科技人才在核心技术攻关和工程建设任务中挑大梁、当主角。**内蒙古电力**建立战略技术专家库，从全国重点实验室研究基地学术委员会、战略合作单位高层次专家、公司专家委员会和高级经理人员中遴选复合高层次专家，为集团科技创新领航定向。**浙能集团**绘制全球高层次人才地图，建设全球人才联系库，出台《高层次人才管理办法》《人才专业通道发展管理办法》，着力打造高素质人才集聚地，以"大人才观"广开育才、引才、聚才、识才、用才、护才之路。**广东能源集团**加强清单式管理，明确人才引育重点，动态更新集团重点引才企业清单、现有高精尖缺人才清单以及高精尖缺人才需求清单，明确重点专业领域、重点企业、人才引育目标、人才引育实施安排。

（二）完善科技人才评价选拔方式

科技人才评价选拔是建设高水平科技人才队伍的基础性工作。习近平总书记在中央人才工作会议提出，要加快建立以创新价值、能力、贡献为导向的人才评价体系。电力企业在科技人才评价选拔中不仅关注专业知识和技能水平，同时注重品德思想、实际问题解决能力、社会经济效益等因素，着力克服唯论文、唯职称、唯学历、唯奖项等倾向。**国家能源集团**针对不同序列的专业技术专家，设置差异化的选拔评价标准，鼓励人才在不同领域、不同岗位作出贡献。首次开展的高层次人才评选，坚持"不唯学历、不唯资历、不唯职称、不唯论文、不唯奖项、不唯岗位"，突出实际问题的解决、科研成果的创新、"卡脖子"技术难题的攻克，重点关注科技人才创新成果转化、推广应用、市场认可度、社会经济效益等情况。**中国华能**研发团队创新科技人才评价体系，实行科研项目分类评价机制，引入全面质量管理理念，发挥行业专家标杆作用。**中国三峡集团**加快构建以创新价值、能力、贡献为导向的科技人才评价体系，完善首席科学家、科技带头人等制度。**国网江苏电科院**对技术专家的考核评价主要围绕履职要求、任期目标完成情况和主要成效等方面，如参与重大工程、重大调试、规范制度建设等，不唯成果、奖项、论文、专利论英雄，在聘期考核中全面评价政治素质、业绩贡献、成果质量和创新能力等。

二、科技人才培育

人才因事业而聚，事业因人才而兴，人才和事业相生相长、相互促进。近年来，电力行业企业深入落实落细科技创新工作部署，积极拓展科技创新工作模式、融通内外部科技创新资源，全面夯实科技人才干事创业、成长成才的组织基础，助力培养一大批推动关键技术进步、破解"卡脖子"核心技术难题的科技人才。

（一）在开放融合创新中培育人才

我国主要电力企业依托自身学科资源优势、人才资源优势、科技资源优势，构建开放共享、聚合创新的育人平台。**中国华电**探索构建多专业协同、学科交叉融合的科研平台，聚合自动化控制、软件工程、电子信息等多学科人才，共同解决复杂工程问题，培育高水平复合型科技人才。**中国华电**联合中电建中南院、中国水科院、中国水电基础局、中电建振冲公司、武汉大学等单位，组成产学研用联合攻关团队，完成金上拉哇水电站深厚湖相沉积覆盖层高围堰稳定控制关键技术及应用项目，获得水力发电科学技术奖一等奖；联合中国电子、哈电发电设备研究中心、东方电气、上海交通大学、东南大学等单位开展联合攻关，"华电睿蓝"重型燃气轮机国产化控制系统项目突破关键技术，填补了国内空白，培养锻炼多名专家。**中国三峡集团**立足"产学研用"，实现科研成果向现实生产力的转化，为海上风电高质量发展提供技术支撑，打造一流海上风电创新团队。**中国能建**攻关团队与南瑞集团、国网经济技术研究院、中国电力科学研究院等行业顶尖科研单位建立密切的合作关系，形成一个跨领域、多层次的人才培养和科技创新网络。攻关团队通过持续开展"卡脖子"关键技术研究带动人才培养，以科技人才和技术创新推动企业高质量发展，并为提高国家能源安全和保障能力作出积极贡献。**中广核**以打造精于业务、不断创新的科研技术团队为目标，为集团九大成员公司的物理专业人才搭建上千余人次的技术交流与切磋的平台；开展青年学术论坛、青峰计划、红砖计划，承办全国反应堆物理会议、中广核青年创新论坛"智能核电"分论坛；成立由技术骨干担任主要负责人的青年创新工作室，培养了一批勇于干事创业的年轻科技工作者。**京能集团**组织各企业积极参与 2023 年中国国际服务贸易交易会，2023 全球能源转型高层论坛，2023 年北京国际风能大会、山东太阳能大会等高层次博览会、论坛等，助力科技人员开拓视野，增强"建群、进圈、强链、入局"意识。**浙能集团**推进"人才+项目"培育模式，以"揭榜挂帅"、项目合作方式招揽和培养青年科学家 60 余名，领建的白马湖实验室持续加强与高校的人才合作和培养，与浙江大学、武汉大学等在绿色燃料、智能火电等重点科研攻关以及人才双聘、研究生培养等方面开展战略合作。

（二）在重大科技攻关中锻造人才

"选当其时，用当其位"是对科技人才最大的肯定，我国主要电力企业深刻把握创新驱动发展的主攻点，瞄准国家战略需求和未来产业发展方向，鼓励科技人才参与国家重点课题研究、揭榜挂帅国家重点研发计划，科技人才培养与科技创新创效相辅相成、相得益彰。**中国华电**燃气轮机攻关团队聚焦燃机运维和核心装备技术等难题，先后承担科技部、能源局、国资委、浙江省等 10 余项国家和省部级课题，取得了以三个"首次"为代表的系列科研攻关成果，授权专利 36 项、软件著作权 13 项，主编国家及行业标准 13 项，着力成为国内燃机发电运维领域领头羊；高效可再生能源电解水制氢团队，开展可再生能源电解水制氢材料、部件、系统及示范工程的攻关，成功揭榜华电集团首批"揭榜挂帅制"攻关项目，承担 2020 年度集团公司"十大重点科技项目"制氢课题并顺利结题，已成为集团科技创新工作的重要力量。**中国华能**相继组建科研团队牵头承担国家科技部、国家发展改革委、国家能源局、国家工信部、北京市、江苏省等 14 项国家与省部级海上风电重大专项课题，受理/授权发明专利 1560 余项、软件著作权 100 余项，出版专著 3 本，牵头制定国际标准 2 项，牵头/参编国标/行标 21 项，获北京市科学技术奖一等奖、中国电力科学技术奖一等奖等省部级科技进步奖 10 余项，努力将课题研究的"软"成果转化为推动国有企业改革发展的"硬"成效。**中广核**近年来牵头承担了国家科技重大专项"事故容错燃料关键技术研究"课题和中国广核集团"事故容错燃料战略专项"研发工作，2023 年牵头八家单位获批国家国防科工局核能开发科研项目《事故容错燃料应用关键技术研究》，联合申报核能开发科研项目《微封装弥散燃料关键技术研究》获批，牵头课题"微封装弥散燃料服役性能平台建设及性能评估"，对整合国内科研联盟、有效推进 ATF 研发工作具有重要意义。

三、科技人才激励

为了有效唤醒人才创新活力、激发人才创效动力、深入挖掘人才潜力，电力企业基于研究工作特性及科技人才特点，不断优化收入分配模式及科技人才薪酬结构，持续探索多样化的科技人才激励机制；积极创新科研管理机制，打造良好文化环境，为科技人才高效开展创新工作提供全面的制度保障及服务支持，切实激发科技创新源动力。

（一）增强科技人才薪酬的市场竞争力

中国三峡集团围绕科技创新头号工程，按照"能给尽给、应给尽给"原则，结合企业发展特点，实施差异化薪酬激励，拟定《科技创新薪酬激励政策指引》，构建充分体现知识、技术等创新要素价值的薪酬分配激励机制。**中国电建**完善工资总额管理办法，给予科技创新绩效突出的企业工资总额奖励，对科技创新突出贡献人员实行工资总额单列激励，科技创新领域卓越贡献的团队和个人专项奖励。**中国大唐**实行特殊人才工资单列，提供专家人才津贴。**中国华电**优化配套激励机制，积极申请落实集团公司研发费用视同利润加回政策，建立重大科技项目过程奖励、科技成果奖励、登高奖励等一系列激励机制。**国家能源集团**按照"典型引路、试点先行"的思路，选取科技任务重、市场化程度高、改革意愿强的下属集团作为试点单位，开展专项科研激励探索项目。

（二）丰富科技人才中长期激励措施

电力企业坚持当期激励与中长期激励相结合，因企施策，通过加强成果转化激励、股权激励、项目跟投、项目分红等方式，积极探索科技人才中长期激励模式。**中国华电**向科技人才开展定向投放、股权激励等，激发团队创新活力。**中核集团**研究制定《专利导航工作指导手册》，遴选 2～3 个试点项目，探索科技成果赋权改革和成果转化中长期激励。**中国电建**积极落实 53 号文件精神，加快制定基础研究、科技攻关和成果转化激励方案举措。深入实施科技型企业股权激励、岗位分红激励，支持有条件的成员企业，坚持实施超额利润分享、股权和分红激励，以及骨干员工跟投等中长期激励试点，打造科研骨干与企业长期利益共同体。公司所属华东院在 1 家独立法人公司和 2 家模拟公司实行虚拟股权激励，为公司中长期激励提供了新方案、新思路。**中国三峡集团**研究出台《关于进一步完善中长期激励机制指导意见》。**中国大唐**在科研项目申请与攻关过程中，实行攻关团队项目负责人制和成果树机制。

（三）创新科研管理及支持服务机制

科技人才具有知识水平高、学习意愿高、需求层次高、自我期待高等特点，更看重和谐的人际关系及良好的工作环境，更关注个人成长、价值创造等精神层面的满足。电力企业在科研项目管理、授权管理、后勤保障等方面采取一系列措施，为科技人才提供更好的创新工作条件。**中广核**重点科研项目实施"项目制、团队式"运作，公开竞聘、遴选项目总指挥，充分授予其团队组建、资源调配、考核分配、技术路线决策等权力。**京能集团**科技项目探索采用项目经费"包干制"、变"相马"为"赛马"等创新管理模式，通过项目发榜、竞争揭榜的方式遴选创新团队开展科技攻关。**国家能源集团**赋予科技项目负责人绩效考核、薪酬分配、人员调整等资源分配权和指挥权。**云南电网公司**给予高层次科技人才重大专业决策参与权、重大项目评审权，所负责项目的技术路线选择、团队组建、经费使用、考核分配等一系列权限；为引进人才提供居留和出入境、落户、社会保险、个税优惠、配偶就业、子女入学、人才住房等方面政策保障。

（四）打造宽松的创新文化环境

只有营造良好的科研氛围，才能激发科技人才的创新激情；只有崇尚创新，才能让科技人才获得应有的尊重；只有宽容失败，才能鼓励探索和创新，消除科技创新人才的后顾之忧。**中国三峡集团**高度重视创新文化建设，大力营造创新氛围。加大优秀科技人才宣传力度，树立"三峡科创"先进典型，激励广大科研工作者向模范看齐，2023年组织开展了集团公司首届科技创新人才奖评选工作。创建一批职工创新工作室，为创新人才提供"沃土"。**中国大唐**制定《容错纠错工作实施办法》，营造崇尚实干、鼓励担当、保护创新的工作氛围。**南网人才发展研究院**鼓励创新、宽容失败，营造尊重人才、崇尚科学的浓厚氛围，建立多样化人才荣誉及奖励，落实专家履职待遇，定期联系服务专家。

第七章

科技管理与评价

主要电力企业、科研院所及高校需发挥科技创新在发展新质生产力中的核心要素作用，加强原创性、颠覆性科技创新，科学布局科技创新、产业创新。加快实施一批具有战略性、全局性、前瞻性的国家重大科技项目，接续实施国家科技重大专项。以国家需求为导向，加强战略谋划和系统布局，强化各类科技计划的统筹协调，形成关键核心技术攻关强大合力。加快构建以企业为主体、产学研深度融合的科技成果转化体系。深化科技体制改革，健全科技创新政策体系，以高水平科技自立自强有力支撑国家发展和安全。

第一节　重点科技项目的组织实施

一、重点科技项目概述

（一）重点科技项目类型

重点科技项目是指聚焦国家、区域或企业重大科研需求而设立的科技攻关项目，主要类型见表 7-1。

表 7-1　　　　　　　　　　　　　重点科技项目类型

序号	项目类型	典型重点科技项目
1	国家级重点科技项目	国家自然科学基金
2		国家科技重大专项
3		国家重点研发计划
4		技术创新引导专项（基金）
5		基地和人才专项
6	区域级重点科技项目	中关村科学城科学家基金

序号	项目类型	典型重点科技项目
7	区域级重点科技项目	怀柔创新联合基金
8		未来科学城科创基金
9		北京经济技术开发区科创基金
10	企业级重点科技项目	国家电网新型电力系统科技攻关行动计划
11		南方电网数字电网技术装备产业链重大专项科技项目
12		华能集团重大科技示范工程

国家级重点科技项目面向世界科技前沿、面向国家重大需求，围绕产业核心竞争力、整体自主创新能力和国家安全的战略性、基础性、前瞻性重大科学问题、关键共性技术和产品研发，以及重大国际科技合作等，加强跨部门、跨行业、跨区域研发布局和协同创新，为国民经济和社会发展各主要领域提供持续性的支撑和引领。

1　国家自然科学基金： 资助基础研究和科学前沿探索，支持人才和团队建设，增强源头创新能力，进一步完善管理，加大资助力度，向国家重点研究领域输送创新知识和人才团队，加强基金与其他类科技计划的有效对接。

2　国家科技重大专项： 聚焦国家重大战略产品和产业化目标，解决"卡脖子"问题。进一步改革创新组织推进机制和管理模式，突出重大战略产品和产业化目标，控制专项数量，与其他科技计划（专项、基金等）加强分工与衔接，避免重复投入。

3　国家重点研发计划： 针对事关国计民生的重大社会公益性研究，以及事关产业核心竞争力、整体自主创新能力和国家安全的重大科学技术问题，突破国民经济和社会发展主要领域的技术瓶颈。

4　技术创新引导专项（基金）： 按照企业技术创新活动不同阶段的需求，对发改委、财政部管理的新兴产业创投基金，科技部管理的政策引导类计划、科技成果转化引导基金，财政部、科技部等四部委共同管理的中小企业发展专项资金中支持科技创新的部分，以及其他引导支持企业技术创新的专项资金（基金）进行分类整合。

5　基地和人才专项： 对科技部管理的国家（重点）实验室、国家工程技术研究中心、科技基础条件平台、创新人才推进计划，发改委管理的国家工程实验室、国家工程研究中心、国家认定企业技术中心等合理归并，进一步优化布局，按功能定位分类整合。

区域级重点科技项目一般由地方政府或企业主导，为解决地区发展遇到的重大关键问题开展的科研攻关。区域级重点科技项目涉及众多主体，包括地方政府、企业、高校及科研机构，对于促进行业和地区科技进步和产业发展具有重要意义。

以北京市"三城一区"科技专项为例，国务院印发了《北京加强全国科技创新中心建设总体方案》，明确北京要建设具有全球影响力的科技创新中心，"三城一区"包括中关村科学城、怀柔科学城、未来科学城和北京经济技术开发区，是北京市产学研互动、南北城协调发展的重要途径。北京市政府推出了一系列专项资金支持"三城一区"创新发展。

中关村科学城科学家基金

在海淀区委区政府的部署和指导下，由中关村科学城公司联合知名科学家、专业投资机构共同设立的基金系，是为了进一步深化与区域内知名科学家之间的"创新合伙人"关系，加速推动科技成果转化与产业化所作出的探索。截至 2023 年 6 月，中关村科学城科学家基金签约规模已达 66.86 亿元。

怀柔创新联合基金

由北京市科委、中关村管委会与怀柔区政府共同出资。首期合作期为 5 年（2024—2028年），分为重点科技项目与前沿项目。怀柔创新联合基金面向全市企业科研人员申报，对服务于怀柔科技设施平台和重点产业的企业科研人员优先开展支持。

未来科学城科创基金

北京市昌平区人民政府办公室印发《关于金融促进未来科学城创新发展的若干措施》，围绕重点产业链关键环节，组建政产学研协同、上下游衔接的创新联合体。探索发展支持颠覆性技术创新项目的公益性基金，吸纳各类创新主体参与颠覆性技术创新项目。围绕先进能源等领域，推动设立颠覆性技术创新基金，促进超前谋划基础研究、应用基础研究及国际前沿技术研究。

北京经济技术开发区科创基金

由北京经济技术开发区管理委员会以财政资金出资方式设立的政策性扶持资金，采用股权投资模式，发挥财政资金引导作用，通过建立项目储备机制，动态储备具有科技创新性、高成长潜力或拥有核心技术与自主知识产权的科创型项目，促进区内科创型企业发展，助力经开区高质量发展。

企业级重点科技项目是面向企业生产经营重大共性研发需求而设立的科研项目，围绕解决集团企业生产、经营、管理过程中遇到的各类迫切问题，研究成果直接服务于企业发展。

1 国家电网公司新型电力系统科技攻关行动计划——围绕构建新型电力系统重大技术需求，从新型电力系统顶层设计与技术研究、新能源消纳的市场机制研究、数字技术与能源技术融合应用研究、新能源发电主动支撑能力研究、电力系统安全稳定运行水平研究和终端电气化水平和互动调节能力研究六大方面，系统开展基础理论、核心技术和关键装备等攻关布局，加快技术标准布局和新技术新产品推广应用，策划并实施了"新型电力系统科技攻关行动计划"，首期（2020—2022年）已完成。

2 南方电网数字电网技术装备产业链重大专项科技项目——聚焦高可靠宽量程隧道磁电阻传感芯片关键技术研究、保护用无线微型智能电流传感器关键技术研究、面向多类型 SiC 功率器件和模块的高频高可靠数字驱动研发及应用等十三个研究任务，开展数字电网技术装备产业链关键核心技术攻关。

3 华能集团重大科技示范工程——聚焦新一代核电技术、可再生能源前沿创新、二氧化碳（CO_2）捕集成套技术、煤炭清洁高效利用技术，开展一系列关键核心技术攻关与示范验证，如华能石岛湾高温气冷堆示范工程并网，国产化 5 兆瓦高速永磁型、7 兆瓦直驱型海上风电机组研制，IGCC 示范电站和 CO_2 捕集装置建设等。

（二）重点科技项目组织实施流程

按照科技项目全生命周期，重点科技项目的组织实施流程可分为项目策划、项目立项、实施过程、项目验收与成果应用五个环节。

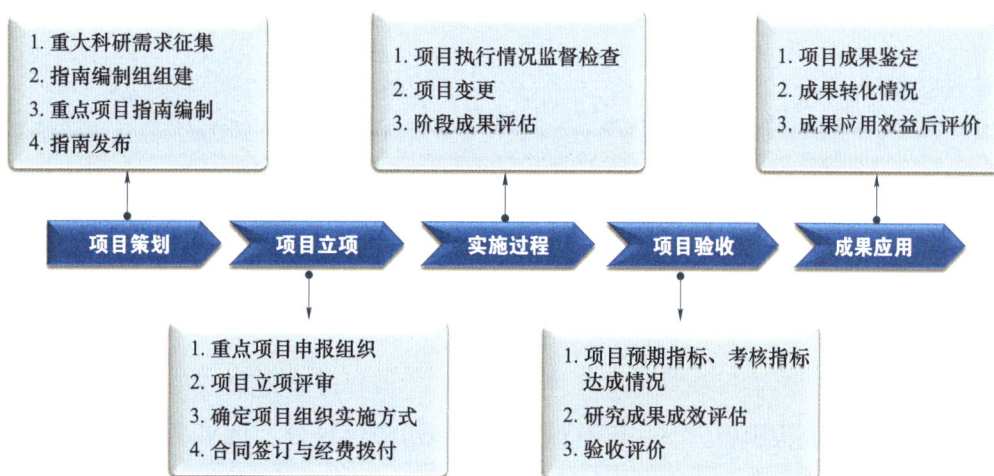

项目策划	项目立项	实施过程	项目验收	成果应用
1. 重大科研需求征集 2. 指南编制组组建 3. 重点项目指南编制 4. 指南发布	1. 重点项目申报组织 2. 项目立项评审 3. 确定项目组织实施方式 4. 合同签订与经费拨付	1. 项目执行情况监督检查 2. 项目变更 3. 阶段成果评估	1. 项目预期指标、考核指标达成情况 2. 研究成果成效评估 3. 验收评价	1. 项目成果鉴定 2. 成果转化情况 3. 成果应用效益后评价

1. 项目策划

项目策划是将重大科研需求凝练成指南文本的过程，项目指南是申报重点科技项目的纲领性、说明性文件，起到了构建整体框架、布局重点研究方向、引领技术攻关的关键作用。同时，指南具体明确了项目的选题范围、技术指标和成果形式，为后续研究项目申报、立项评审和计划编制提供重要依据，是项目开展科研活动的指挥棒。重点科技项目策划主要包括以下几个步骤：

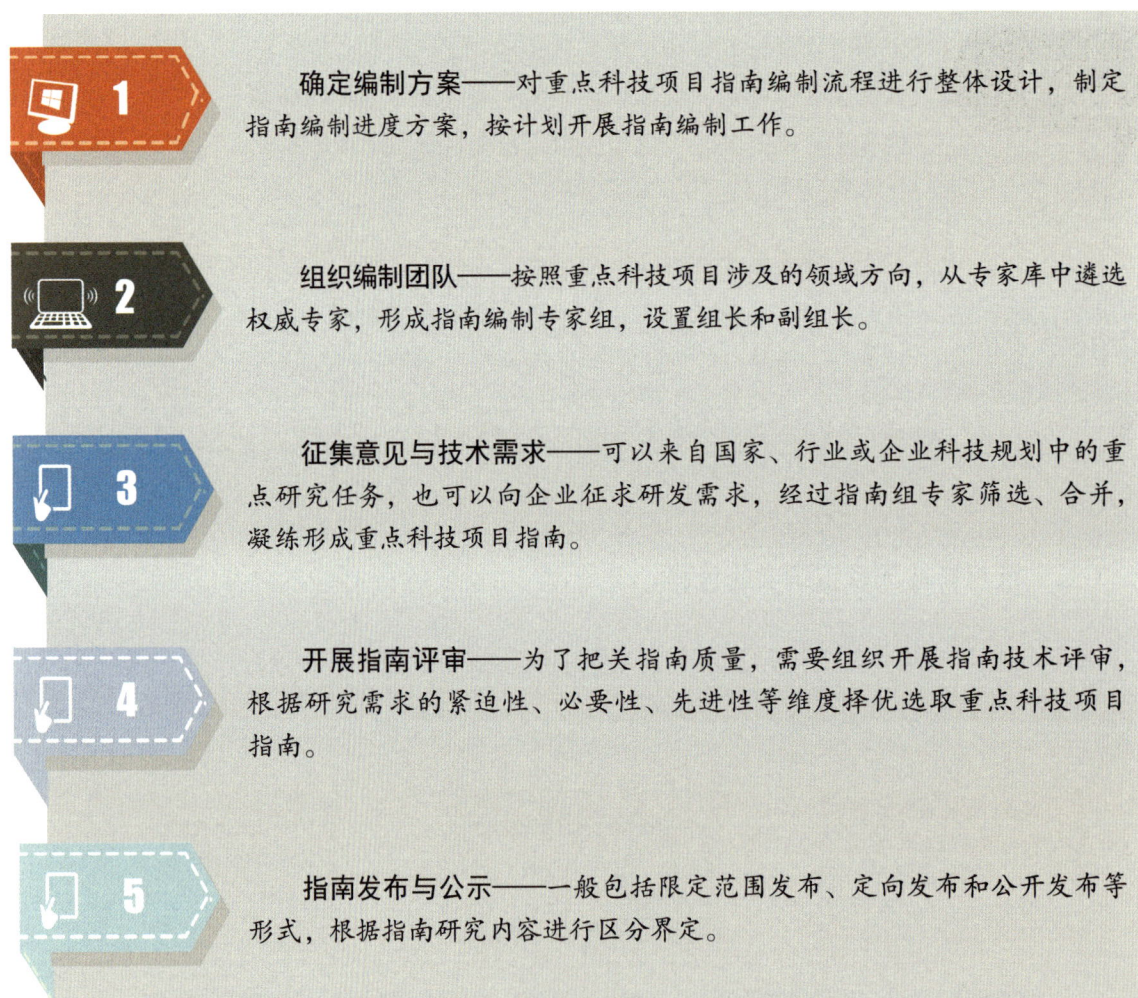

1 确定编制方案——对重点科技项目指南编制流程进行整体设计，制定指南编制进度方案，按计划开展指南编制工作。

2 组织编制团队——按照重点科技项目涉及的领域方向，从专家库中遴选权威专家，形成指南编制专家组，设置组长和副组长。

3 征集意见与技术需求——可以来自国家、行业或企业科技规划中的重点研究任务，也可以向企业征求研发需求，经过指南组专家筛选、合并，凝练形成重点科技项目指南。

4 开展指南评审——为了把关指南质量，需要组织开展指南技术评审，根据研究需求的紧迫性、必要性、先进性等维度择优选取重点科技项目指南。

5 指南发布与公示——一般包括限定范围发布、定向发布和公开发布等形式，根据指南研究内容进行区分界定。

2. 项目立项

重点科技项目立项是确定项目承担主体的过程，一般包括预申报和正式申报两个阶段，主要工作包括各单位上报申报方案、研究确定集中组织申报项目、批复各单位申报项目、组建申报团队、申报资料编制审查、申报答辩等。

预申报阶段　项目负责人及项目牵头单位负责组织编制预申报书,并提交至单位管理员审核,项目管理专业机构组织对申报书进行形式审查,之后开展预申报书的评审,一般采取网络评审、通讯评审等方式。

正式申报阶段　项目负责人及项目牵头单位负责组织编写项目申报书,专业机构对进入答辩评审的项目申报书进行形式审查,并组织答辩评审(其中包括预算审核),申报项目的负责人通过网络视频进行报告答辩,根据专家评议情况择优立项。

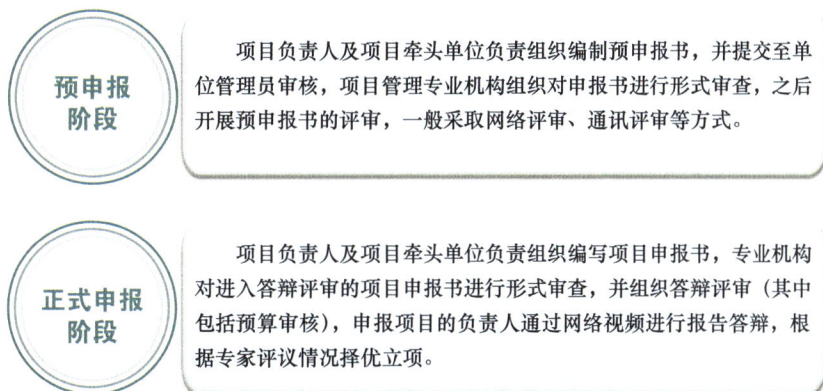

近年来,立项管理模式得到了创新,通过"揭榜挂帅"制和"赛马"制确定项目承担主体,是我国科技管理和项目管理中的创新激励机制,旨在激发科研人员活力,促进项目高效实施和成果转化。前者借鉴古代招贤纳士方式,鼓励公平竞争;后者则通过内部竞争推动项目快速进展,确保资源向最优方向集中。这些措施旨在调动科研人员积极性,优化科技资源配置,加速科技创新发展。

3. 实施过程

重点科技项目实施过程管理是合同签订或任务书下达之后至研究任务完成期间所进行的项目管理工作,项目实施过程管理一般包括阶段性检查、中期检查、调整变更等内容。

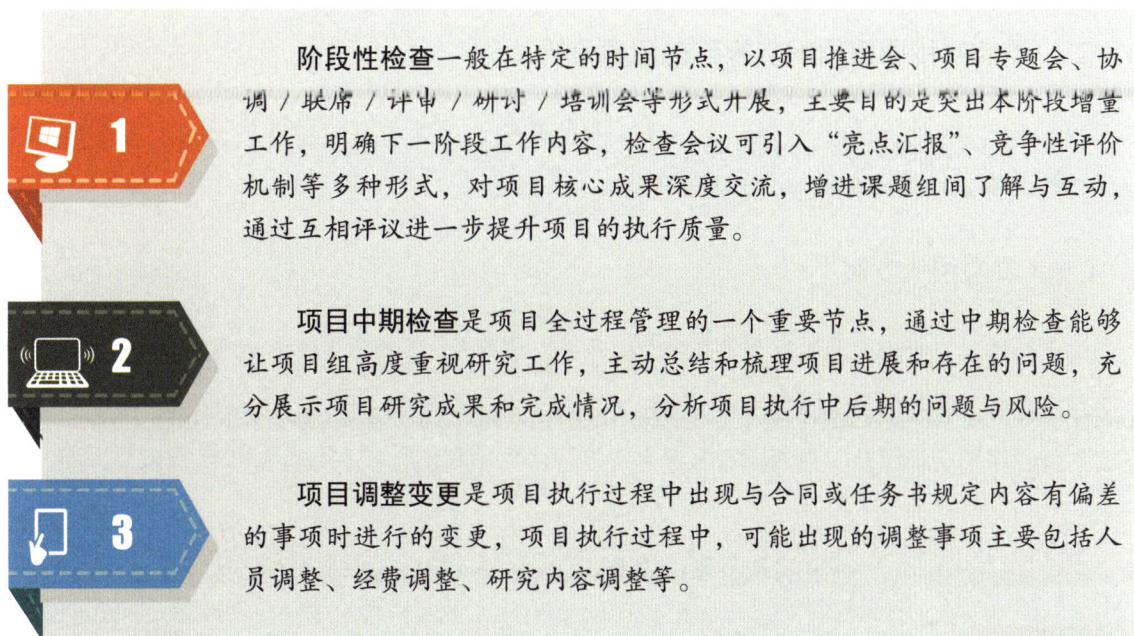

1 **阶段性检查**一般在特定的时间节点,以项目推进会、项目专题会、协调/联席/评审/研讨/培训会等形式开展,主要目的是突出本阶段增量工作,明确下一阶段工作内容,检查会议可引入"亮点汇报"、竞争性评价机制等多种形式,对项目核心成果深度交流,增进课题组间了解与互动,通过互相评议进一步提升项目的执行质量。

2 **项目中期检查**是项目全过程管理的一个重要节点,通过中期检查能够让项目组高度重视研究工作,主动总结和梳理项目进展和存在的问题,充分展示项目研究成果和完成情况,分析项目执行中后期的问题与风险。

3 **项目调整变更**是项目执行过程中出现与合同或任务书规定内容有偏差的事项时进行的变更,项目执行过程中,可能出现的调整事项主要包括人员调整、经费调整、研究内容调整等。

4. 项目验收

项目验收是项目团队完成项目研究并交付成果的阶段,包括自项目研究任务完成后至项目验收文件材料归档期间所进行的项目管理工作,一般由项目委托方或专业机构组织召开项目验收会,对项目完成情况进行评估。

项目组需要在验收前将项目执行期内的研究成果材料、财务执行情况、工作情况、调整变更材料准备好并提交给项目委托方或专业机构进行资料审查，审查合格后方可召开验收会议，邀请评审专家对项目研究成果进行论证。论证内容包括技术内容和资料内容两方面，技术内容上要求项目成果满足任务书或合同规定的考核指标，资料内容上要求项目组提交的研究报告、成果材料等真实可靠，达到任务书或合同规定的成果交付标准。

5. 成果应用

一般来说，项目验收通过完成归档后即已结题。随着我国新一轮科技革命和产业变革深入发展，科技成果转化为现实生产力的需求愈发迫切，习近平总书记强调要及时将科技创新成果应用到具体产业和产业链上，有必要将成果应用纳入重点科技项目组织实施过程中来。

对于基础研究类项目，成果多为论文、专利、软著和研究报告等，难以直接作用于实际生产，这类项目成果应用体现在学术影响力提升、为政府高层提供决策上；对于应用研究类项目，成果包括装置样机、系统软件等，通过技术许可、转让、投资等多种方式能够实现生产效率提高和经营改善。现有重点科技项目在设置考核指标时往往会有成果应用要求，比如实施方案应用、工程示范验证、装置挂网运行等，但由于研发时间较短，技术成熟度较低，达不到市场化推广的程度。因此，成果应用应考虑重点科技项目验收到成果成功应用之间存在的时间间隔，设置合理的指标体系，对成果应用成效进行鉴定评价。

二、重点科技项目组织实施存在问题分析

国家对科技创新重视程度达到了前所未有的高度，但现有重点科技项目组织实施与管理模式仍存在滞后于科技创新发展需要的问题。

（一）立项组织方面

重点科技项目组织立项没有很好解决"出卷人、阅卷人、答卷人"的关系问题，难以发挥"重大问题挖掘好、科技项目组织好、科研力量发挥好"的第一道关卡作用。具体来说，主要包括科技规划引领作用有待提升、指南编写质量有待提升、立项规范性和有效性有待提升3个方面。

科技规划引领作用有待提升——科技规划的制定能够确定主攻方向、重点和目标，是公司科研活动和科技发展纲领。但当前科技规划编制存在时间短、调研范围小、论证不够充分的问题，导致规划内容战略性、前瞻性不足，难以起到权威引领作用。由于科技规划制定过程中调研不够充分，存在"自上而下"的特点，但科技项目指南多采用"自下而上"的方式广泛征求研究需求并凝练形成指南，二者之间存在矛盾，科技规划的指导作用被弱化。

2　指南编写质量有待提升——编写组主要成员构成相对稳定，专家在筛选需求、评审和编写指南时，不可避免地存在单位偏好、人情偏好，对指南技术内容把关不足。部分科研需求建议来自一线生产经营所遇到的问题或团队自身研究兴趣，经指南组加工后，仍存在偏离科技规划任务技术路线的风险。指南需求查重主要依赖查重系统比对和编写专家筛查，越来越多需求以新兴技术应用为名"新瓶装旧酒"，用生词、造概念，使得指南重复研究难以被察觉。

3　立项规范性和有效性有待提升——为提高立项合规性，立项阶段需要经历预申报、正式申报、技术和财务审查、批复订立合同等流程，申报团队需要付出巨大的时间精力，而最终结果取决于小范围专家的评审，容易造成科研资源浪费和错配，也不利于"非共识"研究发展和重要研究方向技术的连续性攻关。评审中给专家"打招呼"、恶意竞争、领导干预等现象难以完全杜绝，"一锤定音"的机制也可能有失偏颇，影响立项的公平公正。

（二）过程与验收管理方面

"重立项、轻过程"现象比较普遍，重点科技项目过程与验收管理面临数量多、管理难度大等诸多难题，主要包括项目过程监督效果有待进一步发挥、立项与验收衔接不畅、项目管理信息化程度有待提升、科研"放管"矛盾仍然存在等方面。

1　项目过程监督效果有待进一步发挥——重点科技项目承载关键技术攻关任务，项目经费多、执行周期长、实施难度大，需充分发挥过程监督管理作用，保证项目正常开展。实际执行过程中由于项目数量太多，考虑到监督管理效率，项目委托方一般仅要求项目组按月或按季度报送研究进展，以此代替监督检查会议。针对少数特别重大的项目，才会定期开展督导评估。季报和月报是项目过程管理的重要实践，这种方式完全建立在科研人员的研究自觉之上，项目实际进度上可能存在偏差，过程管控效果打了折扣。

2　立项与验收衔接不畅——立项阶段涉及需求提报、指南凝练、指南评审发布、项目预申报和正式申报等冗长环节，导致研究需求和实际指南出现偏差，为后续项目过程和验收管理带来难题。一方面，项目立项和验收一般交由不同主体进行分管，各自管理要求的不同可能会让项目承担团队对研究内容有不同理解；另一方面，由于项目组在立项阶段耗费了大量时间申报，项目过程管理要求较为宽松，出现在项目验收前赶工出报告，以通过验收评审为研究目的的现象。

3 项目管理信息化程度有待提升——一是线上线下"双线程"管理，业务流程未得到优化，导致信息系统成为科研人员的负担，线上填报信息后仍然需要完成线下审批、盖章、寄送等环节；二是信息系统实用性有待提升，由于开发人员和主导系统开发人员并非实际用户，导致科技管理系统更注重展示、检索、数据存储，交互使用体验差，难以发挥管理效能；三是信息管理平台共享有待加强，科技项目信息既存在保密要求，又有产学研用多主体合作的需求，导致科研信息管理平台难以充分发挥信息共享价值和协同作用。

4 科研"放管"矛盾仍然存在——一是政策举措"提而不用，用而不好"，部分单位虽然配备了科研秘书，但存在专业性不足或岗位流动性大的问题，导致科研人员事务性工作未获得实质性减少；二是研发经费使用权限放宽，但各项审计检查愈发严格，变相减弱了相关举措的便利性；三是青年科研人员研究积极性未得到有效释放，"放管服"效果有待进一步提升，比如受考核评奖等规定影响，重点科技项目领导挂帅现象较为普遍，同时现有青年人才项目和政策力度不够，导致青年科研人员"挑大梁、干大事"的机会少。

（三）成果应用方面

成果应用是重点科技项目研究的最终落脚点，是真正发挥研究价值、产出研发投入效益的途径。由于缺乏有效成果转化机制，研究成果和应用之间仍存差距，主要体现在科研成果应用转化动力不足、科技成果研发和转化力量不足及科研成果市场环境支撑不足 3 个方面。

1 科研成果应用转化动力不足——产学研用融合深度不足，缺乏长效稳定的成果对接转化机制，导致科研人员只关注科技项目研究本身，在项目验收后将成果束之高阁，研究成果停留在考核指标要求的技术验证阶段。较长的项目研发和科技成果转化周期也造成最终产品贡献溯源难，科研人员缺乏长期技术支持的动力。

2 科技成果研发和转化力量不足——科技项目立项阶段设置考核指标时没有统筹考虑成果转化需求，包括转化条件、政策和市场环境等，导致最终产出的成果中有很大一部分难以适应转化需求，包括论文、专利、专著等。同时，科技成果自身的质量也是转化成功的基础条件，缺乏市场导向的研究成果很难走出实验室。

3　科研成果市场环境支撑不足——重难点项目研究周期较长，且后续成果转化需要持续资金支持，存在较高转化风险，难以得到市场基金青睐。同时，我国科技服务市场仍处于培育阶段，专业的科技服务机构数量偏少，存在专业性不强、市场化程度不高等问题，也导致科技成果市场转化渠道不够通畅。

三、重点科技项目组织实施优化

以重点科技项目为载体组织发挥科研力量的效果不够，科研攻关成效不明显，需从顶层设计、组织模式和运作机制三方面进行优化，找准关键核心问题，集中优势科研攻关力量，提高一体化管理能力。

1　顶层设计优化方面——充分认识科技规划在统一科学技术生产的关系、调配人财物科研资源、保证科研工作的连续性和继承性等方面的重要作用和地位，遵循科技规划制定的指导思想、工作原则和编制流程，经过广泛调研和充分论证，形成对电力行业短、中、长期技术攻关领域、方向和任务体系，发挥科技规划的引领作用。

2　组织模式优化方面——科研组织管理一般有"集中""分散"和二者相结合三种模式，"集中"模式权力高度集中，科研资源规模大且高度集中，科研人员专业化程度高；"分散"模式权力相对分散，鼓励适当重复研究和竞争，科研活力旺盛；"集中"和"分散"相结合兼具二者优势。当前科研组织模式具有"集中"和"分散"相结合的特点，但优势发挥不明显，主要表现在竞争过于"集中"，科研力量过于"分散"，需进一步整合优势资源，聚焦不同类型科研任务，结合总部与各单位组织架构关系差异化设计科技项目立项组织模式。

3　运作机制优化方面——除发挥顶层设计和组织模式作用外，还需构建适宜的运作机制优化科技项目立项操作层面的工作。针对指南编制与立项过程复杂造成的风险不可控、立项项目成果应用导向不明确、科技项目激励容错机制不健全等问题，需进一步简化科技项目立项流程，明确应用导向，提高基础性关键核心技术攻关的连贯性，配套政策机制保障科研人员创新热情。

第二节　第三方科技评价服务

国务院办公厅《关于完善科技成果评价机制的指导意见》指出要引导规范科技第三方评价。发挥行业协会、学会、研究会、专业化评估机构等在科技评价中的作用，强化自律管理，健全利益关联回避制度，促进市场评价活动规范发展。电力行业第三方评价机构开展的科技评价活动主要包括科技项目立项评价、科技项目后评估、科技成果评价、专利价值评价及科技成果转化。

一、科技项目评价

2022 年 11 月，由科技部提出，全国科技评估标准化技术委员会（SAC/TC580）归口的《科学技术研究项目评价通则》（GB/T 22900—2022）和《科学技术研究项目评价实施指南 基础研究项目》（GB/T 41619—2022）、《科学技术研究项目评价实施指南 应用研究项目》（GB/T 41620—2022）、《科学技术研究项目评价实施指南 开发研究项目》（GB/T 41621—2022）4 项科研项目评价国家标准正式发布实施。该系列标准的发布和实施对于指导和规范我国科研项目评价具有重要意义，为科研项目评价提供了一套通用框架和分类评价方法，有助于落实科技"三评"改革精神，进一步改进完善科研项目评价，优化项目管理和资源配置，提高项目实施绩效，促进我国科技创新整体效能的提升。

（一）科技项目立项评价

2023 年，中国电力企业联合会科技服务中心有限责任公司依据《科学技术研究项目评价通则》（GB/T 22900—2022）系列标准及《电力科技项目立项评价导则》（T/CEC 268—2019）标准，以定量和定性相结合的方式从技术和经济两个维度进行评估，评选出具有较高技术水平、较强研究与开发能力以及能够保证充足资源投入的项目承担单位，提出明确的可供决策参考的意见建议。

> **1**　2023 年 7 月，中国电力企业联合会科技服务中心有限责任公司为内蒙古电力（集团）有限责任公司鄂尔多斯供电分公司组织开展了 2024 年立项评审工作，评审项目 46 项。

2 2023 年 9 月，中国电力企业联合会科技服务中心有限责任公司为国网电力空间技术有限公司组织开展了 2024 年立项评审工作，评审项目 11 项。

3 2023 年 10 月，中国电力企业联合会科技服务中心有限责任公司为内蒙古电力（集团）有限责任公司组织开展了 2024 年立项评审工作，评审项目 313 项。

4 2023 年 11 月，中国电力企业联合会科技服务中心有限责任公司为国家电网公司华北分部组织开展了 2024 年立项评审工作，评审项目 46 项。

（二）科技项目后评估

2023 年，中国电力企业联合会科技服务中心有限责任公司依据《科学技术研究项目评价通则》（GB/T 22900—2022）系列标准及《电力科技项目后评估导则》（T/CEC 267—2019），通过对科技项目整个过程的再审视、再检查，及时发现科技项目制度执行和过程管理中的问题，为科技项目布局提供决策依据，促进科技项目有效实施、规范管理。

南方电网第三方后评估

2023 年，中国南方电网有限责任公司委托中国电力企业联合会科技服务中心有限责任公司对其 2020—2021 年验收的 116 个科技项目进行后评估。根据科技项目的组织实施、成果管理、实施成效等维度，按照"研究开发类、技术创新平台、科技成果与新技术应用"三类设置差异化指标并进行分类评价。

2023 年，国家电网深入贯彻落实习近平总书记考察南瑞集团重要指示精神，在科技项目管理上高度重视狠下功夫，构建"公司企标＋工作规则"作为科技项目后评价工作的指导文件，坚持发现问题、找出原因、以评促改、管理闭环的工作原则，落实后评价作为科技项目管理的"最后一公里"责任，与项目前期立项、中后期过程管控及验收进行反馈联动，提高科技项目后评价结论的系统性、针对性、发布性、可指导性。

国家电网后评估

　　甄选 2020 年已通过验收的 70 个分类代表性项目，2023 年优化完善后评价工作模式与评价方法，合理确定后评价项目样本范围和有效性、强化项目单位自评价督导和落实主体责任意识、加强评价指标精益化设置与落地可操作性、科学设置"单个项目独立评价—特定项目群专项评价—总体评价"立体评价模式、细化评价分析维度与指标量化颗粒度、提升指标体系应用和同行评议效能。深入挖掘影响项目成果后续转化应用的内外因素，抓住重点、梳理问题、归纳共性，构建了更加科学规范、精准高效的国家电网科技项目后评价工作机制，使科技项目后评价成果成为国家电网科技项目精准立项、关键技术接力研发、重大成果推广应用提供决策依据的有效手段。

二、科技成果评价

（一）科技成果评价

　　电力企业科技成果评价工作主要由中国电力企业联合会、中国电机工程学会、中国电工技术学会、中国能源研究会等行业协会、学会第三方专业评价机构完成。

　　为了规范电力行业科技成果评价工作，加快推动将科技成果转化为现实生产力，贯彻落实《关于完善科技成果评价机制的指导意见》（国办发〔2021〕26 号文）等国家有关完善科技成果评价机制工作部署，中国电力企业联合会科技服务中心有限责任公司牵头起草并发布了《电力科技成果评价规范》（T/CEC 719—2022），根据科技成果不同特点和评价目的，有针对性地评价科技成果的科学价值、技术价值、经济价值、社会价值和文化价值，率先探索解决电力行业科技成果评价"评什么""谁来评""怎么评""怎么用"的问题。

　　2023 年，中国电力企业联合会评价成果的数量为 537 项，较上年增长 6.55%。

　　2019—2023 年评价的科技成果项目数量由 2019 年的 229 项上升至 2023 年的 537 项，稳步上升，数量分布如图 7-1 所示。

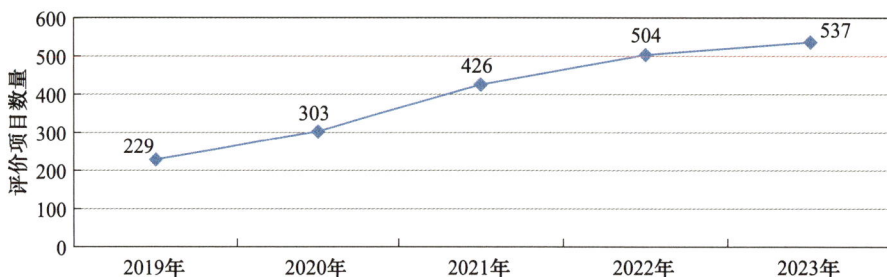

图 7-1　2019—2023 年中电联科技成果评价项目数量

（二）科技成果转化

2024 年 3 月 20 日，习近平总书记在湖南省长沙市主持召开新时代推动中部地区崛起座谈会时强调："强化企业创新主体地位，构建上下游紧密合作的创新联合体，促进产学研融通创新，加快科技成果向现实生产力转化"。

1　加快科技成果向现实生产力转化——必须强化企业科技创新主体地位。与高校和科研机构相比，企业处于市场前沿，洞悉用户需求，对技术的感知更敏锐，对产业发展趋势的把握更准确。强化企业科技创新主体地位，首先要提升企业技术创新决策的主体地位，建立企业常态化参与科技创新决策的机制，进一步健全需求导向、问题导向的科技计划项目形成机制，引导科研人员多从产业需求中凝练研究任务。其次，要着力强化企业科研组织的主体地位，构建上下游紧密合作的创新联合体，促进产学研融通创新，实现基础研究、应用研究、技术开发、产品研制的有效对接，进一步提升创新效能。

2　加快科技成果向现实生产力转化——必须进一步提升高校和科研机构的科技成果转化效率。作为国家战略科技力量和创新体系的重要组成部分，高校和科研机构既是科技成果产出的重要来源，也是科技成果转化的重要力量。要继续鼓励引导科研人员"把论文写在大地上"，在课题遴选时强化需求导向、目标导向，从源头上提升专利成果的质量。同时，要加强成果转化的专业化机构和人才队伍建设，大力发展共性技术平台、中试验证平台，提高实验室成果的成熟度，让企业接得住、用得上。

3　加快科技成果向现实生产力转化——需要相关政策的合力助推。2015 年以来，我国修订了《中华人民共和国促进科技成果转化法》，发布了《实施〈中华人民共和国促进科技成果转化法〉若干规定》，制定了《促进科技成果转移转化行动方案》，形成了从修订法律条款、制定配套细则到部署具体任务的科技成果转移转化工作"三部曲"，为科技成果转化提供了法律保障、政策保障。今后，要在把相关法律、政策落实落细的同时，进一步深化经济体制、科技体制等改革，加快形成与新质生产力相适应的生产关系，打通科技成果转化的堵点卡点。

为加快中央企业科技创新成果应用推广，加速科技成果向现实生产力转化，培育发展新质生产力的新动能，国务院国资委组织开展科技创新成果征集遴选工作。经企业推荐与专家评审，编制形成《中央企业科技创新成果产品手册（2023 年版）》。这是国资央企践行创新驱动发展战略，努力实现科技自立自强的重要举措，是央企坚持在"用"上下功夫的标志性成果，是加快构建新发展格局、维护产业链供应链安全稳定的具体实践。

《中央企业科技创新成果产品手册（2023 年版）》共包含 202 项成果，涉及电子元器件、零部件、仪器设备、软件产品、新材料、工艺技术、高端装备 7 个领域。电力领域共 49 项成果入选（见附表 A–1）。

这 49 项成果中，高端装备领域 25 个，占 51.02%；零部件领域 9 个，占 18.38%；工艺技术领域 6 个，占 12.24%；新材料领域 4 个，占 8.16%，具体领域分布如图 7–2 所示。

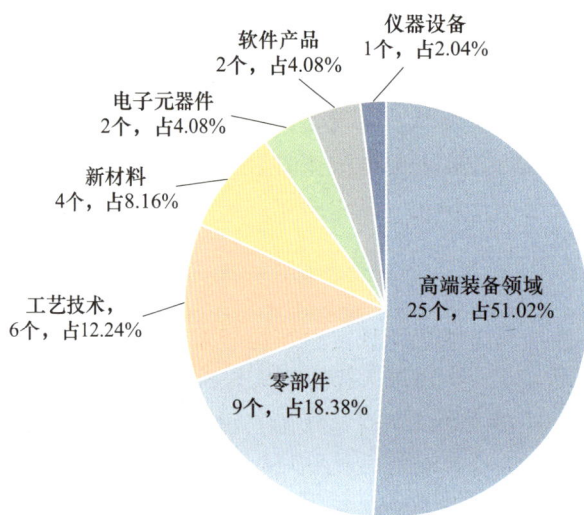

图 7–2 电力领域入选成果领域分布

各大电力集团推荐成果入选 38 项。中国华能推荐成果入选 7 项，最多；国家电投推荐成果入选 6 项，次之，具体数量统计如图 7–3 所示。

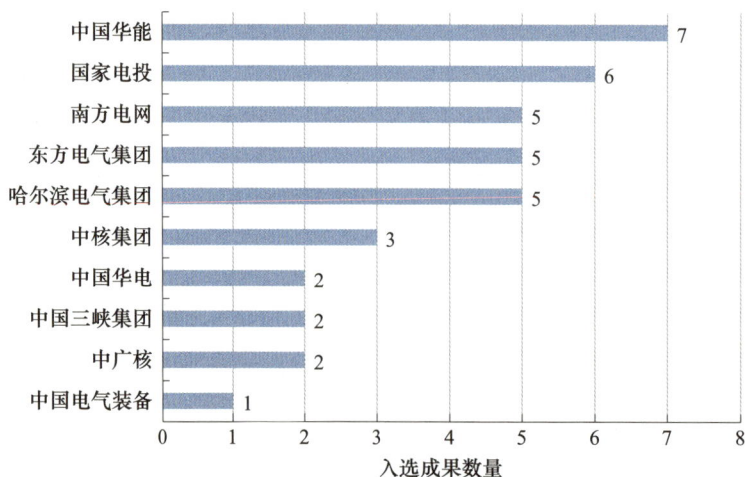

图 7–3 2023 年各大电力集团推荐入选成果数量统计

为持续推进能源领域首台（套）重大技术装备示范应用，加快能源重大技术装备创新，切实保障关键技术装备产业链供应链安全，国家能源局组织能源领域首台（套）重大技术装备申报及评定，有效加强能源产学研用上下游衔接推动关键技术装备研制，加快推动科技创新成果工程化和产业化，以示范应用促进持续创新。

2023 年 10 月，国家能源局将"新型高效灵活燃煤发电机组"等 58 个技术装备（项目）列为第三批能源领域首台（套）重大技术装备项目，其中 45 项属于电力领域（见附表 A－2）。各大电力集团申报入选项目共 32 项，中国华能 5 项，最多；国家电网、中国三峡集团各 4 项，次之；南方电网、国家能源集团、中核集团各 3 项，具体数量分布如图 7－4 所示。

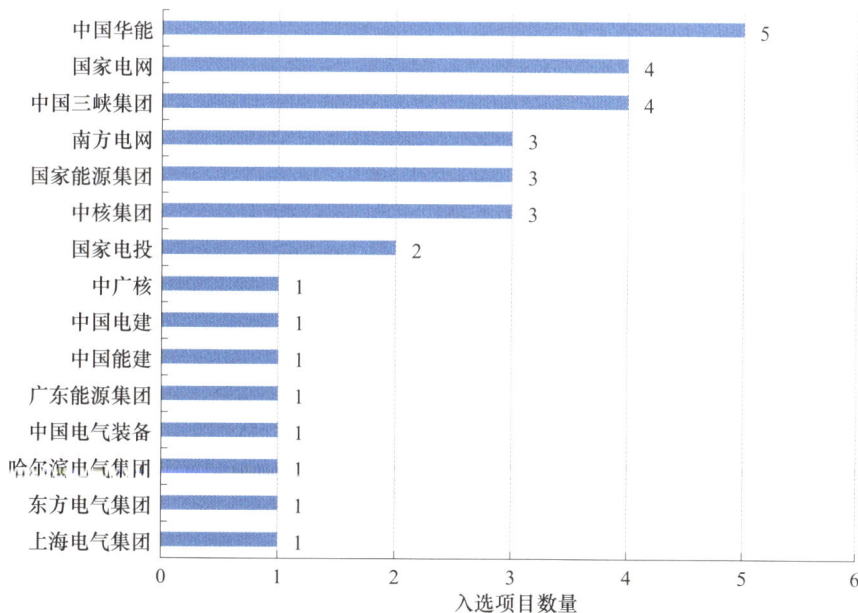

图 7－4　2023 年各大电力集团申报入选项目数量统计

（三）专利价值评价

为健全知识产权评估体系，由国家知识产权局牵头组织编制的推荐性国家标准《专利评估指引》（GB/T 42748—2023）于 2023 年 9 月发布实施。该标准构建了一套可扩展、可操作的专利价值分析评估指标体系，包括法律价值、技术价值、经济价值一级指标 3 项，二级指标 14 项，三级指标 27 项及若干项扩展指标，科学指导许可转让、金融、财税、侵权救济、分级管理等不同场景下的指标选取和权重调整，供企业、高校、科研组织、金融机构、评估机构等主体根据实际需求和具体场景选用，在此基础上通过谈判协商或综合市场信息分析，促成专利的市场定价和价值实现。该标准的实施将推动完善专利评估机制，提升专利评估能力，为专利转化运用提供基础支撑，促进创新资源有序流动和高效配置。

电力企业专利申请量逐年稳步上升、专利技术涉及覆盖范围广度不断扩大。中国电力企业联合会科技服务中心有限责任公司依据《专利评估指引》（GB/T 42748—2023）及牵头编写发布的《电力专利价值评价规范》（DL/T 2138—2020），从技术、法律、市场、战略等维度构建了专利价值评价指标，采用专家同行评议与标准化评价相结合的方式，为多家电力企业开展专利分级评价，有效指导了电力企业建立常态化专利价值评价机制，并为专利运营及后期处置决策提供依据。

第三节　电力行业科技成果

一、科技奖励

（一）国家科学技术奖

2024 年 6 月 24 日，中共中央、国务院公布《关于 2023 年度国家科学技术奖励的决定》，授予李德仁院士、薛其坤院士国家最高科学技术奖；授予 49 项国家自然科学奖、62 项国家技术发明奖、139 项国家科学技术进步奖。

2023 年度国家科学技术奖评奖工作突出三个重要方面。

1 **突出国家战略导向。** 坚持"四个面向"，把服务国家重大战略需求并作出创造性贡献作为提名和评审的重要原则，围绕国家战略需要，优化评审组设置和评审委员会专家构成，强化重点领域。

2 **完善提名机制。** 制定《国家科学技术奖提名办法》，压实提名者对材料把关、协助异议处理核查等责任，要求提名者与候选者所在单位对候选者政治、品行、作风、廉洁等情况做好审核把关。

3 **加强评审把关。** 按照水平高、作风硬的要求严格遴选专家组评审委员会，加强评审信誉管理，强化纪律约束，加强对候选者的诚信审核，依规做好异议处理工作。

2023 年度国家科学技术奖呈现了"四最"特点，即评审最快、获奖最少、难度最大、发明一等奖最多。

1　评审最快： 2020 年度之前的国家奖评审，申报、评审到颁奖流程跨越三个年度、接近 15 个月，即第一年度 11 月前后发布奖励申报通知，第二个年度进行形审、公示、网评、会评、评审委员会、奖励委员会等，第三个年度的 1 月进行颁奖。2023 年度国家奖改革后，大幅缩短评审周期，6 个多月完成全部奖励工作。

2　获奖最少： 近 20 年的国家科技奖授奖数量经历了先增加后减少的过程，在 2011 年达到最高峰，三大奖综合达到 374 项。2015 年之后授奖数量逐步控制在 300 项以内，上一届国家奖三大奖授奖总数为 264 项，本年度仅为 248 项，堪称 10 年最低水平。

3　难度最大： 2020 年之前的国家科技奖评审每年评审一次、每次授奖 300 项以内。2023 年度的国家科技奖是聚集了 2021、2022、2023 三个年度的优秀成果，相当于三个年度授奖 248 项，堪称奖励历史上最难的一年。

4　发明一等奖最多： 2020 年之前的国家科技奖发明一等奖总数一般在 3～4 项，本年度达到 8 项，历年最多。

电力行业获 1 项国家自然科学奖二等奖，2 项国家技术发明奖二等奖；10 项国家科技进步奖（1 项一等奖、9 项二等奖）。获奖项目清单见附表 B-1。

13 项获奖项目中，高校牵头的项目获奖 8 项，占 61.54%；企业牵头的项目获奖 5 项，占 38.46%。具体获奖分布如图 7-5 所示。

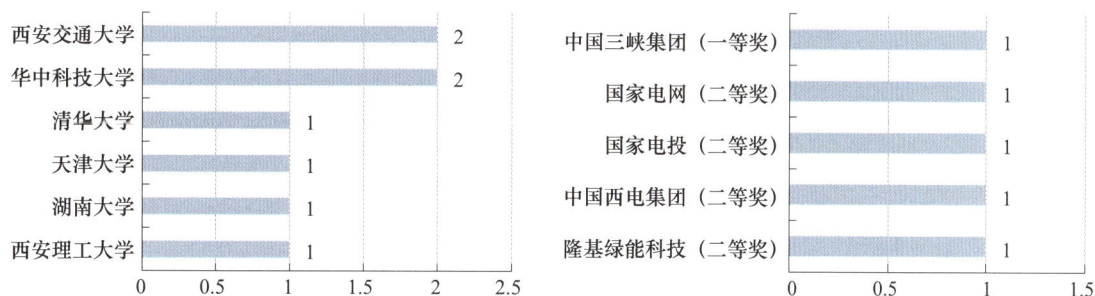

图 7-5　电力行业获 2023 年度国家科学技术奖项目牵头单位分布

从提名渠道进行统计，13 项获奖项目中，7 项由省市提名，占 53.85%；4 项由学会、协会提名，占 30.77%；1 项由教育部提名，占 7.69%；1 项由刘吉臻院士提名，占 7.69%，如图 7-6 所示。

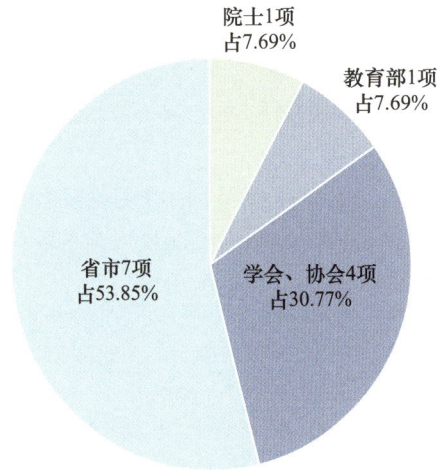

图 7-6　电力行业获 2023 年度国家科学技术奖项目提名渠道分布

以第一完成单位所属省市进行统计，13 项获奖项目中，5 项隶属陕西省，3 项隶属湖北省，2 项隶属北京市，具体地区分布如图 7-7 所示。

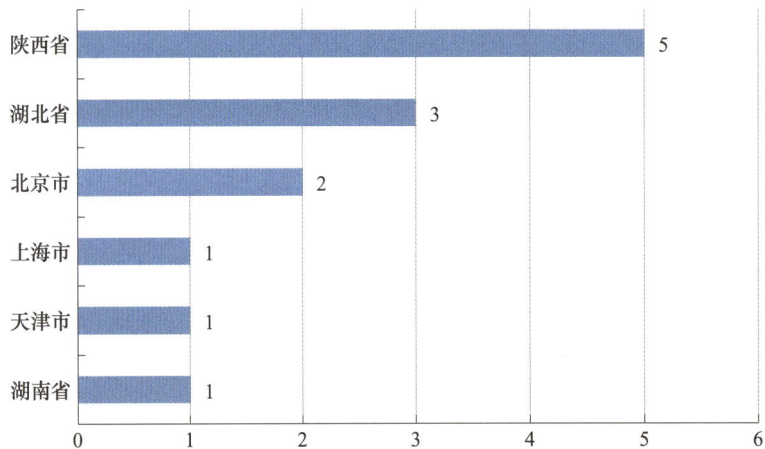

图 7-7　电力行业获 2023 年度国家科学技术奖项目地区分布

（二）中国专利奖

2023 年，第二十四届中国专利奖共授予 29 项发明、实用新型专利中国专利金奖。其中，电力行业获得 3 项金奖，占金奖总数的 10.34%，相比 2022 年获 6 项金奖，占比降低 9.66%；共授予 60 项发明、实用新型专利中国专利银奖，其中，电力行业获得 4 项银奖，占 6.67%，相比 2022 年获 6 项银奖，占比降低 3.33%。电力行业获 2023 年金奖、银奖项目清单见附表 B-2。2019-2023 年，电力行业获金奖、银奖的数量分布如图 7-8 所示。

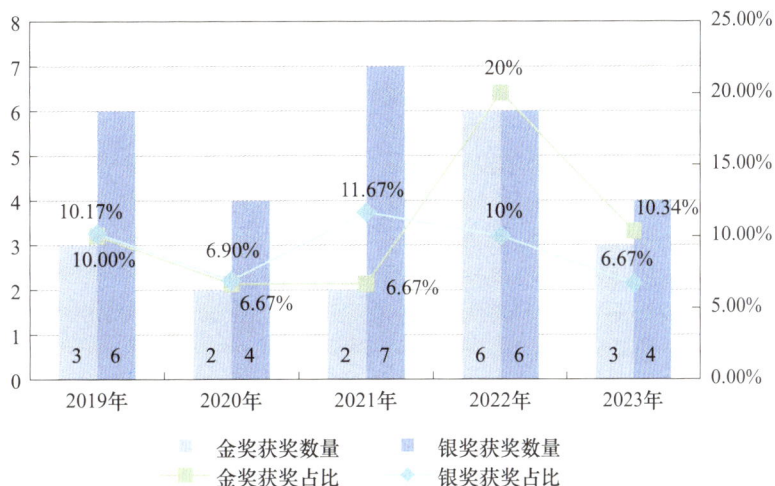

图 7-8　2019—2023 年，电力行业获金奖、银奖的数量分布

2019—2023 年，电力行业累计获中国专利奖金奖共 16 项，数量如图 7-9 所示。

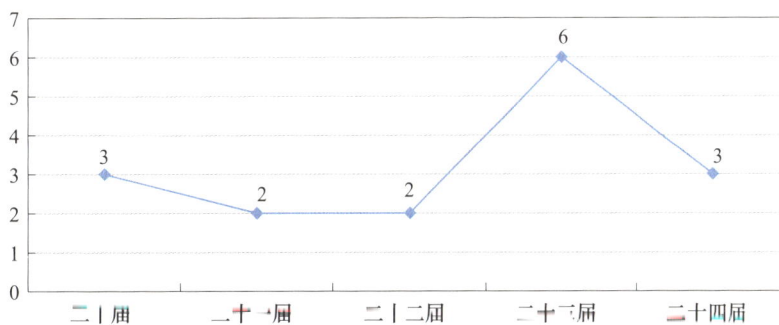

图 7-9　2019—2023 年，电力行业获中国专利奖金奖数量统计

以获奖专利的第一专利权人所在省市进行统计，16 项金奖专利中，7 项属北京市，占 43.75%；广东省、江苏省、浙江省各 2 项，均占 12.50%；具体地区分布如图 7-10 所示。

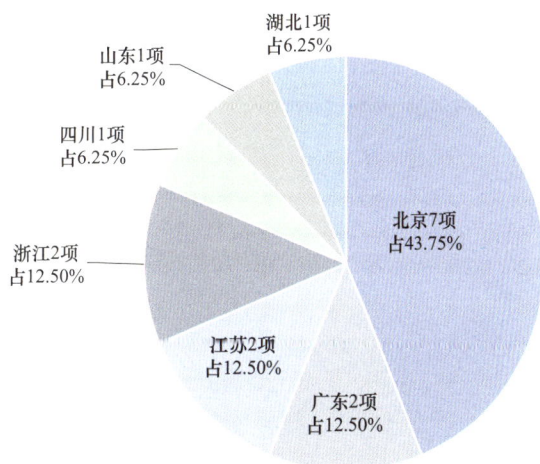

图 7-10　2019—2023 年，16 项金奖专利地区分布

专利年龄与专利技术先进性、经济和社会效益有一定的关联度。一般情况下，专利年龄越小，专利技术应用的时间相对较短，经济效益也较小；而专利年龄太大，部分技术可能已经过时，甚至不适合当前政策或社会发展需求，同时随着技术更新迭代，经济和社会效益的影响也会相对减弱。

从专利的授权日期到获奖日期进行统计，16 项金奖专利中，专利年龄在 2～4 年以内的，共计 5 项，占 31.25%；7～10 年以内的，共计 8 项，占 50%。具体专利年龄分布如图 7-11 所示。

专利的数量是基础，质量是关键。国家电网在专利申请量和累计拥有量连续 11 年排名央企第一，近 5 年斩获 4 项中国专利奖金奖，在主要电力企业中处于领先地位。2019—2023 年，电力行业获金奖的专利权人分布如图 7-12 所示。

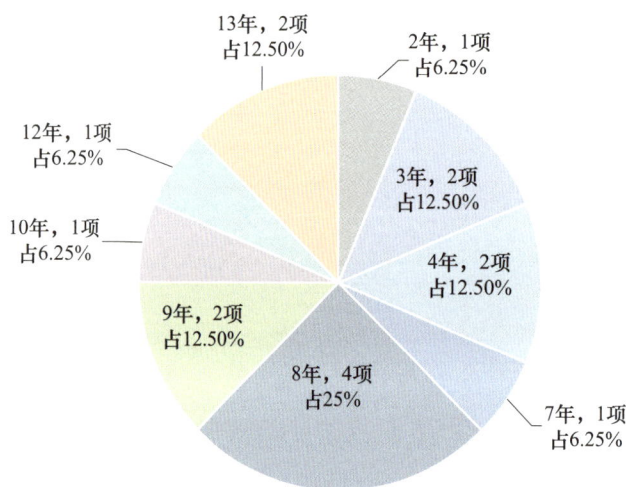

图 7-11　2019—2023 年，16 项金奖专利年龄分布

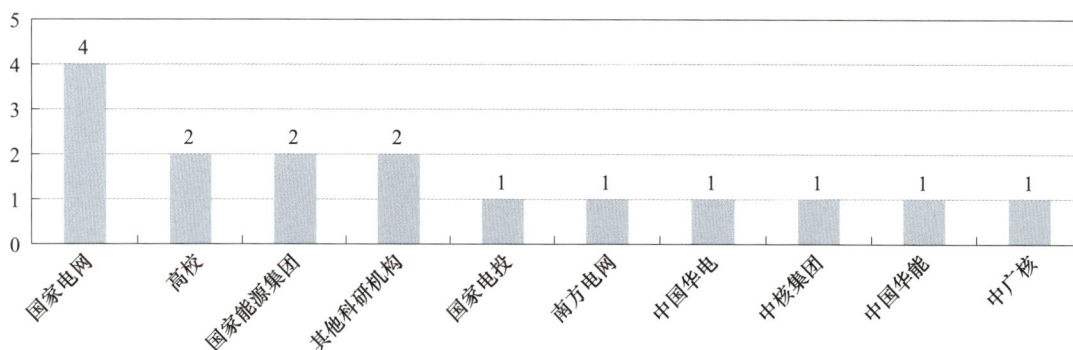

图 7-12　2019—2023 年，16 项金奖的专利权人所属电力集团数量统计

（三）社会力量设立科技奖励

国务院办公厅印发了《关于深化科技奖励制度改革的方案》，强调进一步促进和规范各

项奖励制度，并鼓励社会力量设奖，引导民间资金支持科技奖励活动，以引导科技人员瞄准世界科技前沿，强化基础研究，实现前瞻性、引领性原创成果重大突破。电力行业影响力较大的科技奖励清单见表7-2，2023年获奖清单见附录C。

表7-2　　　　　　　　　　　　　电力行业主要申请的奖励

序号	奖励名称	主办单位
1	电力创新奖	中国电力企业联合会
2	电力科学技术奖	中国电机工程学会
3	能源创新奖	中国能源研究会
4	机械工业科学技术奖	中国机械工业联合会
5	中国电工技术学会科学技术奖	中国电工技术学会
6	水力发电科学技术奖	中国水力发电工程学会
7	电力建设科学技术进步奖	中国电力建设企业协会
8	中国核能行业协会科学技术奖	中国核能行业协会
9	中国可再生能源学会科学技术奖	中国可再生能源学会
10	中国质量评价协会科技创新奖	中国质量评价协会
11	中国电子学会科学技术奖	中国电子学会

聚焦电力行业，申报项目包含电网、水电、火电、核电、新能源发电等领域且被电力企业广泛关注的为电力创新奖、电力科学技术奖、能源创新奖、中国电工技术学会科学技术奖。

1. 电力创新奖

由中国电力企业联合会组织评选，于2018年通过国家奖励办备案，每年评选　次，分为电力科技创新奖（包含技术成果、信息化成果、标准成果、管理成果、专利成果）和电力职工技术创新奖。

2023年，电力创新奖共授予13项电力创新大奖，其中，技术成果5项、信息化成果2项、标准化成果1项、管理成果5项。获奖成果所属集团分布如图7-13所示。

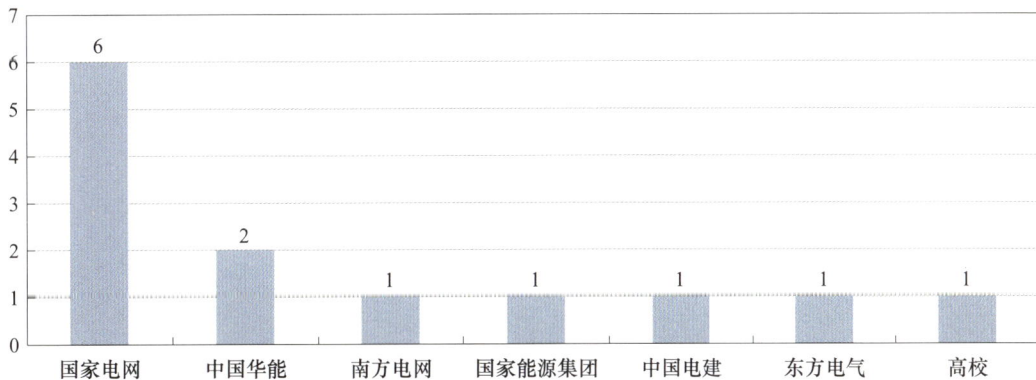

图7-13　2023年，电力创新大奖获奖成果所属集团分布

2019—2023年电力创新奖（技术成果）申报获奖情况如图7-14所示。

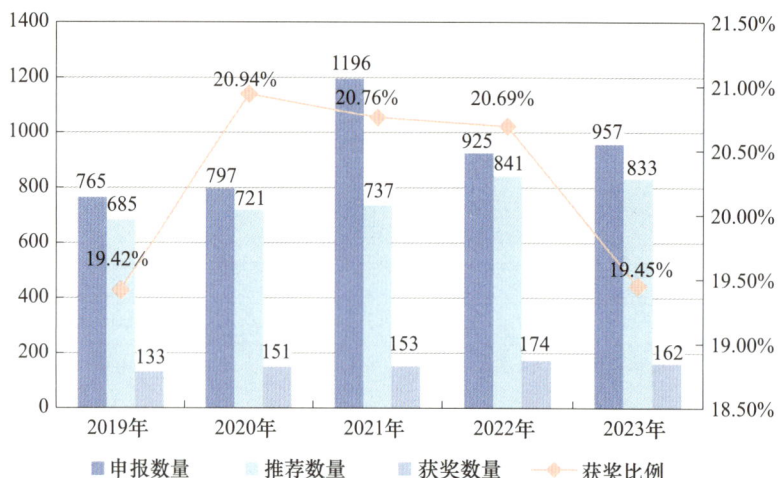

图 7-14 2019—2023 年 电力创新奖（技术成果）申报获奖情况

2019—2023 年，电力创新奖共授予 56 项大奖，其中技术成果 22 项，占 39.29%。国家电网、南方电网各获奖 5 项，具体集团获奖分布如图 7-15 所示。

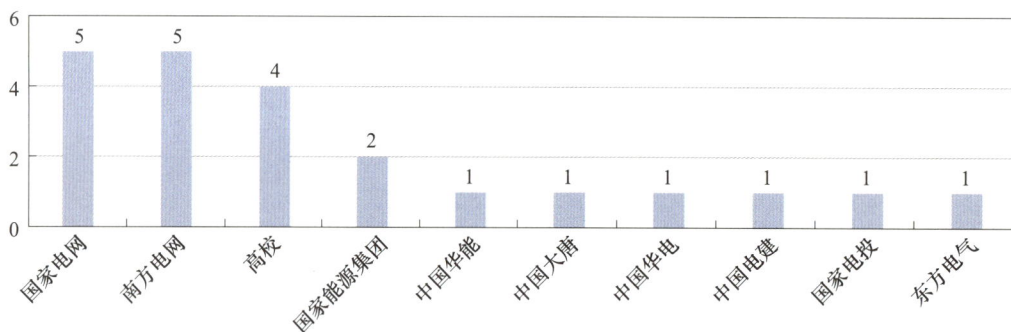

图 7-15 2019—2023 年，电力创新奖大奖（技术成果）集团分布

22 项电力创新奖大奖（技术成果）的技术领域分布如图 7-16 所示。

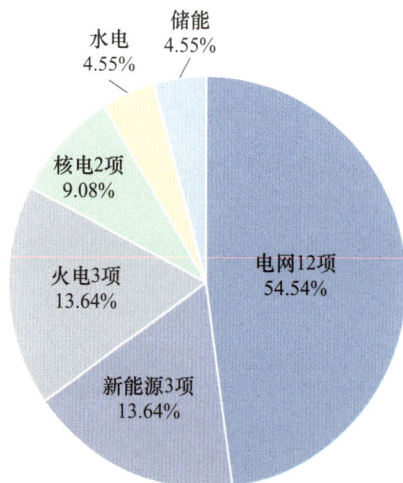

图 7-16 2019—2023 年，电力创新奖大奖（技术成果）技术领域分布

中国电力企业联合会设置电力职工技术创新奖，鼓励电力职工在工作岗位上，通过技术革新、工艺改进、设备改造、流程再造等进行创新。2019—2023 年，电力职工技术创新奖共授予 2612 项奖励，具体授奖情况如图 7-17 所示。

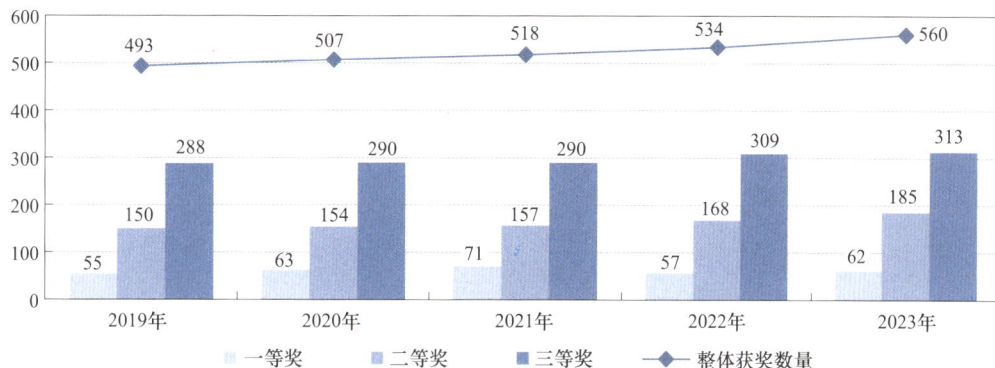

图 7-17　2019—2023 年电力职工技术创新奖获奖情况

2023 年，电力职工技术创新奖共授予 560 项奖励，其中，62 项一等奖，185 项二等奖，313 项三等奖。一等奖获奖成果所属集团分布如图 7-18 所示。

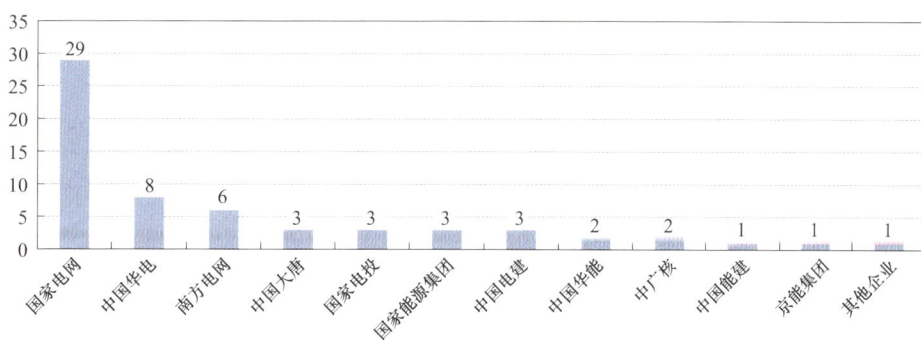

图 7-18　2023 年电力职工技术创新奖一等奖获奖成果集团分布

62 项一等奖成果的技术领域分布如图 7-19 所示。

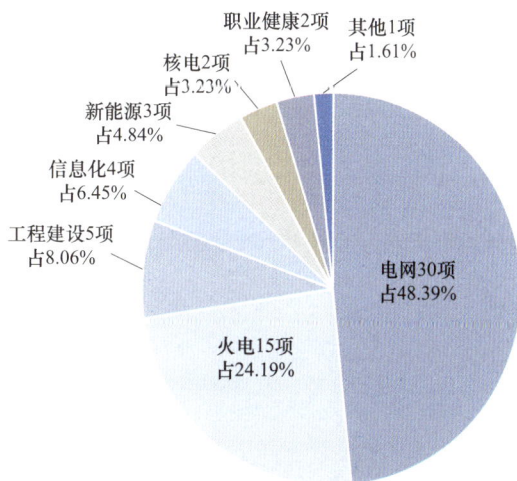

图 7-19　2023 年电力职工技术创新奖一等奖获奖成果技术领域分布

2. 电力科学技术奖

2023 年，电力科学技术奖共授予 17 项一等奖（2 项发明奖，15 项进步奖）。其中，国家电网获奖 8 项，占 47.06%。获奖成果所属集团分布如图 7-20 所示。

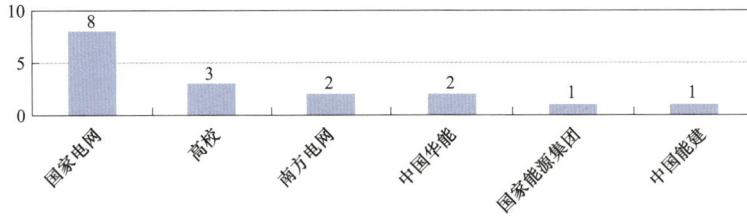

图 7-20　2023 年电力科学技术奖一等奖成果所属集团分布

2019—2023 年，中国电机工程学会电力科学技术奖获奖成果类别分布如图 7-21 所示。

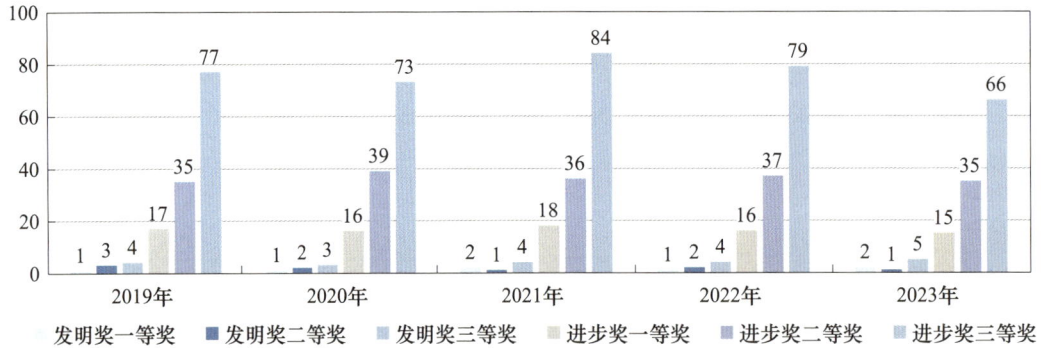

图 7-21　2019—2023 年，电力科学技术奖获奖成果类别分布

2019—2023 年，电力科学技术奖共授予 89 项成果一等奖（包括发明奖和进步奖），其中国家电网获 36 项，占 40.45%；高校获 16 项，占 17.98%；南方电网获 8 项，占 8.99%；中国华能、国家能源集团各获 7 项，均占 7.87%，具体集团获奖分布如图 7-22 所示。

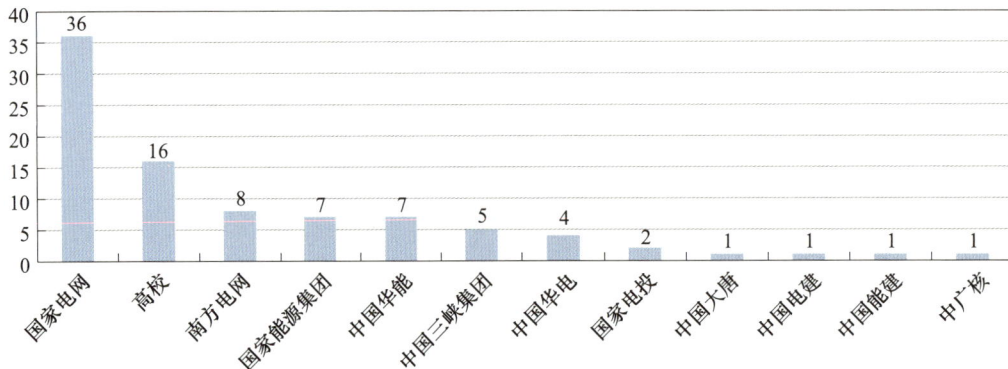

图 7-22　2019—2023 年，电力科学技术奖一等奖集团分布

89 项一等奖成果中，电网领域项目获奖 52 项，占 58.43%；火电领域获奖 15 项，占 16.85%；水电领域、新能源领域各获奖 7 项，占 7.87%；技术领域分布如图 7-23 所示。

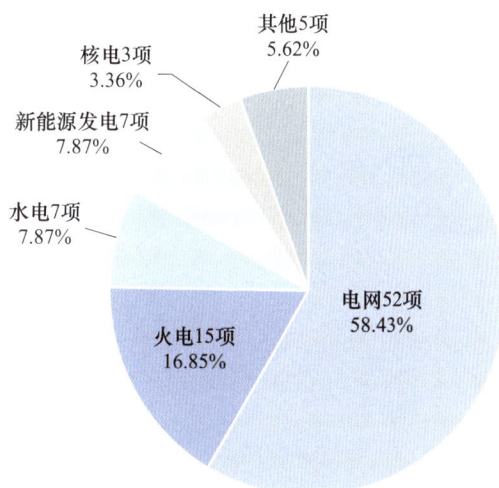

图 7-23　2019—2023 年，电力科学技术奖一等奖技术领域分布

3. 能源创新奖

2023 年，能源创新奖共授予 22 项一等奖，其中，学术创新项目 1 项、管理创新项目 4 项、技术创新项目 17 项。获奖成果所属集团分布如图 7-24 所示。

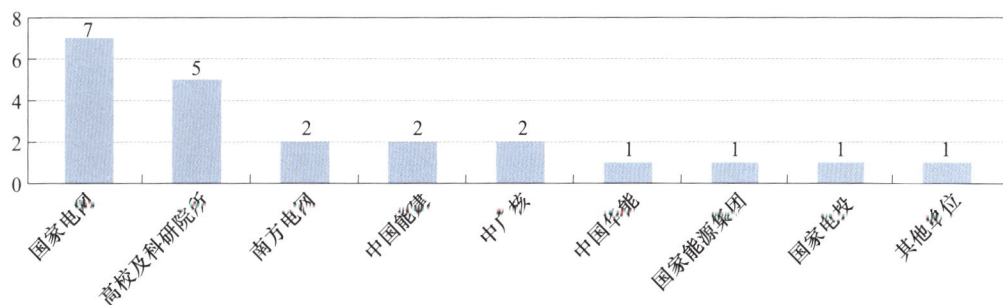

图 7-24　2023 年，能源创新奖一等奖所属集团分布

2019—2023 年，能源创新奖（技术类）共授予 63 项一等奖，其中，电力行业获 57 项，占 90.47%。电力行业获奖成果具体集团分布如图 7-25 所示。

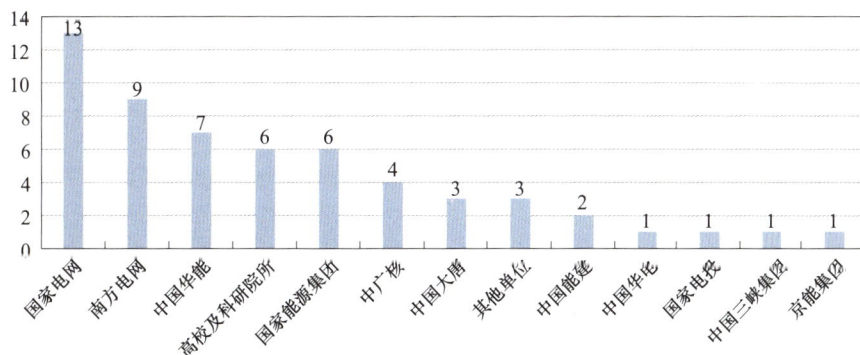

图 7-25　2019—2023 年，能源创新奖（技术类）一等奖电力行业成果集团分布

电力行业 57 项一等奖成果的技术领域分布如图 7-26 所示。

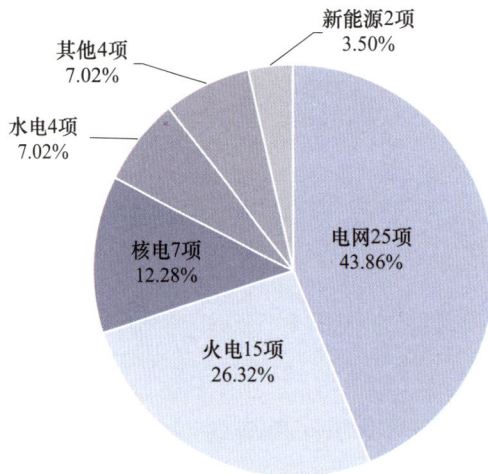

图 7-26 2019—2023 年，能源创新奖（技术类）电力一等奖成果技术领域分布

4. 中国电工技术学会科学技术奖

由中国电工技术学会组织评选，每年评选一次，奖励类别分为项目奖（技术发明奖、科技进步奖）和人物奖（高景德科技成就奖、青年科技奖）。

2023 年，中国电工技术学会科学技术奖项目奖共授予 22 项一等奖（3 项发明奖，19 项进步奖）。其中，高校牵头获奖 13 项，占 59.09%；国家电网获奖 5 项，获奖成果所属单位分布如图 7-27 所示。

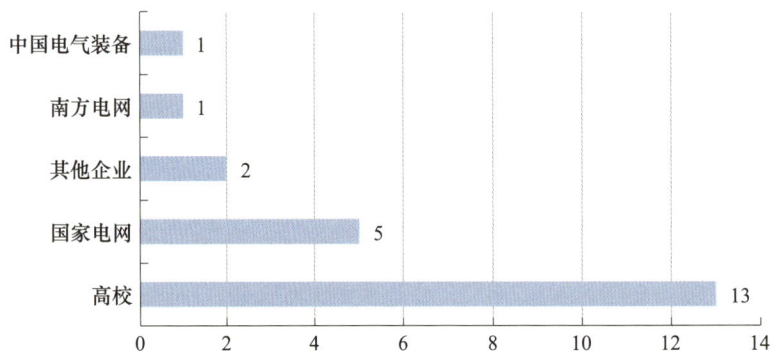

图 7-27 2023 年中国电工技术学会科学技术奖项目奖一等奖单位分布

2019—2023 年，中国电工技术学会科学技术奖项目奖获奖等级分布如图 7-28 所示。

2019—2023 年中国电工技术学会科学技术奖项目奖共授予 60 项成果一等奖（及以上），其中高校牵头获 35 项，占 58.33%；国家电网获 15 项，占 25%，具体集团获奖分布如图 7-29所示。

图 7-28 2019—2023 年，中国电工技术学会科学技术奖项目奖获奖等级分布

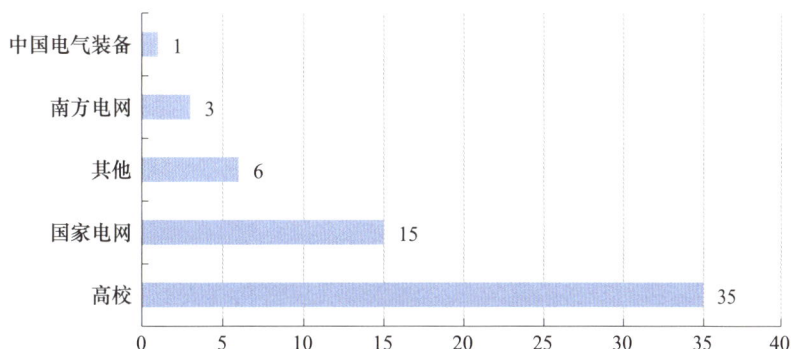

图 7-29 2019—2023 年，中国电工技术学会科学技术奖项目奖一等奖获奖单位分布

二、专利、论文

我国发明专利申请量、专利合作条约国际专利申请量多年蝉联世界第一，高被引论文数保持世界第二位。世界知识产权组织发布的全球创新指数报告中，我国排名从 2012 年的第 34 位上升到 2023 年的第 12 位，科技整体实力显著提高。

（一）专利

2023 年 4 月 26 日，习近平总书记向中国与世界知识产权组织合作五十周年纪念暨宣传周主场活动致贺信，指出"中国始终高度重视知识产权保护，深入实施知识产权强国建设，加强知识产权法治保障，完善知识产权管理体制，不断强化知识产权全链条保护，持续优化创新环境和营商环境。"

2023 年 8 月，国务院印发《知识产权强国建设纲要（2021—2035 年）》《"十四五"国家知识产权保护和运用规划》，深入实施知识产权强国战略，加快建设知识产权强国。

专利作为知识产权的重要部分反映了企业的科技水平。专利既是知识和技术信息的载体，又是创新活动的直接体现。

1. 国内专利

（1）专利申请授权量分布。随着中国电力企业专利保护意识的增强，其相关技术领域的自主研发能力和创新能力不断提高，专利申请数量和授权数量也持续增长。2023 年主要电力企业专利申请数量为 95942 件，较上年增长 20.31%；授权数量为 60212 件，较上年增长 20.58%。

2019—2023 年，主要电力企业专利申请量、授权量及授权率如图 7-30 所示。

图 7-30　2019—2023 年，主要电力企业专利申请量、授权量及授权率

（2）专利类别分布。国内专利分为发明、实用新型、外观设计 3 种。不同的专利类型意味着专利保护对象、审查标准、授权条件、保护期限不同。从创新角度看，发明专利相对于实用新型和外观设计而言，其创新程度和技术重要性更高，专利转化或者应用的机会更多。2023 年，主要电力企业授权的发明专利共 28627 件，占 47.54%（较 2022 年占比增加了 16.49%）；实用新型专利 31022 件，占 51.52%；外观设计专利 563 件，占 0.94%。

2019—2023 年，主要电力企业授权的发明专利共 70275 件，占 31.93%，占比较 2022 年增加 6.66%，创新要求较高的技术方案或者产品逐渐增多。实用新型专利 147226 件，占 66.89%，占比较 2022 年降低 6.39%，基于原有产品或者技术方案的改进或升级略有减少；外观设计专利 2599 件，占 1.18%。授权专利类别分布如图 7-31 所示。

（3）专利权人分布。截至 2023 年年底，主要电力企业累计有效发明专利 122185 件，累计有效专利 332653 件。其中，国家电网累计有效发明专利 65722 件，累计有效专利 113963 件，在主要电力企业中处于领先地位。累计有效发明专利排名前 7 的专利权人分布如图 7-32 所示。

图 7-31　2019—2023 年，主要电力企业授权专利类别分布

图 7-32　2023 年主要电力企业累计有效专利情况

（4）专利的转让及实施。2023 年，主要电力企业专利授权量为 61375 件（含涉外专利），其中专利转让及许可专利为 2381 件，约占 3.88%，较 2022 年无增长。这些专利转让与许可收益仅 12.93 亿元，占全年科技投入的 0.71%，较去年下降 0.86%，科技成果转化率有待提升，科技创新对电力企业生产力提高和营收增长的贡献有待提高。

主要电力企业拥有有效专利 335295 件（含涉外专利），其中专利实施件数 119231 件，专利实施率为 35.56%，体现了电力企业注重专利的应用和实施效果。

2. 涉外专利

《知识产权强国建设纲要（2021—2035 年）》中指出，要深化与共建"一带一路"国家和地区知识产权务实合作，打造高层次合作平台，推进信息、数据资源项目合作，向共建"一带一路"国家和地区提供专利检索、审查、培训等多样化服务。加强知识产权对外工作力量，拓展海外专利布局渠道，推动专利与国际标准制定有效结合。

2023 年主要电力企业涉外专利的申请量为 2808 件，较去年增长 190.68%，授权量为 1163

件，较去年增长 79.75%，累计有效量为 2642 件。2019—2023 年，涉外专利的申请量、授权量及授权率如图 7-33 所示。

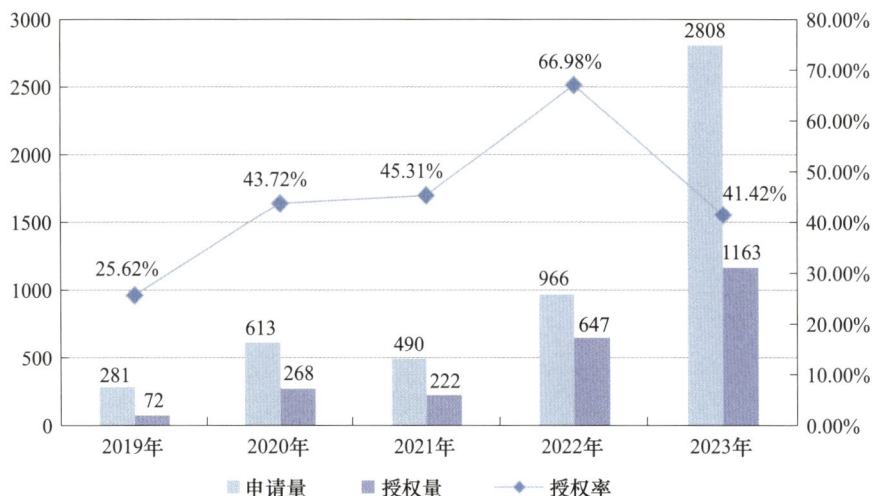

图 7-33　2019—2023 年，涉外专利的申请量、授权量及授权率

（二）论文

2023 年主要电力企业公开累计发表科技论文 38509 篇，其中 SCI 收录论文 3777 篇，占 9.81%（占比较 2022 年增长 2.21%）；EI 收录论文 10338 篇，占 26.85%（占比较去年增长 5.41%），如图 7-34 所示。

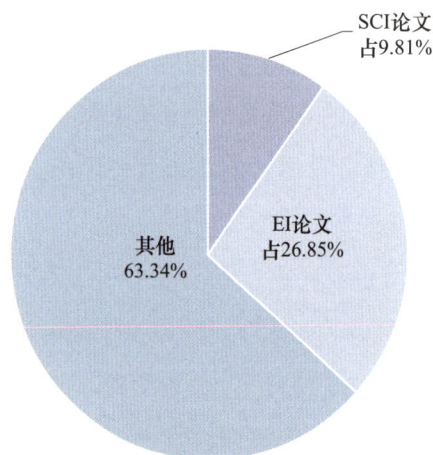

图 7-34　2023 年主要电力企业公开累计发表论文情况

2019—2023 年，主要电力企业公开累计发表论文总数量、SCI 和 EI 收录论文数量统计如图 7-35 所示。

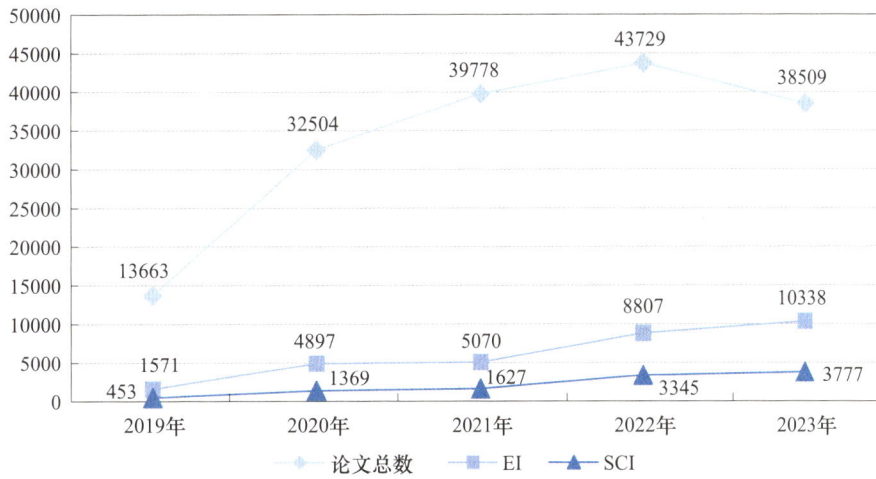

图7-35 2019—2023年，发表论文总数量、SCI和EI收录论文数量统计

第八章

发 展 展 望

新一轮科技革命和产业变革加速演进，涌现出一大批新兴技术，引发了世界科技发展环境的深刻变革，世界科技发展领域、发展范式、发展方向以及发展目标都面临新的变化，能源科技创新进入持续高度活跃期，新技术、新产业、新模式已成为全球科技创新的竞技场。随着全球应对气候变化和能源转型进程的不断推进，能源电力也成为大国博弈的重要领域，电力行业科技创新在我国现代化强国建设中任重而道远。

第一节　能源电力科技创新趋势

一、全球科技发展新趋势

新一轮科技革命和产业变革加速演进，涌现出云计算、物联网、大数据、人工智能、3D打印等一大批新兴技术，引起全球经济快速变革。随着信息技术等颠覆性创新的持续推进，科技数字化、网络化、智能化发展明显加快，推动人类社会迈进了数字化和智能化时代，全球科技在发展领域、发展方向、发展范式、发展目标上都呈现出一系列新的发展趋势[1]。

发展领域上，**科技发展"一主多翼"态势显著，信息、能源、材料和生物成为科技创新的重要领域**。"一主"指信息技术，"多翼"指新能源、新材料和生物技术。信息技术的突破性应用成为驱动社会生产力变革的主导力量，能源技术、材料技术和生物技术等也取得不同程度的突破性进展，为社会生产力革命性发展奠定了技术基础。

发展方向上，**科技发展"数字化""绿色化"转型明显，数字科技和绿色科技成为当前全球创新突破最多的领域**。新一轮科技革命为科技创新提供资源和平台基础，在促进数字技术飞跃式发展的同时也为其他技术领域发展提供了高经济性、高可用性、高可靠性的技术底座，构建起一个数据驱动的平台化、生态化的基础设施群，加速了技术发展的数字化转型。

---

[1] 资料来源：《国家科技竞争力报告（2023）》，经济科学出版社。

此外，随着全球气候变化、资源环境不断恶化等，未来30年新能源革命将持续爆发。受化石能源日渐耗竭和环境保护要求的双重影响，科学技术的绿色低碳化发展，包括绿色低碳技术创新和其他技术的绿色低碳化转型，已经成为推动实现经济社会绿色低碳转型的关键基础，绿色科技发展趋势明显。

发展范式上，**科技发展"交叉融合"深入进行，跨学科、跨领域交叉融合技术是科技创新的重要增长点。**当前世界科学研究沿原有路径继续延伸越来越难以取得进展，越来越多的科学家转向交叉学科或边缘学科。数字技术的发展加深了技术之间跨学科、跨领域的融合渗透程度，传统技术通过数字化转型不断突破现有的技术壁垒，达到了新的发展高度。同时，数字化与绿色化相互融合、相互促进，将催生出大量新领域、新赛道，使得未来科技创新转型更加广泛、深刻、快速。

发展目标上，**科技发展强调面向人类高质量发展需求，既要注重经济效益，也要兼顾社会发展效益。**伴随科技发展产生的部分社会负外部性，迫切要求社会技术系统转型，在发展经济的同时兼顾社会公平、生态环境、气候变化等社会问题，实现技术创新和社会结构之间的"协同演化"。

二、全球能源电力科技创新趋势

美国、欧盟、日本等世界主要经济体将科技创新视为推动能源转型的重要突破口，积极制定政策措施抢占发展制高点。受政策驱动，可再生能源、核能、储能、智慧能源等领域诸多新兴技术跨越技术商业化临界点。全球能源电力科技创新呈现以下主要形势趋势：

一是可再生能源和新型电力系统技术成为引领能源向绿色低碳转型的重要驱动，是各国能源电力科技创新的主要方向。全球低碳化乃至"去碳化"能源体系发展步伐加速，国际能源署预测，可再生能源在全球发电量中的占比将从当前的约25%攀升至2050年的86%。为应对可再生能源大规模发展给能源系统可靠性和稳定性带来的挑战，美、欧等国积极探索发展包括先进可再生能源、高比例可再生能源友好并网、新一代电网、新型储能、氢能及燃料电池、多能互补与供需互动等新型电力系统技术，开展了一系列场景各异的试验示范工作。

二是清洁氢能技术受到广泛关注，各国支持力度不断增加。美国政府发布首份《国家清洁氢能战略和路线图》，明确了清洁氢能的战略性地位，提出了加速清洁氢能生产、加工、交付、存储和使用的综合发展框架；美国政府向7个地区性清洁氢能中心提供70亿美元支持资金，并预计吸引400亿美元私人投资。欧盟确定了绿氢及其衍生物的定义，并启动欧盟氢能银行试点项目，为绿氢生产商提供高额补贴。德国与丹麦和挪威等国合作，包括共建海上风电制氢设施和海底氢气管道等；德国与哈萨克斯坦合作建设年产绿氢200万吨的绿氢工厂。意大利、德国、奥地利3国能源部长共同签署了"南部氢能走廊"项目的合作开发协议，拟建连接北非和欧洲大陆的氢气管道，到 2030 年每年从北非向欧洲输送至少 400 万吨氢气。韩国、日本也计划在 2024 年推出氢能相关的补贴。

三是可控核聚变领域技术研发和商业化进程加速。美国能源部通过"聚变能科学"专题为聚变能发展提供大量支持；美国核管理委员会正在制定聚变能监管框架，支持聚变能的开发和商业化；美国在 COP28 上宣布推出一项推动聚变能发展的国际合作计划，该计划将涉及 35 个国家，这是美国首次提出类似的推动聚变能发电商业化的国际战略合作计划。英国原子能管理局启动一系列项目推动聚变能相关技术研发和商业化发展。德国联邦教育和研究部宣布在目前每年 1.49 亿欧元聚变能研究资金的基础上，未来 5 年再投入 3.7 亿欧元，支持所有有发展前途的聚变能技术路线。日本政府发布《聚变能源创新战略》，旨在利用本国技术优势实现聚变能产业化发展，在未来商业化利用聚变能中占据主导地位。预计，全球科技强国将进一步加强对聚变能的关注度，出台聚变能顶层政策与关键技术的研发计划，推动聚变能发展。

四是传统能源电力技术与信息、交通等领域的新技术深度交叉融合，数字化智能化技术创新推动能源数字化转型。美、欧、日等主要发达经济体近年来在能源交叉融合技术方面持续发力，推动"大云物移智链"等先进信息技术与能源生产、传输、存储、消费以及能源市场等环节深度融合，催生具有设备智能、多能协同、信息对称、供需分散、系统扁平、交易开放等特征的智慧能源新技术、新模式、新业态。电动汽车及其网联技术、氢燃料电池车等低碳交通技术，推动能源、交通、信息三大基础设施网络互联互通、融合发展。

三、我国能源电力科技创新趋势

随着新型电力系统的加快构建，许多技术探索进入"无人区"，重大技术创新深刻影响新型电力系统建设路径。聚焦重点领域、关键技术、"卡脖子"问题，围绕新能源主动支撑、大电网安全运行等关键领域及新型储能、类脑智能等前沿技术，全力开展原创性科技攻关，持续推进电力技术创新、市场机制创新、商业模式创新，加快形成先进前沿技术创新牵引带动效应。

一是突破高效新能源发电、长周期储能、低成本 CCUS 等前沿技术，推动电力产业链供应链提档升级。在高效新能源发电及主动支撑、新型储能、CCUS 等重大关键技术和高端电力基础材料、电力气象、数字化智能化等重要支撑技术领域打造先发优势。以提升新能源发电效率与质量、提高并网友好性与可靠替代能力为核心，推进深远海域海上风电开发及超大型海上风机、高效低成本晶体硅电池、长时间尺度新能源资源评估与功率预测、新能源发电并网及主动支撑、分布式新能源聚合等技术，在电力电子变流器虚拟同步控制技术、新型高功率高耐压电力半导体开关器件研发等领域有望取得重要突破。

二是以智能电网技术创新升级为重点，构建高质量的新型电力系统。基于未来电力系统仍以交直流区域互联大电网为基本形态的研判，推进柔性交直流输电等新型输电技术广泛应用。以分布式智能电网为方向的新型配电系统形态逐步成熟，就地就近消纳新能源，形成"分布式"与"大电网"兼容并存的电网格局。以充分适应未来高比例新能源并网为核心，以高电压大容量柔性直流和柔性交流输电技术应用为重点，突破适应大规模新能源输送的特高压柔性直流技术、多端特高压柔性直流技术、柔性直流电网组网技术、可控电网换相换流技术等，中远期进一步突破低频输电、超导直流输电等技术。以应对分布式电源渗透率逐步提高和源网荷储灵活互动需要为核心，推进中低压配电网源网荷储组网协同运行控制关键技术、分布式发电协调优化技术、分布式电源并网及电压协调控制技术，实现配电网大规模分布式电源有序接入、灵活并网和多种能源协调优化调度，推动提升配电网运行效能。

三是创新电力系统智慧化运行技术，助力新型电力系统建设。加强数字赋能和规模化应用，深入应用物联网、人工智能、电力北斗等技术。依托电力系统设备设施、运行控制等各类技术以及"云大物移智链边"等数字技术的创新升级，推动建设适应新能源发展的新型智慧化调度运行体系，推动电网向能源互联网升级，打造安全可靠的电力数字基础设施，构建能源数字化平台。

四是强化供需协同，推动源网荷储协同高效运行。基于电力物联网细粒度数据，利用深度强化学习、博弈智能等人工智能技术，实现设备级安全自主控制、园区级博弈协同优化。加强具有自适应性的综合能源系统自动化优化运行调控技术研发和应用。加快提升终端用能电气化水平，在交通领域，以电能替代柴油汽油；在建筑领域，促进建筑用能低碳化，以电能热能转换为主，推动电热电气互动高效运行，开展电网–气网耦合、电网–热网耦合等技术研发和示范应用。

五是推进市场机制和商业模式创新。建立"电–碳–证"多市场协同机制，加强可再生能源超额消纳量、绿证、碳排放权、CCER 衔接，健全不同环境权益产品间的流通规则、核算方式和价格传导机制；培育电力新兴业态商业模式，支撑新型电力系统建设。

第二节　高效清洁燃煤发电

目前我国煤电装备制造、发电运行技术在机组性能、发电效率、污染物排放等方面均处于国际领先水平，有力支撑了当前形势下的燃煤机组高效灵活运行，但尚需解决煤电机组调节能力不足、煤电与新能源融合式发展等问题。火电的数字化、智能化技术是当前研发热点，主要包括 5G 技术与智慧电厂的融合、边缘计算技术的应用和人工智能技术的深入应用等方面。燃机发电技术研发，聚焦在天然气掺氢、纯氢燃烧等方面。火电碳捕集与利用、封存技术的研发，主要着力解决 CCUS 技术能耗高、成本高的问题。

一、燃煤发电

虽然我国煤电发电技术在发电效率、排放水平、机组性能等方面均处于国际领先水平，但在超临界二氧化碳发电技术、碳捕集技术、煤气化燃料电池发电、燃煤耦合生物质发电技术等方面仍需突破，现阶段面临技术研发难度大、成本高等问题。我国整体还面临着煤电机组调节能力不足、煤电和新能源融合式发展技术储备不充分等问题。因此，未来应加强颠覆性技术创新，全力攻关煤炭清洁高效利用和新型节能等技术，推进燃煤发电机组向高参数、大容量、智能化方向发展，推进超高参数燃煤发电、新型动力循环系统、高灵活智能燃煤发电、燃煤高效低成本多污染物联合控制研究；积极拓展煤电与新能源、生物质等其他发电技术的耦合技术，以数字化、智能化技术构建适应性平台，支撑可再生能源和清洁煤电的发展和高效运行，实现系统低碳化、清洁化发展。对于存量煤电机组需要充分挖掘煤电机组灵活性改造、供热改造潜力，采用储能等创新技术，实施火电机组灵活性改造，通过发挥其灵活的调节作用及深度调峰能力实现能量供给与需求平衡，解决时域性差异问题，促进大规模可再生能源消纳，提高低位能供热机组热电解耦的能力。

二、智能发电

智慧电厂的未来发展趋势主要体现在三个方面。**一是 5G 技术与智慧电厂的融合。**5G 技术具有高速度、低时延、大连接的特点，将为智慧电厂提供更加稳定、高效的通信支持，进一步提高智慧电厂的运行效率和安全性。**二是边缘计算技术的应用。**边缘计算技术将计算能力从云端下沉到设备端，实现数据在边缘节点的实时处理，降低数据传输和存储成本，提高数据处理速度。**三是人工智能技术的深入应用。**人工智能技术将在智慧电厂的各个环节发挥越来越重要的作用，从设备故障诊断、预测到智能调度及优化运行，助力智慧电厂实现更高效、安全、绿色运行。

三、碳捕集与利用、封存

CCUS 技术目前面临的主要挑战是碳捕集与利用技术能耗高、成本高、效益低的"两高一低"问题，以及二氧化碳封存的安全性差、环境风险高，政策法规支持力度不够、监管不规范等难题，下一步 CCUS 技术将主要围绕二氧化碳捕集率、利用率、封存率和安全性提高，降低成本和风险等领域进行持续优化和改进。在碳捕获技术方面，提高捕集效率、减少捕集能耗是关键，研究新型吸附、吸收材料和膜分离技术，同时研究和开发碳捕获新技术，例如基于太阳能或风能的碳捕获技术、基于生物质的碳捕获技术；在碳利用技术方面，研究和开发新兴的碳利用技术，例如二氧化碳制碳纳米管；在碳封存技术方面，重点关注碳封存可能存在安全风险和环境问题。

四、燃机发电

随着全球范围内对绿色低碳转型的追求，燃机行业也逐渐达成了向燃烧纯氢转型的共识。我国正在推进相关研究，加大燃气轮机掺氢比例。此前美国 GE 公司曾表示，其在全球已有超过 100 台采用低热值含氢燃料的机组在运行，预计 2030 年将具备 100%燃氢能力。欧盟和日本也计划在 2030 年前推出 100%重型氢燃气轮机。燃气轮机燃料从天然气到掺氢、再到纯氢的转型仍需要较长时间。《燃气轮机氢能发电全球技术发展蓝皮书》指出，利用风光制绿氢可以显著增强电力系统的运行灵活性，借助燃氢燃气轮机技术，可提升电力系统的供应保障能力并提供安全稳定性支撑。随着"双碳"目标深入推进，纯氢燃气轮机的发展可以成为未来的碳中和技术，实现能源行业长期深度减碳，同时整合更多可再生能源。尽管燃氢燃气轮机技术面临挑战，但较低的改造成本和拉动绿氢需求上升的潜力，依然让燃气轮机向氢能的转型充满机遇。

第三节 清洁能源发电

一、水力发电

水电是构建新型电力系统、实现"双碳"目标的重要力量。水利水电工程建设技术将不断趋于绿色化、数字化、智能化，并致力于解决实现全流域及跨流域水资源智能联合调度，复杂地质条件下特大型水利水电工程建设等技术难题，促进水电高质量可持续发展。

水电工程建设方面，"十四五"中后期我国水电开发将主要集中在藏东南地区，特殊的地质结构对高震区、超厚覆盖层筑坝防渗技术提出更高要求。与此同时，我国生态文明建设也要求对水电开发中栖息地保护、增设鱼类洄游通道、珍稀鱼类增殖放流、流域水文情势等环境问题及其修复技术进行研究。

流域梯级电站调度运行方面，需要进一步建立水库群水情精准调控理论与方法体系，提高水资源的利用水平，减少极端气候条件下对水库调度、电站电力生产运行的影响。同时，充分考虑上下游梯级间具有的紧密的水力、电力联系，以充分发挥流域内调节水库的调节性能，减少弃水，增加发电水头，提高水能利用率，大大提高梯级整体发电效益。

高水头大容量水电机组技术方面，需要进一步开展梯级电站更大容量方案的研究，并在铸锻件材料、机械加工、抗磨蚀等专项技术研究上取得根本突破，瞄准世界先进水平持续提升水力模型效率，建立巨型冲击式水轮机研发设计理论体系，强化指标参数标准对标，推广应用研究成果并进行工程验证，以满足我国开发西南水电资源的特殊要求。

抽蓄机组方面，我国抽蓄项目开发已从东、中、南部逐步扩展到西、北部等地区，工程将面临高地震、高寒、高海拔、多泥沙以及水资源利用限制等复杂的地质条件，如何缩短工程建设工期、提高工程建设质量成为关键。同时，需要开展大型变速抽蓄机组的研究，实现发电运行和抽水运行两种状态的宽负荷功率调节，提高系统需求响应速度，发挥对新型电力系统稳定性的支撑作用。

二、风力发电

从发电技术创新趋势看，陆上风电将向单机容量大型化、叶片大型化方向发展，海上风电技术向大型化、漂浮式、高效率、高可靠性方向发展。我国积极推动海上风电装备制造国产化进程，在海上风电关键系统、关键部件、关键过程、关键技术上，积极推进国产化研究。"十四五"期间，我国风电技术将呈现出以下发展趋势：

（一）陆上风电

单机容量不断增大。为了提高风能和发电设备的利用率，减少风电场占地面积，最大限度地发挥风电产业的经济效益，大容量机组已成为发展的趋势和关键。2023 年我国宣布下线的陆上风电机型，最大单机容量达到了 11 兆瓦，比 2022 年提升 3 兆瓦；平均单机容量达到8.9 兆瓦，比 2022 年提升 2.6 兆瓦。宣布下线的陆上风电机型中，有 11 款采用了双馈技术路线，占比达到 91.6%。

低风速区域的开发需求推动叶片大型化。陆上风资源条件好地区或已被开发，或受到送出条件的限制，5～6.5 米/秒低风速区域是未来陆上风电开发的重点区域。2023 年，我国下线绝大多数陆上风电机组的叶片长度都在 80 米以上，并逐步向 100 米乃至 120 米迈进。

（二）海上风电

2023 年，我国海上风电机型发展延续 2022 年的趋势，仍以大型化为主。2023 年我国下线的最大单机容量海上风电机组进一步提高到 20 兆瓦，机型产品也更为丰富。截至 2023 年年底，我国已下线单机容量达到 16 兆瓦的海上风电机型有 7 款，其中 4 款达到 18 兆瓦及以上。在 2023 年下线或发布的海上风电机型中，技术路线以中速永磁（半直驱、混合式）为主。表明经过 2～3 年的市场验证，中速永磁（半直驱、混合式）技术路线已被绝大多数厂商接受，成为权衡海上风电机组产品低成本、高可靠性与高效率的最佳选择。

漂浮式风电成为深海风电开发的技术选择。随着水深的进一步增大以及系泊系统的研究，漂浮式风机基础也会得到规模化发展。漂浮式基础是深海风电机组支撑结构技术研究发展趋势，成为当前海上风电技术研究的热点课题。

海上风电开发由近海向深远海发展。全球80%的海上风资源位于水深超过60米的海域，深远海风电具备更加优越的开发条件，且开发限制性影响因素少，便于实现规模化发展。柔性直流输电方式（VSC-HVDC）送出已成为深远海海上风电场送出技术的主要发展方向之一。

三、太阳能发电

"十四五"时期，我国光伏发电将迎来空前发展机遇与发展空间，光伏发电将追求更低度电成本和更高系统效率，光热发电将以提高光电转化效率、降低发电成本为目标。

高效低成本新型晶硅电池技术。一是开展隧穿氧化层钝化接触（TOPCon）、异质结（HJT）等新型晶体硅电池低成本高质量产业化制造技术，进一步提高晶硅电池转换效率；二是研究高效钙钛矿电池和钙钛矿/晶硅、钙钛矿/钙钛矿等高效叠层电池制备与产业化生产技术，推进钙钛矿基太阳电池产业化进程；三是研究高效光伏电池与建筑等融合技术拓展分布式光伏应用领域，助推光伏发电高比例发展。

关键设备与零部件国产化。突破技术瓶颈，构建智慧光伏生产制造体系。一是自主研发电池制造核心装备和检测设备；二是突破光伏逆变器用国产功率模块、控制器芯片、数字信号处理器等关键零部件规模化应用技术；三是提高光伏基础材料生产、光伏电池及部件制造智能化水平。

新型高效低成本光伏发电系统集成技术。研究新型高效低本光伏系统设计集成技术及示范，开展大型光伏电站及光伏发电站集群的设计、控制、运维及并网技术研究，掌握百万千瓦级光伏电站集群控制技术，实现大规模光伏发电系统集成应用。

光伏组件回收技术。针对晶硅光伏组件寿命期后大规模退役问题，开展光伏组件环保处理和回收的关键技术及装备研究与示范试验，实现退役光伏组件中高价值组分、光伏废弃组件低成本回收利用和无害化处理。

大型多能互补、生态光伏电站开发利用技术。探索大型多能互补、生态光伏电站等能源创新发展模式，规避单一类型可再生能源的局限性，扩大消纳范围。储换热技术将成为光热发电技术的重要发展方向。围绕高效低成本的集热技术，研究以超临界二氧化碳循环发电为代表的新型光热发电技术以及与之对应的聚光集热技术。

四、核能发电

核能作为一种清洁能源，具有能量密度大、可利用率高、全寿期碳排放量小等特点，在确保能源安全方面具有独特的优势。核能发电技术的发展，近期将仍会以第三代压水堆为主，通过设计优化，持续提升自主三代大型压水堆核电站和小型模块化反应堆的经济性、安全性，通过小型堆在核能供热、制冷、工业用汽、制氢、海水淡化、浮动核电站等方面的独特优势，在新型能源体系中，与风、光、储能等互补协同、互通融合。

加快第四代核能系统研发、铅基快堆、钍基熔盐等关键技术研究，实现第四代先进快堆的商用示范。开展先进自主压水堆元件设计和制造、铀资源保障能力建设及核燃料后处理相关技术研究，健全核燃料循环产业链，保障能源安全，实现可持续发展。助力"双碳"目标，实现快堆核能系统将加速推进，扎实推进一体化闭式循环快堆核能系统技术突破，实现铀资源利用率最高和放射性废物最小化。

第四节　电 网 技 术

一、电力系统分析与保护

突破考虑多元异构储能和需求侧响应的新型电力系统规划电力电量平衡分析方法，攻关面向大型风光基地的柔性低频汇集系统构建技术，攻克新型电力系统安全性构建条件的量化分析与智能评估技术。

研究 VSC－发电机混杂同步系统多场景下的大扰动稳定分析方法，揭示大电网新型振荡多模态耦合特征及时空演化机理，提出计及关键基础设施及经济社会次生衍生影响的电力系统灾损量化评估方法，提出弱电网条件下提升新能源消纳规模的源网荷储协同控制方法。

建立考虑分布式源荷交互及时变特性的高比例电力电子源荷并网的建模理论，研究电力电子设备串并混联复杂拓扑的潮流模型及算法，构建面向五大区域电网的海量瞬时值数据的智能分析系统，提出网络频域模型分析方法，实现五大区域电网规模电力系统的时频高效分析能力。

提出基于频域阻抗突变特性的交流线路单端量保护新原理，建立基于多端口固态变压器主动控制策略的交直流配电网电流快速保护新方法，提出适应新型直流输电系统拓扑结构的高性能直流保护技术。

二、自动化与信息通信

为提升电网安全稳定运行能力，需围绕大电网实时运行监控、电力市场有序运作和新能源消纳等核心业务，开展电网调度信息物理系统建设，提升电网决策和调控智能化水平，推动电力市场在空间和时间两个维度的双向延伸。具体包括：揭示源荷双侧时空强不确定下平衡演变机理，构建人机混合增强与可信决策调控理论；建立电网调控全环节及业务全过程数字服务体系，打造全时空能量流和交易流的数字服务平台；研究电网全景感知的宽频广域监测技术，研制高可靠、高集成、长寿命的自主可控智能设备；研发以新能源为主体的新型电力系统预调度、源网荷储高效协同的低碳调度系统；突破源网荷储多层级协同智能调控技术，研发具备自主知识产权的电力自动化人工智能平台，实现调度核心业务智能化；研究基于大语言模型的电网运行智慧百科技术，实现基于知识检索增强（RAG）的文本知识问答和基于NL2SQL 的结构化数据知识问答；设计从省间市场到省内批发市场、零售市场以及分布式交易、源荷互动市场等的市场机制，构建新型能量平衡和交易体系，建立支撑市场交易、结算等全业务运作的交易平台，基于快速准确的出清算法以及耦合贯通的业务流程，保障市场运行高效。

三、高电压与电力电子

随着全球气候变暖加速演进，自然环境灾害呈多发趋势，对电网安全稳定运行带来严重影响。开展相关研究探索，揭示极端自然环境多发频发条件下电网灾害演变规律与致灾机理，提升灾害的监测预警能力，突破电网应对灾害主动防护与自适应技术，研制应对复杂空间、气象环境的智能作业平台，打造电网多元立体巡检，电网韧性提升。

新型电力系统对高性能、高安全、高可靠电力装备的需求不断提升，构建一、二次设备及电力应用软件全环节高水平自主可控能力是防范电力系统产业链"卡脖子"风险的关键保障。现阶段部分高压电工材料及高压大功率器件性能仍显不足，自主可控传感器件可靠性有待增强，缺乏设备电、磁、热等多场动态分布的仿真和设备运行态势预测软件。未来需要攻克高性能环氧树脂、新型热塑性电缆绝缘材料、环保气体开关等一次设备基础材料自主化批量制备技术；突破自主知识产权系统仿真及高压设备仿真技术，攻克高准确度传感及感存算融合的智能传感器件制备技术；建立自主化装备规模化生产和安全运行保障体系。

四、配用电与计量

在配电网组网技术方面，交直流混合配电网柔性互联是有效解决中压馈线堵塞、电压波动与越限、配电变压器重过载运行及分布式电源消纳能力不足等问题的重要手段。采用电力电子柔性互联设备构建联络节点，通过动态潮流控制与故障隔离等方法实现配电网柔性闭环运行，可有效提升新型配电系统的分布式电源承载力以及灵活可控能力。

在配电网源网荷储充协调控制技术方面，创新源网荷储充多类型可调节资源高效协同运行技术，创新"源–网–荷–储–充"一体化建模分析方法，推动建设多场景源网荷储充协调控制示范工程，有效降低电网对海量分布式电源并网管控压力，形成标准化的广域高比例分布式电源调控架构。

在配电物联网技术方面，通过对智能配电站、智能开关站、智能台架变、电缆、架空线路以及其他户外设备设施的在线监测与安全隐患预警，逐步实现全域信息采集和状态感知。为固定资产管理、状态监测与运检、用电信息采集与能效管理、电力通信与安全防护等业务提供支撑。

五、新能源并网

随着国家能源转型战略的进一步推进，在电力气象与功率预测方面，需开展电力气象图像视觉预报技术研究，加强人工智能与气象预报的融合发展，深化人工智能在新能源预测中的应用研究，突破新能源功率预测大模型，实现新能源场站发电功率的一体化预测。

在调度运行方面，未来需攻克基于人工智能算法的新能源供电充裕性评估与运行优化技术，研发新能源供电能力评估与辅助决策系统，为电网供电安全提供技术支撑；须攻克高比例新能源消纳能力量化评估技术，实现"沙戈荒"等大型新能源基地及送受端电网协同等超大规模计算场景下，新能源消纳能力的高效、准确量化评估。

在稳定控制方向，需持续开展沙戈荒、深远海等大规模新能源并网核心控制技术攻关，充分归纳不同送出场景电网及新能源特性，揭示宽频振荡、暂态过电压及连锁脱网等新型稳定问题的机理特征，明确新能源经直流送出系统的运行要求。针对沙戈荒新能源基地规划、建设、运行各个阶段，深入开展新能源标准化结构建模、新能源送出系统宽频振荡及暂态过电压风险评估工作，为新能源并网稳定性提供技术保障。

六、电网数字化及基础支撑

突破电力领域多模态大模型构建和大小模型融合技术，实现 AI 大模型、科学计算（AI4S）在源荷预测、智能调度、优化决策等场景的应用，提升智能体自主学习、自动计算与智能决策能力，全面推动电力人工智能规模化应用，为电网高质量发展提供数字化智能化支点。

第五节　新　型　储　能

新型储能技术将在未来电力系统中发挥重要作用。未来 20 年，随着各类储能技术经济性进步，储能装机规模大幅度提升，高比例的储能将成为电网重要的调峰、调频资源，提升系统的灵活性。积极推动多时间尺度储能规模化应用、多种类型储能协同运行，缓解新能源发电特性与负荷特性不匹配导致的短时、长时平衡调节压力，提升系统调节能力，支撑电力系统实现动态平衡。

一、新型储能本体及系统集成

从储能本体、系统集成、建模仿真等全面布局，促进新型储能技术快速高质量安全发展。本体方面提升储能本体的能量密度、循环寿命、技术经济等核心指标。攻克管理芯片、功率器件等核心部件存在"卡脖子"问题，避免供应中断或延迟的风险。系统集成方面需增强系统可靠性与安全性，提升系统集成规模等，规避国内外安全事故对技术路线选择和行业发展进程可能产生的负面影响。建模仿真方面详细模型虽然考虑了储能电站的详细拓扑结构，包含了所有的储能单元以及大量的输电线路等，但是其时域仿真计算量大、时间长，目前难以满足机电仿真的要求，仍待完善；单机倍乘聚合模型将场站用单台或数台等值模型来模拟其整个场站的稳态和动态特性，可降低场站模型的阶数及仿真的计算量，但是这种简化工作需进一步考虑场站内的详细拓扑结构以及场站内储能单元的功率分布情况。

二、新型储能应用

积极推动多时间尺度储能规模化应用、多种类型储能协同运行，缓解新能源发电特性与负荷特性不匹配导致的短时、长时平衡调节压力，提升系统调节能力，支撑电力系统实现动态平衡。

在电源侧，突破储能与新能源相融合的多能互补技术，构建主动支撑型新能源电源体系；重点依托系统友好型"新能源＋储能"电站、基地化新能源开发外送等模式合理布局电源侧新型储能。

在电网侧，规模化储能可提供紧急功率支援、惯量支撑等作用，是保障电网安全稳定运行的重要资源。推动新型储能与电力系统协同运行，充分结合系统需求及技术经济性，统筹布局电网侧独立储能及电网功能替代性储能，保障电力可靠供应。

在负荷侧，以储能作为互联纽带，聚合各类分布式电源、可调负荷、电动汽车等元素，构建现代综合能源服务、需求响应、虚拟电厂等新业态，实现新能源的有效消纳和终端能源的高效利用。

三、新型储能安全

近年国内外发生多起储能电站安全事故，已投运储能电站故障频繁，原因涉及储能核心部件本体缺陷、外部激源、运行环境及管理缺陷等全环节全流程，需要基于统一标准规范要求，尽快形成覆盖源网荷全方位的储能安全与质量把关协同服务体系，实现安全管控的全产业链、全流程闭环管理，推动行业安全与高质量发展。

四、新型储能与电力系统协同运行

推动新型储能与电力系统协同运行，全面提升电力系统平衡调节能力。建立健全调度运行机制，充分发挥新型储能电力、电量双调节功能。推动可再生能源制氢，研发先进固态储氢材料，着力突破大容量、低成本、高效率电氢转换技术装备，开展大规模氢能制备和综合利用示范应用。推动电化学储能、压缩空气储能等新型储能技术规模化应用。优化新型储能发展方式，充分发挥储电、储热、储气、储冷、储氢优势，实现多种类储能的有机结合和优化运行，重点解决中远期新能源出力与电力负荷季节性不匹配导致的跨季平衡调节问题，促进电力系统实时平衡机理和平衡手段取得重大突破。

附录

附 录 A 科 技 成 果 转 化 名 单

附表 A-1　　电力领域入选《中央企业科技创新成果产品手册（2023 年版）》名单

序号	技术产品名称	企业名称	所属领域
1	SiC JBS 器件及系列化产品	华润（集团）有限公司	电子元器件
2	SiC MOSFET 器件及系列化产品	华润（集团）有限公司	电子元器件
3	微型智能电压传感器	中国南方电网有限责任公司	零部件
4	自主可控直流干式电容器	中国南方电网有限责任公司	零部件
5	HN—i6200 型火电机组励磁系统成套设备	中国华能集团有限公司	零部件
6	核电机组常规岛汽轮机焊接转子锻件	中国机械工业集团有限公司	零部件
7	半转速核电汽轮机 2000mm 末级长叶片	哈尔滨电气集团有限公司	零部件
8	360Whkg 半固态电池	中国诚通控股集团有限公司	零部件
9	5.xMW 及以上陆上风电叶片	中国中车集团有限公司	零部件
10	核电厂用耐辐照光缆	中国信息通信科技集团有限公司	零部件
11	363kV—1100kV GIS 绝缘拉杆	中国电气装备集团有限公司	零部件
12	烟囱排放气体气溶胶、碘、惰性气体监测仪	中国核工业集团有限公司	仪器设备
13	高压电力装备多物理场计算前处理专用软件 V1.0	中国南方电网有限责任公司	软件产品
14	城市水管家智慧调度系统	中国长江三峡集团有限公司	软件产品
15	电了级多晶硅	国家电力投资集团有限公司	新材料
16	UGTC47 合金材料	国家电力投资集团有限公司	新材料
17	核电用 316H 奥氏体不锈钢	鞍钢集团有限公司	新材料
18	高电压三元低钴单晶材料 LY336SG	中国五矿集团有限公司	新材料
19	大面积钙钛矿光伏组件工艺	中国华能集团有限公司	工艺技术
20	先进碳捕集工艺	中国华能集团有限公司	工艺技术
21	大型燃煤电站规模化处理多源固废耦合发电关键技术	中国华能集团有限公司	工艺技术
22	生物质干湿耦合厌氧发酵技术	中国华电集团有限公司	工艺技术
23	机组灵活性调峰一体化改进技术	中国东方电气集团有限公司	工艺技术

续表

序号	技术产品名称	企业名称	所属领域
24	煤气水内循环减量化技术	中国煤炭科工集团有限公司	工艺技术
25	主蒸汽阀站	中国核工业集团有限公司	高端装备
26	基于碳纳米管冷阴极分布式 X 射线源的静态 CT 智能安检系统	中国核工业集团有限公司	高端装备
27	18MW 海上风电机组	中国船舶集团有限公司	高端装备
28	大型海上风电轮毂专用数控落地铣镗床	中国兵器工业集团有限公司	高端装备
29	兆瓦级深远海漂浮式波浪能发电装置	中国南方电网有限责任公司	高端装备
30	550kV 8000A 自主可控大容量组合电器设备	中国南方电网有限责任公司	高端装备
31	超大型分离塔器	中国华能集团有限公司	高端装备
32	重型燃机燃烧压力脉动监测诊断系统	中国华能集团有限公司	高端装备
33	9FA 型燃机高温部件寿命管理系统	中国华能集团有限公司	高端装备
34	maxCHD—GT100 重型燃气轮机控制系统	中国华电集团有限公司	高端装备
35	非能动余热排出流量控制阀	国家电力投资集团有限公司	高端装备
36	三通截止阀、三通旋塞阀	国家电力投资集团有限公司	高端装备
37	兆瓦级 PEM 制氢系统	国家电力投资集团有限公司	高端装备
38	16MW 超大容量海上风力发电机组	中国长江三峡集团有限公司	高端装备
39	重型燃气轮机压气机、燃烧室和透平	哈尔滨电气集团有限公司	高端装备
40	汽水分离再热器（MSR）先导式安全阀	哈尔滨电气集团有限公司	高端装备
41	全密封主泵	哈尔滨电气集团有限公司	高端装备
42	145MW 高效超临界汽轮发电机组	哈尔滨电气集团有限公司	高端装备
43	化学链燃烧成套装备	中国东方电气集团有限公司	高端装备
44	17MW 直驱型海上风力发电机组	中国东方电气集团有限公司	高端装备
45	大容量高水头冲击式机组	中国东方电气集团有限公司	高端装备
46	有机朗肯循环（ORC）发电装备	中国东方电气集团有限公司	高端装备
47	基于盐穴的非补燃压缩空气储能发电系统	中国盐业集团有限公司	高端装备
48	新一代核电仪控系统	中国广核集团有限公司	高端装备
49	主蒸汽释放隔离阀	中国广核集团有限公司	高端装备

附表 A-2　　　电力领域列为第三批能源领域首台（套）重大技术装备项目名单

序号	技术装备（项目）名称	研制单位
1	新型高效灵活燃煤发电机组	怀柔实验室、国家能源集团新能源技术研究院有限公司、国电电力发展股份有限公司、哈电发电设备国家工程研究中心有限公司、哈尔滨锅炉厂有限责任公司、哈尔滨电机厂有限责任公司
2	基于熔盐的煤电抽汽蓄能系统	中国电力工程顾问集团西北电力设计院有限公司

序号	技术装备（项目）名称		研制单位
3	全烧高碱煤液态排渣锅炉		华能国际电力股份有限公司、西安热工研究院有限公司、天津华能杨柳青热电有限责任公司
4	兆瓦级纯氢燃气轮机		国家电投集团北京重燃能源科技发展有限公司、中国联合重型燃气轮机技术有限公司、上海发电设备成套设计研究院有限责任公司
5	燃煤电厂掺氨燃烧成套技术及关键设备		氨邦科技有限公司、中国神华能源股份有限公司、烟台龙源电力技术股份有限公司、三河发电有限责任公司
6	大型混流式水轮发电机组控制保护系统关键设备	650MW 水轮发电机调速器控制系统	华能澜沧江水电股份有限公司、西安热工研究院有限公司、南京南瑞水利水电科技有限公司
		650MW 水轮发电机励磁系统	华能澜沧江水电股份有限公司、西安热工研究院有限公司、国电南瑞科技股份有限公司
		700MW 水轮发电机继电保护设备	华能澜沧江水电股份有限公司、西安热工研究院有限公司、南京南瑞继保工程技术有限公司
7	16MW 海上风力发电机组整机和主轴承重大部件		中国长江三峡集团有限公司、金风科技股份有限公司、洛阳 LYC 轴承有限公司、中国三峡新能源（集团）股份有限公司、长江三峡集团福建能源投资有限公司、福建金风科技有限公司、浙江金风科技有限公司、江苏金风科技有限公司
8	基于双馈风电机组采用自同步电压源控制体现同步机特性的百兆瓦级风力发电系统		鲁能新能源（集团）有限公司、上海交通大学风力发电研究中心、华锐风电科技（集团）股份有限公司、深圳市禾望电气股份有限公司
9	高效紧凑型串列式双风轮风电机组		中国华能集团清洁能源技术研究院有限公司
10	熔盐线性菲涅尔式聚光集热系统成套装备		兰州大成科技股份有限公司
11	钙钛矿平板涂布机		衢州纤纳新能源科技有限公司
12	20兆瓦等级双工质地热发电装备		东方电气集团东方汽轮机有限公司
13	国和一号屏蔽电机主泵		沈阳鼓风机集团核电泵业有限公司、哈尔滨电气动力装备有限公司、上海核工程研究设计院有限公司
14	乏燃料运输容器		中国核电工程有限公司、西安核设备有限公司
15	核电站用关键爆破阀、喷淋阀	CAP1400 爆破阀	大连大高阀门股份有限公司、上海核工程研究设计院有限公司
		华龙一号稳压器喷淋阀	中广核工程有限公司、鞍山电磁阀有限责任公司
16	基于大数据的核电站典型关键设备（SPV）健康管理系统		杭州安脉盛智能技术有限公司、三门核电有限公司
17	"国和一号"蒸汽发生器		上海电气核电设备有限公司、上海核工程研究设计院有限公司
18	二代核电棒控棒位系统设备		中国核动力研究设计院
19	华龙一号疲劳监测和瞬态统计系统设备		中国核动力研究设计院
20	±400 千伏交联聚乙烯绝缘光纤复合直流海底电力电缆		中天科技海缆股份有限公司、三峡新能源南通有限公司、三峡新能源如东有限公司
21	ZHN10−30 170kA 发电机断路器成套装置		中国三峡建工（集团）有限公司、西安西电开关电气有限公司

续表

序号	技术装备（项目）名称			研制单位
22	超、特高压直流工程成套装备及关键部件	换流变压器有载分接开关		中国南方电网有限责任公司超高压输电公司检修试验中心、上海华明电力设备制造有限公司、陕西宝光真空电器股份有限公司
		基于国产IGBT 的柔性直流换流阀（含自主可控阀段）	±300 千伏	南方电网科学研究院有限责任公司、荣信汇科电气股份有限公司、南京南瑞继保工程技术有限公司
			±400 千伏	南京南瑞继保工程技术有限公司、中电普瑞电力工程有限公司、荣信汇科电气股份有限公司
		特高压高性能换流变阀侧套管	±800（600/400/200）千伏	国家电网有限公司直流技术中心、西安西电高压套管有限公司、沈阳和新套管有限公司
		可控自恢复消能装置及高压直流旁路开关	可控自恢复消能装置及高压直流旁路开关	中电普瑞科技有限公司、南京南瑞继保工程技术有限公司、西安西电高压开关有限责任公司
			可控自恢复消能装置	许继电气股份有限公司、国网智能电网研究院有限公司
23	10 千伏三相同轴超导电缆系统			深圳供电局有限公司、中天集团上海超导技术有限公司、中船重工鹏力（南京）超低温技术有限公司、北京交通大学、华中科技大学、中国能源建设集团广东省电力设计研究院有限公司
24	550kV/8000A 自主可控大容量组合电器设备			西安西电开关电气有限公司、山东泰开高压开关有限公司、广东电网有限责任公司、南方电网科学研究院有限责任公司、河南平芝高压开关有限公司
25	35 千伏柔性低频输电成套装备			国网浙江省电力有限公司、南京南瑞继保电气有限公司、国电南瑞科技股份有限公司、河南平高通用电气有限公司、常州西电变压器有限责任公司、金风科技股份有限公司
26	兆瓦·时级固态锂离子电池储能系统			中国长江三峡集团有限公司、北京卫蓝新能源科技有限公司
27	单机 2 兆瓦磁悬浮飞轮储能系统			中国航天科工飞航技术研究院
28	高安全、高可靠 3S 融合新型储能系统			江苏林洋亿纬储能科技有限公司
29	300MW 级压缩空气储能系统			中能建数字科技集团有限公司、国网湖北省电力有限公司、中国电力工程顾问集团中南电力设计院有限公司、中国能源建设集团江苏省电力设计院有限公司、东方电气集团东方汽轮机有限公司、西安陕鼓动力股份有限公司、中国能建集团装备有限公司
30	锌铁液流新型储能电池			纬景储能科技有限公司
31	100MWh 重力储能成套装备			中国天楹股份有限公司
32	百兆瓦级高压级联直挂式储能系统			中国长江三峡集团有限公司、中国电力国际发展有限公司、清华大学、西安西电力系统有限公司
33	铁基液流储能系统			巨安储能武汉科技有限责任公司、中国广核新能源控股有限公司、中电建新能源集团股份有限公司
34	35 千瓦单机/210 千瓦示范固体氧化物燃料电池发电系统			广东能源集团科学技术研究院有限公司、潮州三环（集团）股份有限公司
35	国产 2 吨/天氢膨胀制冷氢液化系统			航天氢能科技有限公司、浙江省能源集团有限公司

序号	技术装备（项目）名称	研制单位
36	兆瓦级质子交换膜制氢及发电系统	中国科学院大连化学物理研究所、国网安徽省电力有限公司电力科学研究院、中国能源建设集团安徽省电力设计院有限公司
37	10千瓦级"氨—氢"燃料电池分布式发电系统	福大紫金氢能科技股份有限公司
38	采用自主高性能质子传导膜的兆瓦级电解水制氢电解槽	国家电投集团氢能科技发展有限公司、武汉绿动氢能能源技术有限公司、长春绿动氢能科技有限公司
39	70MPa加氢站大流量隔膜压缩机	国家能源集团国华能源投资有限公司、北京低碳清洁能源研究院、国家能源集团氢能科技有限责任公司
40	一体化移动式燃料电池用氢气质量分析仪	北京国氢中联氢能科技研究院有限公司、铠爱分析仪器（上海）有限公司
41	基于低铱阳极的百千瓦级高电流密度PEM电解槽	嘉庚创新实验室
42	108万吨/年煤直接液化示范项目用料浆输送泵	中国神华煤制油化工有限公司鄂尔多斯煤制油分公司、上海福思特流体机械有限公司
43	大型气流床煤气化全热回收技术及关键设备	哈尔滨锅炉厂有限责任公司、贵州航天迈未科技有限公司
44	整锻转子中心体	二重（德阳）重型装备有限公司、中国三峡建工（集团）有限公司
45	常规岛汽轮机焊接转子锻件	二重（德阳）重型装备有限公司、中广核工程有限公司

附录 B　电力行业科技创新获奖项目

附表 B-1　　　　　电力行业获 2023 年度国家科学技术奖励名单

序号	项目名称	获奖类别	获奖等级
1	电力系统极端事件防御及恢复的理论与方法	自然奖	二等奖
2	高压大容量直流开断半导体器件、关键技术与系列化直流断路器	发明奖	二等奖
3	柔性直流换流器关键技术及应用	发明奖	二等奖
4	海上风电安全高效开发成套技术和装备及产业化	进步奖	等奖
5	高效低成本太阳能单晶硅片制造关键技术创新与应用	进步奖	二等奖
6	极端服役环境用高压断路器触头制备技术及产品应用	进步奖	二等奖
7	大容量锂离子电池精准制造核心技术与装备	进步奖	二等奖
8	新型电力系统大规模锂电储能关键技术及应用	进步奖	二等奖
9	超大容量风电能量转换系统的高性能服役关键技术及应用	进步奖	一等奖
10	电流零点主动调控的电弧开断技术及系列产品开发	进步奖	二等奖
11	大型先进压水堆非能动安全关键技术及应用	进步奖	二等奖
12	面向新型电力系统的燃煤发电机组瞬态过程灵活高效关键技术及应用	进步奖	二等奖
13	复杂条件高坝工程智能建设关键技术及应用	进步奖	二等奖

附表 B-2　　　　　电力行业获第二十四届中国专利奖金奖、银奖名单

序号	专利号	专利名称	专利权人	获奖等级
1	ZL201410175747.0	一种多级分流再生的二氧化碳捕集系统与工艺	中国华能集团清洁能源技术研究院有限公司	金奖
2	ZL201610478643.6	一种堆芯三维功率分布的在线测量方法	中广核研究院有限公司、中国广核集团有限公司、中国广核电力股份有限公司	金奖
3	ZL201410144513.X	变频装置及其功率扩展方法	中车株洲电力机车研究所有限公司	金奖
4	ZL201480005701.2	一种 MPPT 集中模式退出、切换方法及其相关应用	阳光电源股份有限公司	银奖
5	ZL201810154694.2	风电机组的次同步振荡抑制方法及装置	华北电力科学研究院有限责任公司、国网冀北电力有限公司电力科学研究院、国家电网公司、国电南瑞科技股份有限公司	银奖
6	ZL201811427087.5	一种建立柔性直流换流器阻抗模型方法与装置	南方电网科学研究院有限责任公司、中国南方电网有限责任公司	银奖
7	ZL201910398912.1	电池模块和电池包	宁德时代新能源科技股份有限公司	银奖

附录 C　主要电力企业获行业协会奖励情况

附表 C-1　　　　　获 2023 年度电力创新奖大奖项目名单

序号	项目名称	成果类别
1	白鹤滩百万千瓦水轮发电机组关键技术与应用	技术成果
2	直流高电压国家计量标准装置和现场校验系统关键技术及工程应用	技术成果
3	基于盐穴储气的非补燃压缩空气储能系统关键技术及示范应用	技术成果
4	高耐候高可靠光纤电流互感器关键技术及应用	技术成果
5	支撑海量分布式资源的配电网能量管理与集群控制系统，装备及应用	技术成果
6	特大型电力工程企业集团 HSE 智慧管理体系与平台研发应用	信息化成果
7	数智供电所全要素数据融合和跨业务协同管控关键技术与应用	信息化成果
8	电力系统技术导则	标准成果
9	电力行业绿色现代数智供应链体系建设与实践	管理成果
10	面向新型电力系统的多级电力保供管理体系构建	管理成果
11	大型发电集团以全面实行状态检修促进生产精益化管理的实践	管理成果
12	宁夏区域电力交易组合与机组集群灵活性协调优化技术及系统研究	管理成果
13	集团式本质安全型企业建设研究与实践	管理成果

附表 C–2　　获 2023 年度中国电机工程学会电力科学技术奖一等奖项目名单

序号	项目名称	类别
1	混合直流输电系统	技术发明奖
2	多能流综合能量管理关键技术与系统	技术发明奖
3	全氟异丁腈环保绝缘气体自主化开发与设备研制关键技术及示范应用	科技进步奖
4	千万级居民用户电力邀约响应与安全保供关键技术、装备及应用	科技进步奖
5	电力系统未知威胁感知与协同防御技术、核心装备及应用	科技进步奖
6	巨型混流式机组安装关键技术及应用	科技进步奖
7	千万千瓦级负荷资源精准辨识与柔性调控关键技术及应用	科技进步奖
8	大功率磁悬浮飞轮储能及火储联合调频关键技术、装备与工程应用	科技进步奖
9	宽频大量程高压磁电传感基础理论、关键技术及应用	科技进步奖
10	配用电物联网双模通信芯片设计、装置研制及规模应用	科技进步奖
11	特大型弹性城市电网应对极端灾害的关键技术研究与示范应用	科技进步奖
12	复杂配电网同步相量测量与运行控制关键技术、装置研制及应用	科技进步奖
13	非隔离型光储变流器关键技术及其规模化应用	科技进步奖
14	超临界二氧化碳循环发电关键技术及国际首座 5MW 机组示范应用	科技进步奖
15	新型高端锅炉绿色设计与制造关键技术及应用	科技进步奖
16	发电领域网络安全平台（靶场）研发及应用	科技进步奖
17	基于人工智能的输电线路大规模立体巡检关键技术及应用	科技进步奖

附表 C–3　　获 2023 年度能源创新奖（技术创新）一等奖项目名单

序号	项目名称
1	面向新能源消纳能力提升的绿色电力市场关键技术及应用
2	交流—直流—新能源复杂耦合下的受端电网安全主动防御关键技术与应用
3	多维协同新能源市场化消纳关键技术研究及规模化应用
4	超大型城市配电网供电保障数字化提升关键技术、装备研制及工程实践
5	燃煤电厂 CO_2 低能耗化学吸收 捕集、驱油利用与封存技术及应用
6	面向新型电力系统的燃煤机组宽负荷运行关键技术及应用
7	基于全国产智能控制器的燃煤电站智慧运行系统
8	主泵自主维修关键技术的研发与应用
9	华龙一号 GDA 项目的技术创新与实践
10	"华龙一号"常规岛设计关键技术的研究及工程应用
11	煤制半焦废气废水废热协同资源化关键技术与应用
12	海上油田注水高效开发关键技术及规模应用
13	本质安全长寿命固态锂离子储能电池关键技术及应用
14	面向商用车换电站的分布式能源智慧管控系统及应用
15	综合能源信息互联与智能分析关键技术及应用
16	基于芯片级算力的低压载波"通、感、算"一体化技术生态构建与应用
17	"双碳"目标下电力需求侧负荷资 源辨识与协同应用研究

附表 C－4　　　获 2023 年度中国电工技术学会科学技术奖一等奖项目名单

序号	项目名称	类别
1	基于真空开断的 126 千伏环保型开关设备关键技术及应用	技术发明奖
2	特高压±800 千伏多端混合直流控制保护关键技术及装备	科技进步奖
3	复杂工况下多三相永磁电机系统高性能协同调控关键技术及应用	技术发明奖
4	高温超导带材批量化制备关键技术及产业化	科技进步奖
5	装备与电网协同的新能源接入系统强度量化和提升关键技术及应用	科技进步奖
6	区域电网集成调控滤波与动态无功补偿关键技术与装备及工程应用	科技进步奖
7	超高压耦合型机械式直流断路器关键技术及应用	技术发明奖
8	定制化高压大功率 IGBT 芯片与器件研制的关键技术及工程应用	科技进步奖
9	高速铁路车—轨移动接地关键技术及装备	科技进步奖
10	基于能量流协同控制的风电主动支撑关键技术及应用	科技进步奖
11	边缘电网的风电"机—场—网"协同主动支撑技术及应用	科技进步奖
12	基于复杂环境的特高压现场组装变压器关键技术研究及产业化	科技进步奖
13	大规模提升输电容量的分频输电系统关键技术及系列设备研制	科技进步奖
14	复杂条件下的电力气象高精度预报预警关键技术及应用	科技进步奖
15	面向电力复杂现场作业的时空智能协同安全管控关键技术及应用	科技进步奖
16	空天电机系统高可靠设计与运行状态感知关键方法、技术与应用	科技进步奖
17	智能配电网边缘计算核心芯片、软硬平台关键技术及应用	科技进步奖
18	大容量海上风电机场—网关键技术及产业化应用	科技进步奖
19	配电线路早期故障检测与辨识技术、装置及应用	科技进步奖
20	提升预防应急能力的配电网供电保障关键技术及应用	科技进步奖
21	大型地网接地阻抗精准测量与运行状态感知关键技术及成套装置	科技进步奖
22	高压输电线路对无线电台站无源干扰机制与防护关键技术及应用	科技进步奖

附表 C－5　　　电力行业获 2023 年度中国核能行业协会科学技术奖一等奖项目名单

序号	项目名称	类别
1	先进反应堆核级泵关键技术及工程应用	科技进步奖
2	基于交流电磁场感应和激光焊接的核设施水下缺陷检测和维修技术	科技进步奖
3	非能动核电厂氢气缓解关键技术与设备研发	科技进步奖
4	大型压水堆核电站先进乏燃料干法贮存系统型号装备研制和应用	科技进步奖
5	压水堆堆芯多层级中子学及多物理耦合分析技术与工程应用	技术发明奖

附表 C－6　　　获 2023 年度水力发电科学技术奖一等奖项目名单

序号	项目名称
1	40 万千瓦 700 米级高稳定性抽水蓄能机组关键技术与应用
2	抽水蓄能电站安全稳定调控关键技术及应用
3	数据与知识协同驱动的混凝土坝安全诊断关键技术与应用

序号	项目名称
4	白鹤滩特高拱坝超大规模不对称泄洪消能关键技术及应用
5	区域特大干旱形成机理及梯级水库群适应性管理关键技术研究与应用
6	深厚湖相沉积覆盖层高围堰稳定控制关键技术及应用
7	大型水电工程鱼道关键技术研究及应用
8	高温干旱复合灾害下水电站群水—机—坝一体化安全保供关键技术及装备
9	深埋长隧洞智能 TBM 掘进关键技术及其工程应用

附表 C-7　　获 2023 年度电力建设科学技术进步奖一等奖项目名单

序号	项目名称
1	架空输电线路超高杆塔结构设计关键技术与应用
2	丰满水电站重建工程生态功能修复与提升关键技术
3	百万千瓦巨型水轮发电机组安装关键技术创新与实践
4	特高压变电站噪声防治关键技术及应用
5	复杂电力作业环境空地协同安全防控技术及工程应用
6	白鹤滩水电站大坝关键施工技术与应用
7	基于检测评价的 SCR 脱硝催化剂全过程延寿利用技术及应用
8	海上风电升压站抗灾能力提升关键技术研究及应用
9	低压柔性互联配电网规划设计关键技术研究与建设应用
10	交流特高压输变电工程节能环保建设关键技术及应用
11	柔性直流电网主设备检测关键技术及工程应用
12	超（特）高压输电线路施工及检修关键装备研制及应用
13	新型大截面节能导线及施工关键技术研究和工程应用
14	超大容量多机组 IGCC 发电机组负荷优化分配策略研究
15	大型深竖井硬岩掘进机研制及工程应用
16	高烈度区超大储煤仓结构设计关键技术研究及应用
17	压缩空气储能电站地下储气库技术研究及推广应用
18	输变电工程三维可视化管理平台研究与应用
19	基于综合能源广义储能特性塑造的车—站—网融合关键技术及应用
20	基于输变电工程绿色建造评价指标体系的高质量电网建设研究
21	海上风机大直径单桩基础高效建造、精准安装关键技术及工程应用

后记

在《中国电力行业科技创新年度发展报告2024》编撰过程中，国家电网、南方电网、中国华能、中国大唐、中国华电、国家能源集团、国家电投、中国三峡集团、中核集团、中广核、中国电建、中国能建、华润电力、国投电力、内蒙古电力集团、广东能源集团、浙能集团、京能集团、河北建投、深圳能源、皖能股份、新力能源等中电联理事单位及有关大型电力企业为报告提供了翔实的资料。

张文亮（国家电网）、张丽英（国家电网）、李向荣（国家电网）、肖创英（中电联）、陈家宏（国家电网）、赵毅（中国华能）、钟连宏（南方电网）、咸春宇（中广核）为报告的指导专家。

景巍（国家电网）、李广凯（南方电网）、张齐齐（中国华能）、郑若楠（中国大唐）、李蕊、段云肖（中国华电）、刘文峰（国家能源集团）、翟晨阳、王佳栋（国家电投）、张丽（中国三峡集团）、孔祥银（中核集团）、乔真卿（中广核）、王余彦（中国电建）、樊子天（中国能建）、汪莹、吴志超（广东能源集团）、宋歌（浙能集团）、经权（内蒙古电力）、刘红欣（京能集团）、冷富荣（皖能集团）、陈丽（河北建投）、李至骛（国投电力）、张少男（华润电力）、王钊（新力能源）、杨凡（深圳能源）等同志为本单位资料的收集整理、汇总提交做了大量的协调工作，在此一并表示衷心感谢！

参与报告编写的主要撰稿人分别是：第一章第一节由李琼慧编写，第二节由李琼慧、雷肖、王圣、朱林、荣健、惠娜、郭晗、汪央伶、何中凯编写，第三节由付红娟编写，第四节第五节由李琼慧编写；第二章第一节、第二节由李琼慧编写，第三节由刘新霞编写；第三章第一节由朱林、王圣、梁法光编写，第二节、第三节由雷肖编写，第四节由荣健、孔祥银编写，第五节由惠娜、郭晗、王光达、殷禹、丛琳编写，第六节由汪央伶、杨晓辉、刘家亮编写，第七节由何中凯编写；第四章由侯春杰、居秀丽编写；第五章由段舒宁、刘新霞、马钢德、张国珍、王安编写；第六章第一节、第二节由侯春杰编写，第三节由王丹、沈丽丽、刘新霞编写；第七章第一节由王其清编写，第二节由侯春杰编写，第三节由段云肖、侯春杰、李蕊、胡洋、李博睿编写；第八章由李琼慧、雷肖、王圣、朱林、荣健、惠娜、郭晗、汪央伶、何中凯编写；附录由侯春杰、段云肖整理。

中电联科技服务中心公司牵头负责报告的组织编制、统稿等工作，受编撰时间、资料来源和编者水平所限，疏漏之处在所难免，恳请读者予以谅解并批评指正。我们将不断总结经验，进一步提高编撰质量，努力使报告成为服务中电联会员企业科技创新工作的重要载体，为共同推动我国电力事业创新发展贡献力量。